Rosiris Cerizze

Tales Calaza

Coordenadores

Controvérsias e Soluções Jurídicas

Empresariais

Marco Teórico
Editora

CERIZZE

Rosiris Cerizze
Tales Calaza
Coordenadores

Controvérsias e Soluções Jurídicas

Empresariais

Autores

Adryelly Moura · Amarilis Cerizze · Ana Luísa Pimentel
Resende Côrtes · Breno Lenza Cardoso · Camila Felipe
Almeida · Elson Vieira Rodrigues Júnior · Flávia Souza
Pacheco Marquez · Gabriel Xavier Pimenta · Isabela Borges
Lima · João Victor Vieira Doreto · Lavínia Alves Almeida
Souza · Layssa Souza Pereira · Lívia Ignes Ribeiro de Lima ·
Lorena Silva Almeida · Luiza Beatriz Lopes Dantas e Sousa
· Maria Laura Montans Sallum · Paulo César da Silva Filho ·
Paulo Vitor Vieira Silva · Raíza Teixeira Malta · Rosiris
Cerizze · Tales Calaza · Tatiana Borges Castejon

Marco
Teórico
Editora

CERIZZE

CONTROVÉRSIAS E SOLUÇÕES JURÍDICAS EMPRESARIAIS

Apoio	Etiene Luiza Ferreira Pleti
Coordenação, edição e revisão	Rosiris Cerizze Tales Calaza
Capa	Etiene Luiza Ferreira Pleti
Diagramação	Rafaela Pleti Tarcinalli

Editora Marco Teórico
CNPJ/MF nº 41.239.994/0001-80
Avenida dos Ferreiras, 475, casa 631, Uberlândia – MG
CEP 38.406-136
www.marcoteorico.com.br

Todos os direitos reservados.
Fechamento da edição: 08/2022.

Dados Internacionais de Catalogação na Publicação (CIP)

C764 2024	CERIZZE, Rosiris; CALAZA, Tales [Coord.]. Controvérsias e soluções jurídicas empresariais. Uberlândia: Marco Teórico, 2024. 350 p.

Inclui bibliografia.
Obra coletiva. Vários autores.
ISBN: 979-88-83937-27-8

1. Controvérsias. 2. Soluções. 3. Jurídicas. 4. Empresariais. I. Cerizze, Rosiris.

CDU: 340 / CDD: 342.2

Catalogação na fonte

Conselho Editorial

Federal de Uberlândia. Professor da Universidade Federal de Uberlândia – UFU.

JOÃO VICTOR ROZATTI LONGHI

Pós-Doutor no International Post-doctoral Programme in New Technologies and Law do Mediterranea International Centre for Human Rights Research (MICHR - Università "Mediterranea" di Reggio Calabria), Itália. Pós-Doutor em Direito pela UENP. Doutor em Direito do Estado na Faculdade de Direito da Universidade de São Paulo - USP. Mestre em Direito Civil pela Universidade do Estado do Rio de Janeiro - UERJ. Defensor Público do Estado do Paraná.

LUCIANO SOUTO DIAS

Doutor pela Universidade do Vale do Rio dos Sinos (Unisinos/RS). Mestre em Direito Processual pela Universidade Federal do Espírito Santo (UFES). Mestre em Direito Público pela UPAP. Pós-graduado em Direito Civil e Processual Civil pela Fadivale.

LUIZ CARLOS DE MELO FIGUEIRA

Doutor em Direito Administrativo pela Universidade Federal de Minas Gerais. Professor de Direito Administrativo da Universidade Federal de Uberlândia - UFU.

MARCO AURÉLIO M. DE OLIVEIRA

Doutor em História Social pela Universidade de São Paulo. Professor Titular da Universidade Federal de Mato Grosso do Sul.

MICHEL CANUTO DE SENA

Doutor com ênfase em *bullying* entre crianças e adolescentes: a questão dos direitos humanos e dos conflitos escolares (UFMS). Mestre com linha de pesquisa na Lei nº 11.196/05 - financiamento de pesquisas pela Universidade Federal de Mato Grosso do Sul – UFMS.

PHILIPE ANATOLE GONÇALVES TOLENTINO

Mestre em Direitos Humanos pela Universidade Federal de Goiás. Advogado e Assessor Jurídico da Defensoria Pública do Estado de Goiás – DPE/GO.

RAFHAELLA CARDOSO

Doutora em Direito Penal pela Faculdade de Direito da Universidade de São Paulo - USP. Mestre em Direito Público pela Universidade Federal de Uberlândia - UFU. Advogada.

ROSIRIS CERIZZE

Mestre em Direito Empresarial pela Faculdade de Direito Milton Campos/MG. Mestre em Tributação Internacional pela Universidade de Lausanne – UNIL, Suíça. Advogada.

TALES CALAZA

Mestrando em Direito pela UFMG. Advogado.

TIAGO NUNES

Doutor e Mestre em Direito pela Universidade de Marília-UNIMAR. Professor de Direito Administrativo na Faculdade ESAMC/Uberlândia.

VIVIANE RAMONE TAVARES

Mestranda em Compliance pela AMBRA University. Advogada.

WENDEL DE BRITO LEMOS TEIXEIRA

Mestre em Direito Público pela Universidade Federal de Uberlândia Professor da Pós-graduação de Direito Processual Civil da PUC-MG (Uberlândia). Advogado.

Sobre os autores

Coordenadores

Rosiris Cerizze

Advogada. Mestre em Tributação Internacional pela Universidade de *Lausanne*/Suiça. Mestre em Direito Empresarial pelas Faculdades Milton Campos/Belo Horizonte. Especialista em Direito Empresarial pela Universidade Federal de Uberlândia. Especialista em Direito Tributário pelo Instituto Brasileiro de Direito Tributário – IBET. Especialista em Controladoria e Finanças pela Universidade Federal de Uberlândia. Extensão em Contabilidade Tributária pelo Instituto Brasileiro de Direito Tributário – IBET. Graduada em Direito pela Universidade Federal de Uberlândia. Conselheira de Administração certificada pelo Instituto Brasileiro de Governança Corporativa – IBGC. Participante do *Advanced. Boardroom Program for Women | ABP-W - Saint Paul* (2023 – 2025). Certificada pela *Singularity* Brasil – *Executive Program*. Autora e coordenadora de diversas obras científicas e artigos especializados. E-mail: rosiris@cerizze.com

Tales Calaza

Advogado. Mestrando em Direito pela Universidade Federal de Minas Gerais (UFMG). Pós-graduado em Processo Civil, em Direito do Consumidor na Era Digital e em Direito Digital. Extensão em Direito Contratual pela *Harvard University*. Certificado pela *World Intellectual Property Organization* (Extensão em Curso Geral de Propriedade Intelectual) e pelo INPI (Extensão em Uso da Propriedade Intelectual em Negócios de Base Tecnológica e em Negócios de Base Tradicional). Presidente da Comissão da Direito, Inovação e Tecnologia da 13ª Subseção da OAB/MG. Professor convidado da Pós-graduação em Direito Privado, Tecnologia e Inovação do EBRADI (Escola Brasileira de Direito). Sócio na banca Cerizze Soluções Jurídicas. E-mail: tales.calaza@cerizze.com

Autores

Adryelly Regina Luiza Moura

Advogada. Graduada em Direito pela Universidade Federal de Uberlândia. E-mail: adryelly.moura@cerizze.com

Amarilis Cerizze

Advogada Graduada em Direito pela Universidade Federal de Uberlândia. *Legum Magister* em Direito dos Contratos pelo Insper. MBA em Contabilidade e Gestão Tributária pela Faculdade de Ciências Contábeis da Universidade Federal de Uberlândia. Especialista em Direito Tributário pela UNISUL. Especialista em Direito Público pela Faculdade Católica. E-mail: amarilis@cerizze.com

Ana Luísa Pimentel Resende Côrtes

Advogada. Pós-graduada em Direito e Processo Civil pelo Centro Universitário UniAmérica. Graduada em Direito pela Universidade Federal de Uberlândia. E-mail: analuisa.cortes@cerizze.com

Breno Lenza Cardoso

Advogado. Pós-graduado em Direito e Processo do Trabalho. Professor de Direito e Processo do Trabalho. Coordenador pedagógico de cursos jurídicos. Autor de livros na área juslaboral. E-mail: breno.lenza@cerizze.com

Camila Felipe Almeida

Advogada. Pós-Graduada em Direito e Processo do Trabalho pelo Damásio Educacional. Graduada em Direito pela ESAMC – Uberlândia. Email: camila.almeida@cerizze.com

Flávia Souza Pacheco Marquez

Advogada. Especialista em Direito Tributário pelo Instituto Brasileiro de Estudos Tributários. Graduada em Direito pela Universidade Federal de Uberlândia. E-mail: flavia.pacheco@cerizze.com

Elson Vieira Rodrigues Júnior

Graduado em Direito pela Faculdade Pitágoras de Uberlândia. Pós-graduado em Direito do Trabalho e Previdenciário pela Faculdade Pitágoras de Uberlândia. Email: elson.rodrigues@cerizze.com

Gabriel Xavier Pimenta

Advogado. Pós-graduado em Direito Tributário pelo Instituto Brasileiro de Estudos Tributários. Graduado pela Universidade Federal de Uberlândia. E-mail: gabriel.xavier@cerizze.com.

Isabela Borges Lima

Advogada Graduada em Direito pela Universidade Federal de Uberlândia. E-mail: isaborgesl@yahoo.com.br

João Victor Vieira Doreto

Advogado. LLM em Direito Civil USP/RP e pós-graduando em Direito Contratual. Especialista em Proteção de Dados e Gestor de Projetos de Adequação à LGPD com formação pela *Data Privacy* Brasil. Certificado como Gestor de Programas de Privacidade e Encarregado de Proteção de Dados pelo IDESP. Membro da International *Association of Privacy Professionals* (IAPP). Membro convidado da Comissão de *Startups* e Inovação da OAB Santos/SP. Líder de Comunidade no *Uberhub Legal Tech*. E-mail: joao.doreto@cerizze.com

Lavínia Alves Almeida Souza

Advogada. Graduada pela Faculdade ESAMC Uberlandia/MG. Pós-graduanda em Direito Tributário pelo Instituto Brasileiro de Estudos Tributários. e-mail: lavinia.souza@cerizze.com

Layssa Souza Pereira

Advogada. Graduada em Direito pela UNIUBE. Pós-graduada em Direito do

Trabalho e Processo do Trabalho pela Faculdade de Direito Damásio de Jesus. Curso de extensão em Direito do Trabalho pela FGV. Email: layssa.pereira@cerizze.com

Lívia Ignes Ribeiro De Lima

Advogada. Mestre em Direito Empresarial pela Faculdade de Direito Milton Campos. Especialista em Direito Tributário pelo Instituto Brasileiro de Estudos Tributários. Especialista em Contabilidade Instrumental ao Direito da Empresa pelo CEU *Law School*. Graduada em Direito pela Universidade Federal de Uberlândia. E-mail: livia.lima@cerizze.com

Lorena Silva Almeida

Advogada. Especialista em Direito Penal e Criminologia pela PUC-RS. Pós Graduanda em Direito Civil e Processual Civil pelo Centro Universitário União das Américas. Graduada pela Universidade Federal de Uberlândia. E-mail: lorena.almeida@cerizze.com

Luiza Beatriz Lopes Dantas e Sousa

Advogada. Graduada em Direito pela Universidade Federal de Uberlândia. E-mail: lopesdantasluiza@gmail.com

Maria Laura Montans Sallum

Advogada. Pós-graduada em Processo Civil pela Universidade de São Paulo – USP. Pós-graduada em Direito Tributário pelo Instituto Brasileiro de Estudos Tributários. Graduada em Direito pela faculdade ESAMC – Uberlândia. E-mail: marialaura.montans@cerizze.com

Paulo César da Silva Filho

Advogado. Mestrando em Direito Tributário pela Fundação Getúlio Vargas. *Legal Master* em Direito Tributário pelo INSPER. Especialista em Ciências Penais e Segurança Pública pelo Instituto Rogério Greco. Especialista em Direito Tributário pelo Instituto Brasileiro de Estudos Tributários. E-mail: paulo.filho@cerizze.com.

Paulo Vitor Vieira Silva

Advogado. Graduado na Universidade Federal de Uberlândia. E-mail: paulovitor.vieira@cerizze.com

Raíza Teixeira Malta

Advogada. Graduada em Direito pela Universidade de Uberaba – UNIUBE. Pós-graduada em Direito Tributário pela ESTÁCIO/CERS. Pós-graduada em Direito Público Avançado pela Fundação Armando Alvares Penteado – FAAP. Extensão sobre a Nova Lei de Licitações e Contratos da Administração Pública pela Faculdade de Direito de Ribeirão Preto - FDRP/USP. Extensão sobre Temas Avançados de Direito Público e Privado pela Universidade de Santiago de Compostela. E-mail: raiza.malta@cerizze.com

Rosiris Cerizze

Advogada. Mestre em Tributação Internacional pela Universidade de *Lausanne*/Suíça. Mestre em Direito Empresarial pelas Faculdades Milton Campos/Belo Horizonte. Especialista em Direito Empresarial pela Universidade Federal de Uberlândia. Especialista em Direito Tributário pelo Instituto Brasileiro de Direito Tributário – IBET. Especialista em Controladoria e Finanças pela Universidade Federal de Uberlândia. Extensão em Contabilidade Tributária pelo Instituto Brasileiro de Direito Tributário – IBET. Graduada em Direito pela Universidade Federal de Uberlândia. Conselheira de Administração certificada pelo Instituto Brasileiro de Governança Corporativa – IBGC. Participante do *Advanced. Boardroom Program for Women | ABP-W - Saint Paul* (2023 – 2025). Certificada pela *Singularity* Brasil – *Executive Program*. Autora e coordenadora de diversas obras científicas e artigos especializados.

Tales Calaza

Advogado. Mestrando em Direito pela Universidade Federal de Minas Gerais (UFMG). Pós-graduado em Processo Civil, em Direito do Consumidor na Era Digital e em Direito Digital. Extensão em Direito Contratual pela Harvard *University. Certificado pela World Intellectual Property Organization* (Extensão em

Curso Geral de Propriedade Intelectual) e pelo INPI (Extensão em Uso da Propriedade Intelectual em Negócios de Base Tecnológica e em Negócios de Base Tradicional). Presidente da Comissão da Direito, Inovação e Tecnologia da 13ª Subseção da OAB/MG. Sócio na banca Cerizze Soluções Jurídicas. E-mail: tales.calaza@cerizze.com

Tatiana Borges Castejon
Advogada graduada pela Universidade Federal de Uberlândia. Pós-graduanda em Direito Processual Civil pela Universidade Presbiteriana Mackenzie. Email: tatiana.borges@cerizze.com. E-mail: tatiana.borges@cerizze.com

Apresentação

Este ano, nossa banca Cerizze celebra um marco notável em sua história: 15 anos de fundação. Esta jornada tem sido um testemunho da nossa dedicação e comprometimento com a excelência jurídica. Ao longo dos anos, consolidamos nossa posição como líderes em diversas áreas do direito, acumulando uma série de conquistas e reconhecimentos significativos, que nos posicionam como um dos escritórios de advocacia mais renomados do Brasil.

Desde nossa fundação, temos sido participantes ativos das mudanças no cenário jurídico e empresarial. Nossa trajetória é marcada pela constante evolução, expansão da nossa atuação e aprofundamento da nossa expertise. Cada caso emblemático e cada parceria estratégica refletem nosso dinamismo e nossa capacidade de adaptação frente às inovações e desafios do mundo jurídico.

Como um escritório full service, nossa banca oferece um leque abrangente de serviços, atendendo às demandas diversificadas de nossos clientes. Nosso enfoque na advocacia empresarial destaca nossa competência em lidar com questões jurídicas complexas, servindo empresas de diferentes portes e setores.

No coração do escritório Cerizze reside uma visão robusta, moldada por uma cultura de alta performance e excelência. Nosso compromisso com a entrega de serviços jurídicos de qualidade superior não é apenas uma promessa, mas uma prática vivida diariamente. Este ethos é alimentado pelo contínuo estímulo ao aperfeiçoamento e atualização profissional, em resposta ao nosso ambiente de elevada exigência técnica. Reconhecendo nossa reputação de mercado, nos esforçamos para manter um ambiente de trabalho que valoriza a igualdade e a horizontalidade técnica, fomentando um espaço onde todos os membros são incentivados a atingir seu potencial máximo.

Os valores fundamentais que orientam a banca refletem nossa essência e direcionam cada ação. Atuamos com uma integridade e ética inabaláveis, reconhecendo que nossos talentos e clientes são o nosso ativo mais precioso. A estratégia e a alta performance são as marcas que nos distinguem, enquanto a empatia e o entusiasmo nos mantêm conectados com o mundo ao nosso redor. Esses princípios são a força motriz por trás da nossa paixão pelo direito empresarial, impulsionando-nos a amar o que fazemos e a oferecer um serviço excepcional que vai além das expectativas.

Ao completarmos 15 anos, inauguramos um novo desafio: a compilação do conhecimento acumulado e da visão inovadora dos sócios em uma obra literária. Este livro é o resultado de um projeto ambicioso e reflete nossa análise profunda dos temas mais relevantes da advocacia empresarial contemporânea e do futuro. Ele simboliza nosso compromisso com a excelência jurídica e nossa contribuição contínua para o avanço do direito empresarial, tanto no âmbito internacional, nacional e até mesmo local, considerando a influência da banca na região de sua sede.

Uberlândia, localizada no coração do Triângulo Mineiro, em Minas Gerais, é a cidade que orgulhosamente sedia o Escritório Cerizze. Conhecida por ser um dos principais centros urbanos do Brasil, destaca-se não apenas por seu tamanho, mas também pela sua significativa influência cultural, além de sua vibrante e dinâmica economia.

A cidade é um verdadeiro centro de inovação e negócios, desempenhando um papel crucial no cenário econômico brasileiro. Sua localização estratégica, conectando São Paulo e Brasília, torna-a um hub logístico importante e um dos principais motores econômicos do estado, facilitando o comércio e a expansão de negócios. Ainda, Uberlândia prospera em uma região agrícola rica, conhecida por seu solo fértil e clima favorável. Essa característica transformou a cidade em um dos principais polos de agroindústria e comércio de grãos do país, atraindo investimentos significativos e impulsionando a economia local.

Além de sua robusta economia, Uberlândia é reconhecida como um polo de inovação e negócios. A cidade atrai investimentos em diversos setores, incluindo tecnologia e indústria, graças a sua infraestrutura moderna e a uma política favorável ao desenvolvimento empresarial. Sua localização geográfica, associada a uma economia diversificada, faz de Uberlândia um ponto de conexão vital para o mercado nacional e internacional.

A escolha deste polo para sediar o escritório Cerizze reflete uma decisão estratégica. A cidade, com seu dinamismo econômico e espírito inovador, oferece o ambiente perfeito para um escritório de advocacia que está na vanguarda do direito empresarial, proporcionando uma ampla gama de oportunidades e desafios legais. Além disso, a presença da banca em Uberlândia reflete um compromisso com o desenvolvimento regional e com a oferta de serviços jurídicos de alta qualidade em um dos principais centros empresariais do Brasil.

No contexto da advocacia empresarial, nós nos especializamos em uma ampla gama de questões, incluindo aspectos tributários, cíveis, trabalhistas, regulatórios e societários. Nossa abordagem estruturada nos permite oferecer orientação essencial em fusões e aquisições, estruturação societária, compliance, litígios cíveis, gestão de riscos fiscais, entre outros serviços que integram um leque extenso de oportunidades. Nosso objetivo é garantir que as empresas operem com eficiência e dentro da legalidade, fornecendo uma base sólida para decisões estratégicas e apoiando o crescimento e a expansão dos negócios.

No cenário global, a relevância da advocacia empresarial se intensifica. Com o aumento do comércio internacional e a interdependência das economias, as empresas demandam um escritório que compreenda as nuances legais de diferentes jurisdições e que possa operar eficientemente em um palco mundial. Além de navegar com segurança neste âmbito, nossa atuação contribui significativamente para o desenvolvimento de um ambiente empresarial ético, sustentável e competitivo, essencial para o crescimento econômico e social.

A banca Cerizze, ao longo de sua trajetória, tem sido consistentemente reconhecida por sua excelência e inovação no campo empresarial. Uma das conquistas notáveis é o destaque no Ranking Análise Advocacia Regional, que ressalta nossa influência significativa e especialização nas questões legais regionais. Além disso, fomos honrados com o título no Ranking Análise Escritório Mais Admirado, um testemunho da nossa competência e do respeito que conquistamos no cenário jurídico nacional. Esses prêmios refletem não apenas nossa expertise legal, mas também nosso compromisso em manter um padrão de excelência ini-gualável.

Além de sermos reconhecidos pela excelência técnica, nossa banca também é celebrada por seu compromisso com a diversidade e inclusão, como evidenci-ado pelo Ranking Análise Diversidade e Inclusão. Esta distinção enfatiza nossa dedicação em criar um ambiente de trabalho acolhedor e equitativo para todos. Adicionalmente, o Certificado AB2L Escritório 4.0 nos foi concedido no último ano, reconhecendo nosso pioneirismo na integração de tecnologias avançadas e inovações digitais em nossa prática jurídica. Estes prêmios não apenas honram nosso passado e presente, mas também pavimentam nosso caminho para um fu-turo ainda mais brilhante e influente na prática empresarial.

O futuro da advocacia empresarial promete ser ainda mais integrado e tec-nologicamente avançado. Com a evolução contínua das leis e práticas empresa-riais, espera-se que as bancas empresariais continuem a ser parceiras essenciais para as empresas, guiando-as através de novos desafios e oportunidades. Em re-sumo, a advocacia empresarial, com seus múltiplos aspectos, é uma área de prá-tica legal indispensável para qualquer empresa que deseja prosperar em um am-biente de negócios cada vez mais globalizado e regulamentado. A expertise e a abordagem holística da banca Cerizze nesta área são fundamentais para o su-cesso dos seus clientes.

À medida que celebramos 15 anos de uma jornada excepcional e a publicação deste livro, é com um sentimento profundo de gratidão que reconhecemos o pa-pel vital de nossos clientes e parceiros. Sua confiança incansável em nosso escri-tório tem sido a pedra angular do nosso sucesso. Cada marco alcançado e cada desafio superado foram possíveis graças ao apoio e à confiança que vocês depo-sitaram em nós. Esta relação duradoura não é apenas um testemunho da quali-dade do nosso trabalho, mas também da força dos laços que construímos juntos ao longo desses anos.

Neste momento de celebração e reflexão, nos sentimos compelidos a expres-sar nossa mais sincera gratidão. A cada cliente e parceiro que confiou em nossa expertise, entregou-nos desafios e partilhou conosco suas aspirações, estende-mos nosso mais profundo agradecimento. Vocês são a razão pela qual nos esforçamos incessantemente para alcançar a excelência e a inovação em nosso campo. O compromisso de cada um com a qualidade e a integridade nos inspira a elevar continuamente o padrão do nosso trabalho.

Olhando para o futuro, vislumbramos entusiasmo e otimismo. Estamos ansiosos por muitos mais anos de colaborações frutíferas, crescimento conjunto e sucesso compartilhado. Cada passo que daremos daqui para frente será uma extensão da confiança e do suporte que recebemos de vocês. Nossa dedicação em contribuir significativamente para a advocacia, tanto no cenário nacional quanto internacional, permanece inabalável. Juntos, continuaremos a navegar pelos desafios do mundo jurídico, sempre com o compromisso de promover os melhores resultados e soluções inovadoras para nossos clientes e parceiros.

ROSIRIS CERIZZE

Advogada. Mestre em Tributação Internacional pela Universidade de *Lausanne*/Suíça. Mestre em Direito Empresarial pelas Faculdades Milton Campos/Belo Horizonte. Especialista em Direito Empresarial pela Universidade Federal de Uberlândia. Especialista em Direito Tributário pelo Instituto Brasileiro de Direito Tributário – IBET. Especialista em Controladoria e Finanças pela Universidade Federal de Uberlândia. Extensão em Contabilidade Tributária pelo Instituto Brasileiro de Direito Tributário – IBET. Graduada em Direito pela Universidade Federal de Uberlândia. Conselheira de Administração certificada pelo Instituto Brasileiro de Governança Corporativa – IBGC. Participante do Advanced. Boardroom Program for Women | ABP-W - Saint Paul (2023 – 2025). Certificada pela Singularity Brasil – Executive Program. Autora e coordenadora de diversas obras científicas e artigos especializados.

Sumário

10. O FUTURO DA PROTEÇÃO DO DIREITO AUTORAL NO BRASIL: NOVOS
DESAFIOS INAUGURADOS PELO USO DA INTELIGÊNCIA ARTIFICIAL NA
PRODUÇÃO DE OBRAS INTELECTUAIS NO CONTEXTO NACIONAL 223
Tales Calaza, João Victor Vieira Doreto

11. ANÁLISE DOS IMPACTOS JURÍDICOS DECORRENTES DA PRORROGAÇÃO DO
PRAZO DE *VACATIO LEGIS* DA LEI FEDERAL N.º 8.666/93 PARA A LEI FEDERAL
N.º 14.133/21 239
Ana Luísa Pimentel Resende Côrtes, Raíza Teixeira Malta

12. OS ATLETAS DE E-SPORTS E AS POSSÍVEIS REPERCUSSÕES JURÍDICO-TRABALHISTAS 257

Breno Lenza Cardoso

13. ADMINISTRAÇÃO DE EMPRESAS EM RECUPERAÇÃO JUDICIAL: INSTRUMENTOS PARA FISCALIZAÇÃO E VIABILIDADE 269

Isabela Borges Lima

EU STATE AID AND WTO SUBSIDIES RULES

I

Rosiris Cerizze

1. INTRODUCTION

Subsidies provided by governments[1] can be an essential and effective policy tool in performing important measures to benefit a country's economy (Roshanjahromi, 2017, pp. 6-7). It can range from tax relief[2] to an incentive for regional economic development. This type of assistance is called 'state aid'[3] and is

---

1 A subsidy is defined as a "financial contribution", price or income support by a government or a public body, which confers a benefit on a recipient. Subsidies covered not only actual payments but also measures having an equivalent effect (Ehlermann; Goyette, 2006, p. 696).

2 «The Official Journal and the Reports of the European Court of Justice are full of examples of the imaginative practices of tax aids established by all Member States.» (SCHOEN, 1999, pp. 911-936)

3 «State aid is an advantage in the form of assistance provided by a public entity, or a publicly-funded entity, to selected undertakings (any corporate entity selling goods or services in a market) with the potential to distort competition and affect trade between Member States.» (FORT, 2018, p. 371).

generally prohibited[4] because it can distort competition between companies, discourage investments, increase costs to consumers (Jozepa, 2019, p.3), or even destroy the international market system (Roshanjahromi, 2017, pp. 6-7).

2. THE AIM OF THE EU STATE AID AND THE SCM AGREEMENT OF WTO

Commonly, a State tries to influence the cross-border flow of goods, services, capital and other investment by adjusting its taxation system[5] to provide advantage over its competitors[6].

Therefore, the World Trade Organization (WTO)[7] and the European Union (EU) law[8] aim to prevent their members from giving advantages to entities in a

---

4   Articles 107-108 of the Treaty on the Functioning of the European Union ("TFEU") provides that any aid granted by an EU Member State or through the use of State resources which distorts competition by favouring certain undertakings or the production of certain goods is prohibited unless it has been approved in advance by the European Commission.

5   « Since taxation is regarded as a production cost, a reduction in taxation in one Member State will necessarily entail a competitive (and economic) advantage over undertakings in other Member States » (QUIGLEY, 2016, p. 460)

6   A current example in many States is the reduction of the share of direct taxes and the increase of the share of indirect taxes in the budget, in order to improve the economic conditions for investment. (MESSERE, 1993, pp. 65 et seq; EASSON, 1997, pp. 177 et seq)

7   The main purpose of the WTO is to allow open, fair and undistorted competition and to restrict governments' distortionary actions against normal trade. Decisions of the WTO are binding on the governments that are parties in the dispute. WTO Agreement on Subsidies and Countervailing Measures (SCM) lays out rules on the use of subsidies and on the actions countries can take to protect themselves from the effects of another country's subsidies. (Information and External Relations Division, 2015, pp. 10-23).

8   Treaty on the Functioning of the European Union. Chapter 1: Rules on competition. Section 2: Aids granted by States. Article 107 (ex Article 87 TEC) OJ C 115, 9.5.2008, pp. 91–92.

way which could distort competition[9]. To ensure that this prohibition is respected and that exceptions[10] are applied correctly, the European Commission must assure[11] that subsidies provided by its members complies with EU rules[12].

This enables companies to compete on a level playing field with competitors in other EU countries[13]. Besides, if public resources[14] are not being used to

---

9   The dependence of state aid in the long run can lead to scenario of ineffective and unproductive companies, preventing the emergence of innovative firms which could deliver better products more cheaply, and so damaging the country´s long term prosperity. (The State Aid Manual from Department for Business Innovations & Skills, Chapter 1 – An Introduction to State aid. July 2015, p. 6).

10 There are three categories of standard exceptions to the state aid rules. If any exemption applies to a state aid measure, then the assistance is normally permitted without the need to seek the EC's approval. These categories are: (i) the de minimis rule under which assistance that is worth less than €200,000 per business over three years is allowed; (ii) the exemptions for aid under schemes that have already been approved by the EC; and (iii) General Block Exemption Regulation (GBER) for aid that serves certain policy aims such as regional development, environmental protection and innovation. The detailed rules and limits on the aid that is allowed under each of the different exemptions can be found in Commission Regulation (EU) N. 651/2014.

11 According to Article 108 of TFEU, any plan to grant aid must be notified in advance to the Commission and the aid must not be granted until a final decision of the European Commission approving the aid has been taken. See Department for Business, Energy and Industrial Strategy, State Aid: the Basics Guide, July 2015, p. 8.

12 The European Commission has powers to assess cases of state aid, approve them or even enforced stringent 'clawback' mechanisms when a subsidy is deemed unlawful (JO-ZEPA, Ilze. supra, p. 3).

13 According to BACON, Keyln (European Union Law of State aid. Oxford, Second edition 2013, p.10) the common view of state aid is that it can distort the competitive process by crystallizing inefficient industry structures One of the first rationale reason to imposing EU oversight on State Aid is to prevent countries from intentionally using State Aid to benefit their own investments against their rivals located in other Member State.

14 The existence of taxation is a fundamental prerequisite for the functioning of any economy: it enables the State to fulfil its duties, to establish law and order, to provide a useful infrastructure, good schooling and universities, social security, health care and other

subsidise inefficient entities, taxes rates can be lower or public spending can be increased on other needs, such as health and education[15]. For all these reasons, the state aid regime provides rules to remove abuses of competition[16] and to create a genuinely open[17] and competitive market[18].

2.1. COMPARATIVE BETWEEN EU STATE AID AND WTO SUBSIDIES

Both the EU and WTO regimes provide governments with assistance measures which confer an advantage on the recipient that could trigger unfair competition between Members States[19]. Although the definition of a 'subsidy'[20]

---

public goods (SCHOEN, Wolfgang. supra, pp. 911-936).

15 According to BACON, Keyln (European Union Law of State aid. Oxford, Second edition 2013, p.7) the extension of pension schemes, universal health coverage and access to education has been the primary driver for the increased economic role of the state. In order to achieve market stability, the number of services, which became a subject to the State Aid rules increased.

16 The rules incorporated in the EC Treaty which deal with distortions of free competition in Europe caused by the Member States (fundamental freedoms, State aid law) are to promote a situation in which private enterprises act primarily on the basis of economic rationality in a market free of public interference (OHLER, Christoph. Die fiskalische Integration in der Europäischen Gemeinschaft, 1997, pp. 327 et seq.; Case 18/84, Commission v. France, [1985] ECR 1339, p. 1347. Par. 13; Case C-172/03 Heiser (2005) ECR I-1627, par. 27; Case T-8/06 FAB Fernsehen v Commission (6 October 2009). Par. 48.

17 In an ideal economy, the influence of the State on the economic behaviour of its subjects is minimized. (OECD, 1998. pp. 8 et seq).

18 See The State Aid Manual from Department for Business Innovations & Skills. Chapter 1 – An Introduction to State aid. July 2015, p. 6.

19 ROSHANJAHROMI, Setareh. supra, pp. 3-4.

20 A subsidy is defined as consisting of three elements: (i) a financial contribution (i.e., direct transfer, grants, loans, equity infusions, loan guarantees, fiscal incentives); (ii) provides by a government or public body within the territory of a Member; and (iii) confers a benefit to a specif target (Articles 1-2 of WTO SCM Agreement).

under the WTO agreement[21] is similar to a 'state aid'[22] in EU rules, the European law is more stringent[23]. The key differences are[24]:

a) The default position in WTO is that subsidies not targeted at exports and/or imports are generally allowed, while the EU law considers the state aid, even domestically[25], to be generally prohibited;

b) WTO agreement applies to goods, while EU rules include services and capital movements;

c) WTO rules need an official complaint to be triggered, while EU rules are applied prospectively[26];

d) EU rules allow businesses and individuals to lodge a complaint with the Commission and national courts, while WTO rules rely on state-to-state enforcement;

e) Under EU rules, the anti-competitive effects are removed through recovery of illegal state aid by the recipient, while WTO allows

---

21   WTO Agreement on Subsidies and Coutervailing Measures, p. 229.

22   According to TFEU, Article 107, state aid is any assistance granted by a Member State or through State resources in any form whatsoever which distorts or threatens to distort competition by favouring certain undertakings or the production of certain goods shall, in so far as it affects trade between Member States, be incompatible with the internal market.

23   JOZEPA, Ilze. supra, p. 5.

24   For more details, see the report of the House of Lords EU Committee that examines the differences between the WTO rules on subsidies and the EU state aid regime (European Union Committee, Internal Market Sub-Committee, Brexit: competition and State aid, 2 February 2018, HL 67 2017-19, pp. 47-48)

25   See Article 3.1 TFEU.

26   Legality must be proved before awarding any support and do not need an official complaint from a Member State to be triggered. For instance, a public body planning to provide state aid must either satisfy itself that its scheme is exempted or seek the explicit approval of the European Commission before awarding any subsidy. See JOZEPA, Ilze. supra, p. 19.

"countervailing duties"[27].

3. A "TONNAGE TAX" SCHEME

A practical case under analysis: an EU Member State intends to provide a new tax regime (tonnage tax scheme)[28] to shipping companies operating maritime transport of goods and/or passengers.

3.1. COMPATIBILITY WITH EU RULES

A state aid can be granted in many differing ways through the tax system (Quigley, 2016, p.) [29], such as a tax reduction or exemption[30], a tax credit[31], a tax-

---

27 «Countervailing duties are a tax on the imports of subsidised goods which makes these goods more expensive to buy. The principle behind these duties is to bring the market price of subsidised goods back up to what it would have been without subsidies. Doing so restores a level playing field between domestic producers and the imports they compete with.» (Agreement on Subsidies and Coutervailing Measures, available at WTO website).

28 Under the proposed regime a company will pay the corporate income tax rate on an amount that is calculated based on notional profits and not the real economic results. A company's profit from qualifying shipping activities will notably be calculated by reference to the net tonnage of each of the qualifying ships which the company operates, regardless if the ship is directly owned or chartered in. If the company has other activities than qualifying shipping activities, profits from these activities will remain subject to the normal rules for calculating taxable profit. The aim of the proposed tonnage tax scheme is to contribute to a competitive environment so that the number of ships in the EU Member State X registry, but also in other EU Member States' registries, increases. The measure is also perceived as an effective instrument to make Country X shipping industry competitive from the international perspective. By introduction of the proposed scheme, Country X intents to reverse the downward trend observed in the number of Country X flagged ships in the merchant navy, observed in the last 10 years.

29 QUIGLEY, Conor, Q.C., supra, p. 457.

30 Case C-66/02, Italy v Commission (2005) ECR I-10901, par. 78.

31 Case T-227/01 etc., Territorio Histórico de Álava – Diputación Foral de Álava v

free reserve out of profits[32], a fixed rate that substitutes the taxes that would be payable[33], or which unduly writes off a tax liability[34]. In order to ascertain whether the proposed tonnage tax scheme under analysis is compatible with EU law, it is necessary to examine if the regime is a state aid.

Under the EU rules, a state aid is prohibited[35] when[36] (i) it favours certain undertakings[37] or certain goods (selectivity)[38]; (ii) it is granted directly or indirectly through state resources[39]; (iii) it confers economic advantage to the recipient[40]; (iv) it distorts competition and is liable to affect trade between the Member States[41].

The tonnage tax scheme intends to confer a special method of calculating a taxable profit for specific undertakings. The concept of selectivity is broad and

---

Commission (2009) ECR II-3029, par. 126.

32 Case C-354/10, Commission v Greece EU:C:2012:109, par. 8.

33 Case C-66/02, Italy v Commission (2005) ECR I-10901,

34 Case C-507/08, Commission v Slovakia (2010) ECR I-13489, par. 6-10

35 Excluded some exceptions (see note 14 supra) or measures that are especially justified.

36 See European Commission Notice on the notion of State aid as referred to in Article 107 of the TFEU, July 2016, OJ C 262, p. 17.

37 «An undertaking is an entity in any legal form whatsoever which is engaged in an economic activity. This is the case even if the recipient of aid is a publicly owned company, a non-profit making company or even a charity, so long as it carries on an economic activity in competition with other operators.» (OUT-LAW Guide. Introduction to state aid, 2014).

38 Case C-200/97 Ecotrade (1998) ECR I-7907, par. 40; Case C-143/99, Adria-Wien Pipeline and Wietersdorfer & Peggauer Zementwerke (2001). ECR I-8365, par. 41.

39 Case C-379/98 Preussen Elektra (2001) ECR I-2099, par. 58. Case T-358/94 Air France v Commission (1996) ECR II-2109, par. 55.

40 Case C-280/00 Altmark (2003) ECR I-7747, par. 83-84; Case C-34-38/01 Enirisorse v Ministero delle Finanze (2003) ECR I-14243, par. 29-30.

41 Case C-372/97 Italy v Commission (2004) ECR I-3679, par. 44. Case C-399/08P, Commission v Deutsche Post AG (2010) ECR I-7831, par. 38-39.

embraces all measures that are not of general application (Roshanjahromi, 2017, p. 30). To decide whether this kind of special regime constitutes an advantage, the European Court of Justice (CJEU) held that (i) it was necessary to compare the special regime to the ordinary taxation system of company profits[42]; (ii) neither a large number of eligible undertakings nor the diversity and size of the sector to which those undertakings belong provide sufficient ground to conclude that a measure is a general measure of economic policy[43].

Therefore, by providing that the shipping companies, as target undertakings, will pay the corporate income tax rate on an amount that is calculated based on notional profits and not the real economic results (ordinary taxation), the tonnage tax scheme is a selectivy treatment[44] that confers economic advantage[45] to the recipient that could distort competition and affect trade between EU Member States.

According to Article 107 (TFEU), any aid granted through state resources in any form whatsoever which threatens to distort competition by favouring certain undertakings or the production of certain goods shall be incompatible with EU rules[46].

On the other hand, the presumption that state aid is always incompatible with

---

42 Case C-182/03 & C-217/03, Belgium and Forum 187 ASBL v Commission (2006) ECR I- 5479, par. 95.

43 Case C 143/99, Adria-Wien Pipeline GmbH and Wietersdorfer & Peggauer Zementwerke GmbH v. Finanzlandesdirektion fur Kärnten, (2001), ECR I-8365, par. 35-41.

44 Selectivity applies under a tax system where certain undertakings are taxed in a way that derogates to their benefit from the common or normal regime. (Case C-88/03, Portugal v Commission (2006) ECR I-7115, par. 56)

45 The existence of an advantage may generally be establishedwhen compared with normal taxation (Case C-88/03, Portugal v Commission (2006) ECR I-7115, par. 56; Cases C-106/09P & C-107/09P, Commission v Government of Gibraltar (2011) ECR I-11113, par. 90)

46 See Case C-172/03 Heiser (2005) ECR I-1627, Para 27; Case T-8/06 FAB Fernsehen v Commission (6 October 2009). par. 48.

the EU rules is not absolute. The TFEU[47] allows the European Commission to declare that certain state aid measures are compatible with the common market. Since then, the Commission has developed guidelines, communications and exemptions to guide the exercise of the discretion[48], as well as provide some predictability to the Member States. In July 2016, the EU Commission published a Notice[49] on the notion of state aid with the aim at guidance on the definition of state aid by analysing the criteria that must be met in order for a measure to be identified as incompatible with EU rules.

The 2016 Notice[50] addresses the general principles for the recognition of a state aid when Member States adopt broader measures applicable to undertakings that fulfill a certain criterion, such as the case of tonnage tax under analysis. Accordingly, the ordinary tax system must be identified as a reference, and if the measure in analysis constitutes a derogation from the ordinary system in reference, it is necessary to be established whether the derogation is justified by the nature or the general scheme of the reference system[51]. If it does, it will not be considered selective and will not be prohibited[52].

In this scenario, it is possible to argue that no state aid arises for the taxpayer when the benefit is available to all taxpayers of the same economy sector under the same tax system and it is, therefore, not selective[53]. Moreover, the tonnage

---

47 Article 107(2)(3) TFEU.

48 Article 107(3) TFEU.

49 The 2016 Notice updated the 1998 Notice and set out the EU Commission's current understanding of article 107(1) of the TFEU based, in particular, on its recent State aid decisions, but also as interpreted by the ECJ and the General Court. (European Commission. Commission Notice on the notion of State aid as referred to in Article 107 of the TFEU, July 2016, OJ C 262).

50 EU Comission 2016 Notice, par. 126-131.

51 See ISMER, Roland / PIOTROWSKI, Sophia. Selectivity in Corporate Tax Matters After World Duty Free: A Tale of Two Consistencies Revisited, Interax, p. 159.

52 See Case C-78/08 to C-80/08, ECLI:EU:C:2011:550, par. 49 et seq.

53 Case T-399/11, Banco Santander SA v Commission EU:T: (2014):938, para 48; Case T-

tax scheme intends to be applicable to shipping companies as an instrument to make these undertakings more competitive from the international perspective[54]. The purpose of the tonnage tax scheme is to contribute to a competitive environment and increases the number of ships in merchant navy, which justifies the tax scheme measures for the companies of the sector and makes it possible to seek for the EU approval.

Another argument is that, as long as there is no harmonisation of tax rates at an EU level[55], Member States remain free to set general rates and change those rates, so that any economic or competitive advantage arising from a reduction in those rates is not selective and hence cannot be categorised as state aid on the basis of any comparison with undertakings in other Member States[56].

In any case, considering that the tonnage tax scheme is found to involve state aid, then the EC must be formally notified to seek its approval for the aid measure[57].

3.2. ANALYSIS UNDER WTO SCM

The WTO SCM is not intended to discipline all government assistance but rather focuses on support that distorts international trade[58]. In order to ascertain

---

219/10, Autogrill España SA v Commission EU:T (2014):939, par. 44.

54 According to FORT, Edouard, supra p. 371, competition policy is an instrument used to achieve the European Union's objectives, including a high level of economic growth, prosperity, competitiveness and cohesion between Member States through the establishment of a common market. This policy constitutes the cornerstone upon which the European Union is built.

55 « From an EU law perspective, there are few references to taxation other than in articles 110 to 113 of the TFEU. These legal provisions deal with taxation in the context of harmonization, and prohibit any legislative action by the EU authorities in tax matters unless unanimity is reached amongst the Member States » (FORT, Edouard, supra p. 372)

56 Case C-73/03, Spain v Commission EU:C: (2004):711, par. 28.

57 State Aid: the Basics Guide, supra, p. 8

58 See FARAH, Paolo D. / CIMA, Elena. The World Trade Organization, Renewable Energy

whether a tax scheme is considered a subsidy under WTO agreement, it must meet the following elements[59]: (i) the presence of a financial contribution[60]; and (ii) it confers a benefit[61].

The concept of financial contribution generally refers to defined and commonly agreed forms of governmental actions regarding a transfer of economic resources, which, directly or indirectly, call for the exercise of the powers of taxation and expenditure, as a financial assistance (Rubini, 2009, p.122). To recognize a benefit, it is necessary that there be an assistance favouring certain undertakings or the production of certain goods, it means that it confers an advantage on the recipient[62].

Thereafter, WTO SCM provides that some specific[63] subsidies are

---

Subsidies, and the Case of Feed-in Tariffs: Time for Reform toward Sustainable Development. 27 Geo. Int'l Envtl. L. Rev. 515 2014-2015. p. 521

59 WTO Agreement on Subsidies and Countervailing Measures (SCM), Article 01.

60 Article 1.1(a)(1) of WTO SCM states that the following are financial contribution: i. Direct transfer of funds and potential direct transfers of funds or liabilities (loan guarantees); ii. Government income that is otherwise due is foregone or not collected. (e.g. tax credits and other fiscal incentives); iii. Provision of goods or services other than general infrastructure or government purchase of goods; iv. a government makes payments to a funding mechanism, or entrusts or directs a private body to carry out one or more of the type of functions illustrated in (i) to (iii) above which would normally be vested in the government and the practice, in no real sense, differs from practices normally followed by governments SCM, Article 1(1.1) (a).

61 WTO and EC law contain a similar requirement: a measure will only constitute a subsidy or State aid if it confers an advantage on the recipient – this follows from the wording of Article 1.1(b) SCM ('and ... a benefit is thereby conferred') and the words 'which distorts or threatens to distort competition by favouring certain undertakings or the production of certain goods' in Article 87(1)EC. (EHLERMANN, Claus-Dieter / GOYETTE, Martin. supra, p. 700.)

62 Case C-353/95, Tierce Ladbtoke v. Commission, (1997), ECR I- 7007

63 Prohibited subsidies are assumed specific (Article 2.3 SC.).The concept of selectivity in EC State aid law does not differ fundamentally from the notion of specificity under WTO law. The Article 2 of WTO SCM defines "specific" as those limited to certain companies,

37

prohibited[64] while the rest are actionable[65]. It means that a subsidy is generally allowed, but a country can complain that a subsidy is unlawful and use mechanisms to protect its companies, such as 'countervailing duty'[66].

The tonnage tax scheme under analysis, prima facie, meets the criteria of financial contribuition (fiscal incentive), confers benefit (fixed rate tax on profits, which reduces cost and allows lower prices on goods shipped) and also the specificity (it applies only for shipping companies). On the other hand, the mere fact that a subsidy is granted to enterprises which export shall not, for that reason alone, be considered to be an export subsidy within the meaning of this provision[67].

According to SCM, Article 5[68], any EU Member State that assumes to be

---

so if the support does not meet the definition of specific, it falls outside of the scope of the agreement. According to EHLERMANN, Claus-Dieter / GOYETTE, Martin. supra, p. 704, an important difference between WTO and EU law is that of regional selectivity. Subsidies applying only to part of a Member's territory are non-specific in the sense of the SCM Agreement if these subsidies are available to all enterprises in the region. Under EU Law, these subsidies could well be specific.

64 «Subsidies that require recipients to meet export targets, or to use domestic goods instead of imported goods. They are prohibited because they are specifically designed to distort international trade and are therefore likely to hurt other countries' trade». (Understanding the WTO: the agreements, available at WTO website).

65 «Any subsidy that is not prohibited outright is allowed but 'actionable'. Most subsidies, such as production subsidies, fall into this category. Actionable subsidies can be challenged by other WTO countries if they hurt their domestic producers. The complaining country has to show that this is the case, otherwise the subsidy is permitted.» (Understanding the WTO: the agreements, available at WTO website).

66 EHLERMANN, Claus-Dieter / GOYETTE, Martin. supra, p. 710.

67 The SCM standard is met when the facts demonstrate that the granting of a subsidy, without having been made legally contingent upon export performance, is in fact tied to actual or anticipated exportation or export earnings. The mere fact that a subsidy is granted to enterprises which export shall not for that reason alone be considered to be an export subsidy within the meaning of this provision. (Footnote n. 4 of SCM Agreement)

68 A subsidy is actionable when it causes adverse effects to another Member's interests

threatened by the tonnage tax regime could formally complain and countervail by charging greater rates on the goods of undertakings recipient of the subsidy[69]. To form a complaint, the country shall demonstrate that the reduction of the tax burden on the profits of shipping companies resulting from the export of goods[70] confers an advantage that is liable to distort competition on the cross-border sale with companies from other countries that do not have this benefit, thus it meets the elements of a prohibited subsidy.

REFERENCES

BACON, Keyln. *European Union Law of State aid.* Oxford, Second edition 2013. <https://global.oup.com/academic/product/european-union-law-of-state-aid-9780198787365?cc=us&lang=en&> (last visited June 2019) (quoted: BACON, Keyln. European Union Law of State aid. Oxford, Second edition 2013).

Department for Business, Energy and Industrial Strategy, *State Aid: the Basics Guide*, July 2015. < https://www.gov.uk/government/publications/state-aid-the-basics> (last visited June 2019) (quoted: Department for Business, Energy and Industrial Strategy, *State Aid: the Basics Guide*, July 2015).

EASSON, A.A.J., *Tax Competition and Investment Incentives*, 1997, EC Tax Journal.

EHLERMANN, Claus-Dieter / GOYETTE, Martin. EU State Aid versus WTO Disciplines on Subsidie, EStAL, 2006 < https://www.wilmerhale.com/-/media/881c469fad9f48779634e48f030483e2.pdf > (last visited June 2019) (quoted EHLERMANN, Claus-Dieter / GOYETTE, Martin. EU State Aid

---

(Article 5, WTO SCM)

69 The EU has countervailed not only export subsidies, but also other types of subsidies, such as regional assistance. See Commission Regulation (EC) NO 1810/1999 of 17 August 1999 imposing a provisional countervailing duty on imports of polyethylene terephthalate (PET) FILM originating in India, OJ 1999 L 219/14.

70 Information and External Relations Division, 2015, pp. 10-12.

versus WTO Disciplines on Subsidie, 2006).

European Commision's website: <http://ec.europa.eu/competition/state_aid/legislation/compilation/index_en.html> (last visited June 2019) (quoted: Comissions Website).

European Commission. *Commission Notice on the notion of State aid as referred to in Article 107 of the TFEU*, July 2016, OJ C 262. < https://eur-lex.europa.eu/legal-content/EN/TXT/?toc=OJ:C:2016:262:TOC&uri=uriserv:OJ.C_.2016.262.01.0001.01.ENG> (last visited June 2019) (quoted: European Commission. Commission Notice on the notion of State aid as referred to in Article 107 of the TFEU, July 2016, OJ C 262).

European Union Committee, Internal Market Sub-Committee, Brexit: competition and State aid, 2 February 2018, HL 67 2017-19. <https://publications.parliament.uk/pa/ld201719/ldselect/ldeucom/67/67.pdf> (last visited June 2019) (quoted: European Union Committee, Internal Market Sub-Committee, Brexit: competition and State aid, 2 February 2018).

EUROPEAN UNION Commission Regulation (EU) No 651/2014 of 17 June 2014 <https://eur-lex.europa.eu/legal-content/EN/TXT/?uri=uriserv%3AOJ.L_.2014.187.01.0001.01.ENG> (last visited June 2019) (quoted: Commission Regulation (EU) No 651/2014 of 17 June 2014).

FARAH, Paolo D. / CIMA, Elena. The World Trade Organization, Renewable Energy Subsidies, and the Case of Feed-in Tariffs: Time for Reform toward Sustainable Development. 27 Geo. Int'l Envtl. L. Rev. 515 2014-2015. <https://heinonline.org/HOL/Welcome?message=Please%20log%20in&url=%2FHOL%2FPage%3Fhandle%3Dhein.journals%2Fgintenlr27%26collection%3Djournals%26id%3D526%26startid%3D%26endid%3D549> (last visited June 2019) (quoted:FARAH, Paolo D. / CIMA, Elena. The World Trade Organization, Renewable Energy Subsidies, and the Case of Feed-in Tariffs: Time for Reform toward Sustainable Development. 27 Geo. Int'l Envtl. L. Rev. 515 2014-2015).

FORT, Edouard, *EU State Aid and Tax: An Evolutionary Approach*, European Taxation by IBDF, 2018. <http://link.ibfd.org/2MYdU2e > (last visited June

2019) (quoted: FORT, Edouard, *EU State Aid and Tax: An Evolutionary Approach*, European Taxation by IBDF, 2018).

Information and External Relations Division, *Understanding the WTO*, Geneva, Fifth Edition, 2015. <https://www.wto.org/english/thewto_e/whatis_e/tif_e/understanding_e.pdf> (last visited June 2019) (quoted: Information and External Relations Division, Understanding the WTO, Geneva, Fifth Edition, 2015).

ISMER, Roland / PIOTROWSKI, Sophia. Selectivity in Corporate Tax Matters After World Duty Free: A Tale of Two Consistencies Revisited, Interax, 2015. <https://www.kluwerlawonline.com/abstract.php?area=Journals&id=TAXI2015055> (last visited June 2019) (quoted: ISMER, Roland / PIOTROWSKI, Sophia. Selectivity in Corporate Tax Matters After World Duty Free: A Tale of Two Consistencies Revisited, Interax, 2015).

JOZEPA, Ilze. *EU State Aid Rules and WTO Subsidies Agreement*, Briefing Paper N. 06775, House of Commons Library, June 2019. <http://researchbriefings.files.parliament.uk/documents/SN06775/SN06775.pdf> (last visited June 2019) (quoted: JOZEPA, Ilze. EU State Aid Rules and WTO Subsidies Agreement, Briefing Paper N. 06775, House of Commons Library, June 2019).

MESSERE, Ken. *Tax Policy in OECD Countries – Choices and Conflicts*, 1993.

OHLER, Christoph. *Die fiskalische Integration in der Europäischen Gemeinschaft*, 1997.

OECD, *Harmful Tax Competition – An Emerging Global Issue*, Paris, 1998 <http://www.uniset.ca/microstates/oecd_44430243.pdf> (last visited June 2019) (quoted: OECD, *Harmful Tax Competition – An Emerging Global Issue*, Paris, 1998).

OUT-LAW Guide. *Introduction to state aid.* 07 August 2014. <https://www.pinsentmasons.com/out-law/guides/-introduction-to-state-aid> (last visited June 2019) (quoted: OUT-LAW Guide. Introduction to state aid, 2014).

QUIGLEY, Conor, Q.C., *Differential Tax Treatment, Tax Rulings and EU State Aid Law*, Base erosion and profit shifting (BEPS), 2016: 457-470.

<http://www.hec.unil.ch/masit/events/Robert%20Danon%20_%20Base%20 Erosion%20and%20Profit%20Shifting.pdf> (last visited June 2019) (quoted : QUIGLEY, Conor, Q.C., *Differential Tax Treatment, Tax Rulings and EU State Aid Law,* Base erosion and profit shifting (BEPS), 2016).

ROSHANJAHROMI, Setareh. *A Comparative Analysis between EU State Aid and WTO Subsidies.* Faculty of Law. Lund Univertisy. Spring Term 2017. <http://lup.lub.lu.se/luur/download?func=downloadFile&recordOId=8916 234&fileOId=8916236> (last visited June 2019) (quoted : ROSHANJA-HROMI, Setareh. A Comparative Analysis between EU State Aid and WTO Subsidies. Faculty of Law. Lund Univertisy. Spring Term 2017).

RUBINI, Luca. The Definitions of subsidies and State aid, WTO and EC Law in comparative respective. Oxford, 2009. <https://www.oxfordscho-larship.com/view/10.1093/acprof:oso/9780199533398.001.0001/acprof-978 0199533398> (last visited June 2019) (quoted : RUBINI, Luca. The Defini-tions of subsidies and State aid, WTO and EC Law in comparative respective. Oxford, 2009).

SCHOEN, Wolfgang. *Taxation and State Aid Law in the European Union*, Com-mon Market L. Review: 36, 1999. <https://papers.ssrn.com/sol3/pa-pers.cfm?abstract_id=1603789 > (last visited June 2019) (quoted: SCHOEN, Wolfgang. Taxation and State Aid Law in the European Union, Common Market L., 1999, Review 36: 911-936).

THE STATE AID MANUAL. Department for Business Innovations & Skills. July 2015. <https://assets.publishing.service.gov.uk/government/uploads/ system/uploads/attachment_data/file/607691/bis-15-148-state-aid-manual-update.pdf> (last visited June 2019) (quoted: THE STATE AID MANUAL from Department for Business Innovations & Skills. Chapter 1 – An Intro-duction to State aid. July 2015).

TREATY ON THE FUNCTIONING OF THE EUROPEAN UNION - *Part three: Union Policies and Internal Actions - Title VII: Common rules on competition, taxation and approximation of laws.* <https://eur-lex.europa.eu/legal-con-tent/EN/ALL/?uri=CELEX:12008E107> (last visited June 2019) (quoted:

Treaty on the Functioning of the European Union. Chapter 1: Rules on competition - Section 2: Aids granted by States - Article 107 (ex Article 87 TEC) OJ C 115, 9.5.2008, p. 91–92).

WTO, *Agreement on Subsidies and Coutervailing Measures* <https://www.wto.org/english/docs_e/legal_e/24-scm.pdf> (last visited June 2019) (quoted: WTO, Agreement on Subsidies and Coutervailing Measures).

WTO, *Understanding the WTO: the agreements* <https://www.wto.org/english/thewto_e/whatis_e/tif_e/agrm8_e.htm#subsidies> (last visited June 2019) (quoted: WTO, Understanding the WTO: the agreements).

TABLE OF CASES

29-30.

Case C-372/97 Italy v Commission (2004) ECR I-3679, par. 44.

Case C-399/08P, Commission v Deutsche Post AG (2010) ECR I-7831, par. 38-39.

Case C-182/03 & C-217/03, Belgium and Forum 187 ASBL v Commission (2006) ECR I- 5479, par. 95.

Case C 143/99, Adria-Wien Pipeline GmbH and Wietersdorfer & Peggauer Zementwerke GmbH v. Finanzlandesdirektion fur Kärnten, (2001), ECR I-8365, par. 35-41.

Case C-88/03, Portugal v Commission (2006) ECR I-7115, par. 56.

Cases C-106/09P & C-107/09P, Commission v Government of Gibraltar (2011) ECR I-11113, par. 90.

Case C-172/03 Heiser (2005) ECR I-1627, Para 27.

Case T-8/06 FAB Fernsehen v Commission (6 October 2009). par. 48.

Case C-78/08 to C-80/08, ECLI:EU:C:2011:550, par. 49 et seq.

Case T-399/11, Banco Santander SA v Commission EU:T: (2014):938, para 48.

Case T-219/10, Autogrill España SA v Commission EU:T (2014):939, par. 44.

Case C-73/03, Spain v Commission EU:C: (2004):711, par. 28.

Case of Feed-in Tariffs: Time for Reform toward Sustainable Development. 27 Geo. Int'l Envtl. L. Rev. 515 2014-2015. p. 521.

Case C-353/95, Tierce Ladbtoke v. Commission, (1997), ECR I- 7007.

CERIZZE, Rosiris. EU State Aid and WTO subsidies rules. *In:* CERIZZE, Rosiris; CALAZA, Tales (Coord.). *Controvérsias e soluções jurídicas empresariais.* Uberlândia: Marco Teórico, 2024. pp. 27-44.

TAXATION OF FINANCIAL INSTRUMENTS UNDER THE 'SUBSTANCE-OVER-FORM' PRINCIPLE

2

Rosiris Cerizze

1. INTRODUCTION

The use of financial instruments[1] has become more common and frequent[2], prompting greater attention from tax authorities regarding the applicable tax treatment of such instruments. Generally corporate tax systems require that a financial economic instrument is qualified either as debt or equity[3].

---

1   Financial instrument is a contract that gives rise to a financial asset of one entity and a financial liability or equity instrument of another entity (IAS 32 Financial Instruments: Presentation, par.11, available at IAS website).

2   HIROKI Aoyama, Hybrid Securities: A Comparative Study between the U.S. and Japan, Harvard L. Sch. 2007 p. 2, states that: «Hybrids securities generally defined to be securities of both of debt and equity, gained widespread popularity in the U.S. during 1990's robust economy. Financial innovation led to the reported issuance of $30.9 billion and $49.6 of hybrids through 1995 and October 1999, respectively. In the last few years, the hybrids market grew even rapidly primarily resulting from Moody's liberalization in their rating methodology for hybrids in February 2005. Issuance of hybrid securities reached $39 billion in 2005 and $71billion in 2006, with additional volume growth expected in 2007, according to J.P. Morgan».

3   BISPO, Rafael Minervino, Cross-Border Intra-Group Hybrid Finance: A Comparative

Equity capital is usually associated with corporate rights, ownership of the entity, control by means of voting rights, uncertain return on investment, return dependent on business results, business risks and subordination in payment. Instead, debt capital is usually associated with the obligation to repayment of the principal sum, 'a predetermined and fixed return related to the principal amount, credit risks and preference in payment[4].

There are hybrid financial instruments that may combine characteristics of debt and equity in any number of ways[5]. This situation gives rise to a range of different tax classification methods to ascertain the legal nature of such transactions. It can trigger a conflict of qualification which may result in double taxation or double non-taxation.

The concept of debt versus equity for tax purposes follows not only the legal form of the transaction, but mainly its actual content, which allows reclassification of financial instruments using "economic substance" or through "substance over form" principles[6].

2. FINANCIAL INSTRUMENTS CLASSIFICATION FOR TAX PURPOSES

The border line between debt and equity to classify financial instruments differs in three fundamental attributes[7]: (i) share of company's risks and

---

Analysis of the Legal Approach Adopted by Brazil, the United Kingdom and the United States, Bulletin for International Taxation, 2013.

4 PWC, Financing options: Debt versus equity A country overview, 2016, p. 3.

5 « Just as tax rules vary between countries in other respects, there is considerable variation in the rules that demarcate debt and equity. International differences in demarcation rules introduce the possibility that the same financial instrument is categorized as debt in one country and equity in another country. » (JOHANNESEN, Niels, Tax avoidance with cross-border hybrid instruments, 2014, pp. 40–52).

6 PWC, in supra, p. 10.

7 SANTOS, Ramon Tomazela, The Anti-Tax Avoidancec Directive 2 and Hybrid Financial Instruments: Countering Deduction and Non-Inclusion Schemes in Third-Country

contingency of remuneration, i.e. profit contingent remuneration of equity holder vs. contractual fixed rate of return of debt holder; (ii) status of debt or equity holder and related voting right, i.e. membership status of equity holder vs. contractual party status of creditor; (iii) subordination, i.e. priority of debt claims in the case of insolvency.

This analisys relies on the legal form of the transaction in determining the existence and relevance of payment obligations. However, in some jurisdictions, the concept of debt and equity for tax purposes may differ from the concept that can be found in the jurisdiction's commercial law or accounting principles[8]. One of the most notable difference in taxation of financial instruments is the interest deductibility of debt instrument, which usually imposes biasing debt finance over equity finance. In general, the interest derived from debt is treated as a deductible expense at the level of the debtor. On the other hand, creditor receiving the interest payment is liable for taxation of this taxable income. In the case of equity, dividends derived from equity are non-deductible at the payer's level and are treated as a taxable income for receiver, unless participation exemption applies at receiver's level[9].

Therefore, the combination of the typical features of equity and debt into a single instrument constitutes a mechanism of tax planning[10], whereby a taxpayer can exploit asymmetries in the tax rules to obtain a reduction of the overall tax burden[11]. These financial instruments have been a concern for tax authorities

---

Situations, 2018, pp 1-4.

8   PWC, in supra, p. 10.

9   JANEK, Michal, Common Denominators in Tax Classification of Financial Instruments, 2014, pp. 1-3.

10 According to BISPO, Rafael Minervino, in supra, p.3, from a cross-border perspective, there is a general incentive for multinational corporations to transfer income to low-tax countries. This can be achieved by debt financing companies located in high-tax jurisdictions. Interest deductions reduce the tax burden in those countries, while the proceeds of the payments can be tax free or subject to a lower rate in another country.

11 SANTOS, Ramon Tomazela, in supra, pp 1-4.

because they pose difficulties for the application of tax rules based on traditional categories[12].

In this scenario, to avoid practices and simulations aimed at tax evasion, tax authorities have focused more on the actual content and substance of the financial instrument than on its legal form[13]. Under an "economic substance" or "substance over form" approach, all the facts and circumstances are considered to determine whether a financial instrument more closely resembles debt or equity, as well to reclassify[14] a transaction in accordance with its actual substance.

3. THE SUBSTANCE OVER FORM PRINCIPLE

The substance-over-form principle in tax law has arisen in the construction of the nature of a transaction and in the decision of how a transaction should have the tax rules applied to it when such transaction appears only formally to be in accordance with the law, while in fact deviating from it. [15]. Thus, substance-

---

12 THURONYI, Victor. Taxation of New Financial Instruments, 2001, pp.2-3.

13 At the IFA Congress in Oslo in 2002 one of the main topics was "Form and substance in tax law". For all countries reporting that they had domestic anti-avoidance rules, which was the situation for a majority of the 27 national reports, the national reporters stated that the domestic anti-avoidance rule was applicable in cross-border s itua tions . See IFA (2002) p. 60. See also IFA (2010) p. 22, where the General Reporter, Van Weeghel, confirms Zimmer's findings in IFA (2002).

14 According to PWC, in supra, p. 10, many countries require that the rate of interest paid with respect to loans from related parties is an at arm's length rate. In some cases, the interest that would be non-deductible as a result of the interest not being at an arm's length rate could be recharacterized as a dividend. A number of countries also require that the amount of debt cannot exceed an arm's length amount.

15 «Each approach involves different propositions. The first, referred to here as the legal proposi-tion, argues that in ascertaining the character of a transaction regard is to be had to what is in fact done rather than to the label or nomenclature given to what is done. The second, the equitable proposition, suggests that in taxing a transaction regard is to be had to the economic effect of what has been done and tax levied by analogy to the tax treatment of similar economic effects realised through different transactions»

over-form is an accounting concept means that the economic substance of transactions must be recorded in the financial statements rather than just their legal form in order to present a true and fair view of the affairs of the entity[16].

In essence, a reporting entity's financial statements should report the substance of the instruments it participates in. As known, taxation and accounting are concerned with economic transactions, so both must face the argument that transactions should be analysed in accordance with their 'substance'[17] instead of their legal form.

The substance-over-form principle faces some problems in its full extension, as it requires the authorities and courts to analyze each instrument and its content in the light of the function of the laws. This not only increase litigation, but also make it difficult for the parties to make their contracts regarding the applicable level of regulation[18].

Brazil is used to adopt a formalistic approach towards the characterization of

---

(MACDONALD, Graeme, Substance, Form and Equity in Taxation and Accounting, 1991, pp.830-847)

16 According to JAN, Obaidullah, ACA, CFA, Accouting Principles: Substance Over Form: «substance over form is an accounting principle which recognizes that business transactions should be accounted in accordance with their (economic) substance instead of their (legal) form. Economic substance refers to the underlying economic or commercial purpose of a business transaction apart from its legal or tax considerations. Legal form refers to interpretation of a business transaction in accordance with the applicable business laws»

17 According to MACDONALD, Graeme, in supra, substance is not something to be determined exclusively by reference to legal, or for that matter economic, characteristics; it is something which derives from the perspective of the activity under consideration. As an idea, substance over form can be discussed in a quite neutral sense; but its application will always depend on the context. Substance is to be understood in the context of prior definitions or norms; it is not determinative of those definitions or norms. In that sense it is a second order issue. Substance over form is therefore not regarded here as a fundamental accounting paradigm which can determine accounting outputs.

18 RIBSTEIN, Larry E. Form and Substance in the Definition of a "Security": The Case of Limited Liability Companies. p. 809.

debt and equity[19]. This precept was overcome by the 2007 legislation[20] which enacted for Brazilian companies to comply with international financial reporting standards (IFRS). Accordingly, the accounting reports must be closer to the economic reality of the business[21]. Therefore, instead of respecting the formalities of a transaction, the qualification of an item as debt or equity depends on its substantial economic reality[22].

Similar to the approach adopted in Brazil, the starting point for the classification of debt or equity in the United Kingdom is the legal form of the financial instrument[23]. Despite, the treatment of a given item can be reclassified[24], depending on the economic substance of the transaction or its accounting treatment[25].

Substance has, therefore, come to dominate form within the rules themselves. The result is a more contained application of the substance over form than would exist if every transaction was susceptible to the imposition of a tax liability according to the perceived equity of the situation[26]. However, the notion of substance as opposed to form has been extended by the courts and international

---

19 Brazil Federal Law No 6404/1976.

20 Brazil Federal Law No. 11.638/2007.

21 Consequently, in reality, companies must produce separate reports for financial and tax accounting purposes. See more in MOSQUERA, Roberto Quiroga / PICONEZ, Matheus. Tratamento Tributário dos Instrumentos Financeiros Híbridos, 2011, p. 247.

22 BISPO, Rafael Minervino, in supra, pp. 6-7.

23 MOSQUERA, Roberto Qurioga / PENNEY, M., in Tax Treatment of Hybrid Financial Instruments in Cross-border Transactions, Cahiers de Droit Fiscal International, vol. 85a, sec. 2. (Kluwer L. Intl. 2000), at p. 646.

24 The substance-over-form approach of International Financial Reporting Standard (IFRS) 25 replaced the formalistic IFRS 4, which applied in the United Kingdom up to that time.

25 SCHON, Wolfgang., Debt and Equity: What's the Difference? A Compara-tive View, Max Planck Inst. Intell. Prop., 2009, p. 70.

26 MACDONALD, Graeme, in supra, p.834.

laws.

Some comentators, as Jieyin Tang[27], have another point of view. The economic substance principle should not be broadened to serve as the general rule to tax financial transactions. According to this approach, the economic substance principle only could apply to: (i) a tax-avoidance financial transaction only as a judicial means of combating tax shelters; (ii) to determine whether the financial transaction is real. But once the reality of the transaction has been confirmed and it is not a case of abuse of the form for tax avoidance, this principle cannot be applied any longer and the legal form should control the tax treatment of the financial transaction.

4. RECLASSIFICATION ON THE BASIS OF SUBSTANCE-OVER-FORM UNDER EU LAW

As known, taxpayers are not obligated to structure their transactions in a manner that maximizes tax liability, quite the opposite, taxpayers are free to decide how to carry on their business activities, but they cannot do so by attempting to circumvent the law and avoid taxes[28]. Wherefore, under the substance-over-form principle, the tax authorities are liable to consider the content and objective of a particular transaction and ignore the underlying formal transactions, which allows reclassification of a tax treatment applied to a given transaction[29].

In order to provide accounting requirements to the classification of such instruments into financial assets, IAS 32[30] standard that a financial instrument

---

27 TANG, Jieyin. International – Economic Substance versus Legal Form: Financial Transactions as Taxabel Events, 2014, p. 21.

28 Decisions of the Czech Republic Supreme Administrative Court of 30 November 2006, No. 5 Afs 42/2005-102 and No. 5 Afs 94/2005-85.

29 MKRTCHYAN, Tigran. Supreme Administrative Court gives first decision on application of domestic substance-over-form rule in tax treaty context, 2007, pp. 477-479.

30 IAS 32 Financial Instruments: Presentation, outlines the accounting requirements for the presentation of financial instruments, particularly as to the classification of such

should be classified as either a financial liability or an equity instrument according to the substance of the contract, not its legal form[31]. Accordingly, a financial instrument is an equity instrument only if (i) the instrument includes no contractual obligation to deliver cash or another financial asset to another entity and (ii) if the instrument will or may be settled in the issuer's own equity instruments[32]. If the financial instrument has both a liability and an equity component from the issuer's perspective, IAS 32 requires that the component parts be accounted for and presented separately according to their substance based on the definitions of liability and equity[33].

In order to illustrate, a convertible bond contains two components. One is a financial liability, namely the issuer's contractual obligation to pay cash, and the other is an equity instrument, namely the holder's option to convert into common shares. When the initial carrying amount of a compound financial instrument is required to be allocated to its equity and liability components, the equity component is assigned the residual amount after deducting from the fair value of the instrument as a whole the amount separately determined for the liability component[34].

The standards arise as a result of the application of specific substance-over-form rules in certain Member States[35], and that should be no conflict if the

---

instruments into financial assets, financial liabilities and equity instruments. The standard also provides guidance on the classification of related interest, dividends and gains/losses, and when financial assets and financial liabilities can be offset.

31 IAS 32 specifies presentation for financial instruments. The recognition and measurement and the disclosure of financial instruments are the subjects of IFRS 9 or IAS 39 and IFRS 7 respectively.

32 IAS 32, Par. 15-18.

33 The split is made at issuance and not revised for subsequent changes in market interest rates, share prices, or other event that changes the likelihood that the conversion option will be exercised. IAS 32. Par. 29-30.

34 IAS 32. Par. 32.

35 According to PWC, in supra, p. 10-11, a common approach in a number of jurisdictions is the adoption of rules that establish a maximum debt to equity ratio, usually referred to

domestic substance-over-form doctrine applies generally to intra Member State, as well as to cross-border inter Member State, in order to be in accordance with the principle of legal certainty[36].

On the other hand, European Court of Justice (ECJ) recognizes that Member States need to combat tax avoidance[37]. Thus, substance-over-form clauses developed in the case law are specifically aimed at abusive practices[38]. The line between acceptable tax avoidance and unacceptable tax abuse was clarified by the

---

as "thin capitalization rules". Under these rules, interest on debt that exceeds the maximum ratio would not be deductible in computing the taxable profit of the issuer of the loan. In practice, the allowable debt-equity ratio may vary considerably.

36 «Such domestic substance-over-form doctrines can constitute a restriction of the free movement of capital or the freedom of establishment since the consequence of the application of such clauses typically is a reclassification of purported debt as equity or purported equity as debt» (BUNDGAARD, Jakob. Hybrid Financial Instruments and Primary EU Law. IBFD European taxation, 2013, p. 545).

37 «It is established case law of the ECJ that "Community law cannot be relied upon for abusive or fraudulent ends". The Court refers to abuses of "Community law" (EU law), which seems to indicate that its holding applies to all branches of EU law, i.e. the EU Treaties, Directives and Regulations and international agreements entered into by the European Union. Nevertheless, whether the prohibition-of-abuse principle applies to an equal extent, e.g. by using the same definitions of "abuse", is still highly debated in legal literature. Although the ECJ anti-abuse doctrine already began to develop as from 1974, it was not until the 2006 Halifax (Case C-255/02) judgment that the Court unequivocally extended its anti-abuse principle to the field of VAT. This principle implies that taxpayers may not rely on EU legislation for "[...] transactions carried out not in the context of normal commercial operations, but solely for the purpose of wrongfully obtaining advantages provided for by Community law"» (DEBELVA, Filip / LUTS, Joris. International - Anti-Abuse under the Financial Transaction Tax Proposal. Issue: Derivatives & Financial Instruments, 2014 (Volume 16), No. 3.

38 According to JANEK, Michal, in supra, legal framework gives tax administrator unlimited access to the use of substance over form principle, i.e. reclassification power. Practice of courts however established rule that in order to apply substance over form principle, intention of abuse of law must be identified.

ECJ in its decision in Cadbury Schweppes[39]. For a practise to be found to be abusive it is necessary[40] that (i) the transactions concerned, notwithstanding formal application of the conditions laid down by the relevant provisions and of national legislation, result in the accrual of a tax advantage the granting of which would be contrary to the purpose of those provisions[41], and (ii) it must also be apparent from a number of objective factors that the essential aim of the transactions concerned is to obtain a tax advantage[42].

Moreover, under the OECD[43] Base Erosion and Profit Shifting (BEPS) initiative, hybrid intruments have become a sensitive political issue[44], which culminated in the proposal of anti-hybrid rules to counter the tax avoidance[45].

Within the European Union (EU), the Anti-Tax Avoidance Directive (ATAD 1)[46] of 12 July 2016, introduced standards to ensure anti-tax avoidance measures and to counter tax practices that could affect the good functioning of the internal market. Among the measures contained in the ATAD 1, an antihybrid rule

---

39 See UK: ECJ, Case C-196/04, Cadbury Schweppes plc, Cadbury Schweppes Overseas Ltd v. Commissioners of Inland Revenue, para. 33, ECJ Case Law IBFD; Thin Cap (C-524/04), para. 34 et seq., and Fidium Finanz AG (C-452/04), para. 48.

40 BUNDGAARD, Jakob. in supra, p. 545-546

41 See ECJ case law, Halifax (C-255/02), para. 74.

42 See ECJ case law, Halifax (C-255/02), para. 75.

43 In 2013, the OECD announced its project against Base Erosion and Profit Shifting (BEPS), which consists of 15 separate Action Plans with a view to addressing perceived flaws in international tax rules. The report Action Plan 2 ("Neutralizing the Effects of Hybrid Mismatch Arrangements") and Action Plan 4 ("Limiting Base Erosion Involving Interest Deductions and Other Financial Payments"), published on 5 October 2015, address the equity versus debt discussion.

44 GRAAF, Anaud, International Tax Policy Needed to Counterbalance the Excessive Behaviour of Multinationals, 22 EC Tax Rev. 2, 2013, p. 108.

45 SANTOS, Ramon Tomazela, in supra, pp 1-2.

46 Council Directive (EU) 2016/1164 of 12 July 2016 Laying Down Rules against Tax Avoidance Practices that Directly Affect the Functioning of the Internal Market, OJ L 193 (2016).

intended to counter hybrid instrument that arise in the interaction between the corporate tax systems of Member States stands out. Further, on 29 May 2017, the Council enacted the Anti-Tax Avoidance Directive (ATAD 2)[47], which provides that the Members States shall analyse not only the legal classification of the financial instrument under their legislation, based on its legal nature or its economic substance, but also whether the payment has been deducted from the tax base of the corporate income tax in the third country[48].

Considering the abusive practice of taxpayers to avoidance tax, it is clear that the substance-over-form shall determine the taxation of a financial instrument, as well as to determine the recharacterization criteria must be addressed, since debt/equity definitions can be very similar. In the end, aim of harmonization of classification and reclassification rules will be to ensure anti-tax avoidance and also avoidance of mismatches in cross border situations.

REFERENCES

BISPO, Rafael Minervino, Cross-Border Intra-Group Hybrid Finance: A Comparative Anal-ysis of the Legal Approach Adopted by Brazil, the United Kingdom and the United States, Bulletin for International Taxation, 2013 (Volume 67), No 7. < https://www.ibfd.org/IBFD-Products/Journal-Articles/Bulletin-for-International-Taxation/collections/bit/html/bit_2013_07_br_1.html> (last visited October 2019) (quoted: BISPO, Rafael Minervino, Cross-Border Intra-Group Hybrid Finance: A Comparative Anal-ysis of the Legal Approach Adopted by Brazil, the United Kingdom and the United States, 2013).

BUNDGAARD, Jakob. Hybrid Financial Instruments and Primary EU Law. IBFD European taxation, 2013. < http://corit-advisory.com/wp-content/uploads/2011/12/Hybrid-Financial-Instruments-and-Primary-EU-Law-Part-

---

47 Council Directive (EU) 2017/952 of 29 May 2017 amending Directive (EU) 2016/1164 as regards Hybrid Mismatches with Third Countries, OJ L 144 (2017).

48 SANTOS, Ramon Tomazela, in supra, pp 2-4.

1-Jakob-Bundgaard-IBFD-October-2013..pdf> (last visited November 2019) (quoted: BUNDGAARD, Jakob. Hybrid Financial Instruments and Primary EU Law, 2013)

COUNCIL DIRECTIVE (EU) 2016/1164 of 12 July 2016 Laying Down Rules against Tax Avoidance Practices that Directly Affect the Functioning of the Internal Market, OJ L 193, 2016. EU Law IBFD. <https://eur-lex.europa.eu/legal-content/EN/TXT/?uri=uris-erv:OJ.L_.2016.193.01.0001.01.ENG> (last visited November 2019) (quoted: Council Directive (EU) 2016/1164 of 12 July 2016).

COUNCIL DIRECTIVE (EU) 2017/952 of 29 May 2017 amending Directive (EU) 2016/1164 as regards Hybrid Mismatches with Third Countries, OJ L 144 2017. <https://eur-lex.europa.eu/legal-content/GA/TXT/?uri=CELEX:32017L0952> (last visited November 2019) (quoted: Council Directive (EU) 2017/952 of 29 May 2017).

DEBELVA, Filip / LUTS, Joris. International - Anti-Abuse under the Financial Transaction Tax Proposal. Issue: Derivatives & Financial Instruments, 2014 (Volume 16), No. 3. < https://www.ibfd.org/IBFD-Products/Journal-Articles/Derivatives-and-Financial-Instruments/collections/dfi/html/dfi_2014_03_int_5.html> (last visited November 2019) (quoted: DEBELVA, Filip / LUTS, Joris. International - Anti-Abuse under the Financial Transaction Tax Proposal, 2014)

GELDER Van Gabriel, NIELS Boudewijn. Tax Treatment of Hybrid Finance Instruments. IBFD, Derivatives & Financial Instruments, July/August 2013, pp. 140-148.

GRAAF, Anaud, International Tax Policy Needed to Counterbalance the Excessive Behaviour of Multinationals, 22 EC Tax Rev. 2, 2013 < https://www.kluwerlawonline.com/abstract.php?area=Journals&id=ECTA2013012> (last visited November 2019) (quoted: GRAAF, Anaud, International Tax Policy Needed to Counterbalance the Excessive Behaviour of Multinationals, 2013)

HILLING Axel, Income Taxation of Derivatives and other Financial

Instruments– Economic Substance versus Legal Form: A study focusing on Swedish non-financial companies. JIBS Dissertation Series n° 042.

HIROKI Aoyama, Hybrid Securities: A Comparative Study between the U.S. and Japan, Harvard L. Sch. 2007 <http://www.law.harvard.edu/ programs/about/pifs/llm/sp6.pdf> (last visited October 2019) (quoted: Aoyana, Hybrid Securities: A Comparative Study between the U.S. and Japan, 2007)

IAS 32 Financial Instruments: Presentation<https://www.iasplus.com/en/ standards/ias/ias32> (last visited October 2019) (quoted: IAS 32 Financial Instruments: Presentation, available at IAS website)

JAN, Obaidullah, ACA, CFA, Accouting Principles: Substance Over Form < https://xplaind.com/534006/substance-over-form> (last visited October 2019) (quoted: JAN, Obaidullah, ACA, CFA, Accouting Principles: Substance Over Form)

JANEK, Michal, Common Denominators in Tax Classification of Financial Instruments, Tilburg University, 2014 <http://arno.uvt.nl/show.cgi?fid= 134292> (last visited October 2019) (quoted: JANEK, Michal, Common Denominators in Tax Classification of Financial Instruments, Tilburg University, 2014)

JOHANNESEN, Niels, Tax avoidance with cross-border hybrid instruments, Journal of Public Economics 112, 2014 <https://nielsjohannesen.net/wp-content/uploads/Tax-Avoidance-with-Crossborder-Hybrid-Instruments_PUBLISHED-ARTICLE.pdf≥_> (last visited October 2019) (quoted: JOHANNESEN, Niels, Tax avoidance with cross-border hybrid instruments, 2014)

MACDONALD, Graeme, Substance, Form and Equity in Taxation and Accounting. The Modern Law Review, Vol. 54, No. 6, Law and Accountancy. Nov. 1991. <https://onlinelibrary.wiley.com/doi/pdf/10.1111/j.1468-2230.1991.tb01853.x> (last visited October 2019) (quoted: MACDONALD, Graeme, Substance, Form and Equity in Taxation and Accounting, 1991)

MOSQUERA, Roberto Quiroga / PICONEZ, Matheus. Tratamento Tributário dos Instru-mentos Financeiros Híbridos, Dialética 2011.

MOSQUERA, Roberto Qurioga / PENNEY, M., in Tax Treatment of Hybrid Financial Instruments in Cross-border Transactions, Cahiers de Droit Fiscal International, vol. 85a, sec. 2. (Kluwer L. Intl. 2000)

MKRTCHYAN, Tigran. Supreme Administrative Court gives first decision on application of domestic substance-over-form rule in tax treaty context. European taxation, ISSN 0014-3138, Vol. 47, N°. 10, 2007. < https://dialnet.unirioja.es/servlet/articulo?codigo=6116244> (last visited November 2019) (quoted: MKRTCHYAN, Tigran. Supreme Administrative Court gives first decision on application of domestic substance-over-form rule in tax treaty context. European taxation, 2007)

PWC, Financing options: Debt versus equity A country overview, 2016. <https://www.pwc.nl/nl/assets/documents/pwc-financing-options-debt-versus-equity.pdf> (last visited October 2019) (quoted: PWC, Financing options: Debt versus equity A country overview, 2016)

RIBSTEIN, Larry E. Form and Substance in the Definition of a "Security": The Case of Limited Liability Companies. Washington and Lee Law Review Volume 51. < https://scholarlycommons.law.wlu.edu/cgi/viewcontent.cgi?article=1583&context=wlulr> (last visited October 2019) (quoted: RIBSTEIN, Larry E. Form and Substance in the Definition of a "Security": The Case of Limited Liability Companies. Washington and Lee Law Review Volume 51)

SANTOS, Ramon Tomazela, The Anti-Tax Avoidance Directive 2 and Hybrid Financial Instruments: Countering Deduction and Non-Inclusion Schemes in Third-Country Situations. Bulletin for International Taxation, 2018, Volume 72. No. 8. < https://www.ibfd.org/IBFD-Products/Journal-Articles/Bulletin-for-International-Taxation/collections/bit/html/bit_2018_08_e2_1.html> (last visited October 2019) (quoted: SANTOS, Ramon Tomazela, The Anti-Tax Avoidance Directive 2 and Hybrid Financial Instruments: Countering Deduction and Non-Inclusion Schemes in Third-Country Situations, 2018)

SCHON, Wolfgang., Debt and Equity: What's the Difference? A Comparative

View, Max Planck Inst. Intell. Prop., Competition & Tax L. Research Paper No. 09-09, 2009. <https://papers.ssrn.com/sol3/papers.cfm?abstract_id=1457649> (last visited November 2019) (quoted: SCHON, Wolfgang., Debt and Equity: What's the Difference? A Comparative View, 2009)

TANG, Jieyin. International – Economic Substance versus Legal Form: Financial Transactions as Taxabel Events. IBFD, Derivatives & Financial Instruments, vol. 16, n° 2, 2014 (quoted: TANG, Jieyin. International – Economic Substance versus Legal Form: Financial Transactions as Taxabel Events, 2014)

THURONYI, Victor. Taxation of New Financial Instruments. Geneva, 2001. <http://unpan1.un.org/intradoc/groups/public/documents/un/unpan004463.pdf> (last visited October 2019) (quoted: THURONYI, Victor. Taxation of New Financial Instruments, 2001)

CERIZZE, Rosiris. Taxation of financial instruments under the 'substance-over-form' principle. *In:* CERIZZE, Rosiris; CALAZA, Tales (Coord.). *Controvérsias e soluções jurídicas empresariais.* Uberlândia: Marco Teórico, 2024. pp. 45-59.

RECOGNITION AND MEASUREMENT OF UNCERTAIN TAX POSITION – INDEFINITE USEFUL LIFE OF INTANGIBLE ASSETS

3

Rosiris Cerizze

1. INTRODUCTION

The complexity of tax law and the requirements for transparency, such as the OECD rules, are a challenge for companies to report financial and tax statements reliably and securely[1]. However, it may be unclear how tax law applies to a particular transaction or circumstance. An uncertainty about a tax treatment may affect an entity's accounting for a tax asset or liability[2].

In this scenario, risk management related to income tax accounting is a key factor for a good corporate governance and tax planning[3]. To guide European

---

[1] In 2015, the Base Erosion and Profit Shifting («BEPS») final 15 Actions reports were approved, as an initiative to combat measures and tax planning strategies that result in base erosion of income tax and profits transfer between countries. This project was attended by member countries of the Organization for Economic and Co-operation and Economic Development («OECD») and the G-20 member countries (PACKMAN, Tax transparency and country by country reporting - BEPS and beyond, 2016, p. 10).

[2] ERNST & YOUNG, Applying IFRS - Uncertainty over income tax treatments, 2017, p. 3. In the same way, MICANTI / PIROLOZZI / PERRI, IFRIC 23, Uncertainty over Income Tax Treatments, 2019, p.1-3.

[3] «There is the risk of incorrect financial reporting of income taxes – namely, the risk of

companies in this issue, the International Accounting Standards no. 12 («IAS 12»)[4] prescribes accounting treatment for income taxes[5], which is comparable to the Accounting Standards Codification no. 740 («ASC 740»)[6] of the United States Generally Accepted Accounting Principles («US GAAP»). Both are the most widely used financial accounting standards globally[7].

IAS 12 was silent on how to reflect the effects of uncertainty. Consequently, companies that report based on the International Financial Reporting Standard («IFRS») have applied different methods to report income tax exposures, reducing the comparability of the amounts accounted in IFRS financial statements[8].

---

the numbers reported in the tax accounts and related disclosures of the financial statements being materially wrong. IAS 12 and ASC 740 prescribe numerous rules around the accounting for and presentation/disclosure of income taxes that can sometimes seem counterintuitive and so require very involved, technical calculations and analyses. Add to this the complexities of tax law as well as time and resource constraints within the tax and/or finance departments of an organization, and the possibility of incorrectly reporting income taxes in the financial statements becomes a very tangible risk.» (ANDERSON / GRAVE, Chapter 3 Tax Accounting in Tax Risk Management: From Risk to Opportunity, 2010, p. 41).

4   The International Financial Reporting Standard («IFRS» prescribes accounting treatment for current income taxes and future tax consequences e.g. deferred taxes.

5   According to ANDERSON / GRAVE, supra p. 50, IAS 12 states that «current taxes related to prior and current periods that are based on taxable profits and expected to be paid to or received from the tax authorities should be accounted for using enacted or substantively enacted tax rates and laws, which implies the need for a provision for income tax risks».

6   ACS 740 - Income Taxes was known as FASB Interpretation no. 48, Accounting For Uncertainty in Income Taxes. Note that the ASC structure did not change the underlying accounting texts, only the way in which it is organized and referenced.

7   According to COLLINS / JARVIS / SKERRATT, European companies adopt guidance from IFRS Interpretations Committee - based approaching UK GAAP (The Role and Current Status of IFRS in the Completion of National Accounting Rules – Evidence from the UK, Accounting in Europe, 2017, pp. 235-247).

8   MÜHLEMANN / MÜLLER, Ernst & Young AG: The IASB issues IFRIC 23 Uncertainty

The International Financial Reporting Interpretations Committee no. 23 («IFRIC 23»), published on 7 June 2017, provides guidance on how to recognise and measure the accounting impact of Uncertain Tax Positions («UTP»)[9] over income tax treatments under the binding guidelines of IAS 12[10].

The issue becomes more complex when it is noticed that IAS 12 and ASC 740 require that the financial statements reflect current income taxes and deferred income taxes[11].

---

over Income Tax Treatments, p. 8. In the same way, GRANT THORNTON, IASB issues IFRIC 23 'Uncertainty over Income Tax Treatments', 2017.

9   According to HANDLEY / SANTORO, KPMG: Tax uncertainties in the United States, p. 3, UTP is a tax treatment for which there is uncertainty over whether the tax authority will accept the tax treatment under tax law. The term generally refers to treatments or positions, taken or planned to be taken by an entity that may be challenged by the tax authorities and may result in (i) additional taxes; (ii) penalties or interest; (iii) changes in the applicable tax rate; (iv) changes in the tax base of assets or liabilities; or (v) changes in the amount of available tax losses carried forward or tax credits that would reduce a deferred tax asset or increase a deferred tax liability. See STROBEL, Uncertain Tax Positions, in Wiley InterScience, 2010; and SIMONE / ROBINSON / STOMBERG, Bridget, Distilling the reserve for uncertain tax positions: The revealing case of Black Liquor, 2012.

10 There are no new disclosure requirements in IFRIC 23, however, entities are reminded of the need to disclose the UTP in accordance with IAS 1 Presentation of Financial Statements. See CRAIKE / ZHANG, IFRIC 23 Uncertainty over income tax treatments, 2017, p. 2. In the same way, TOMLINSON, IFRIC 23 clarifies the accounting treatment, 2017.

11 Current income taxes are income taxes currently due to or receivable from the tax authorities in respect of the taxable profits (or losses) of the period. Deferred income taxes represent the future income tax consequences of activities and events that are reflected in the current or prior years' financial statements. Both IAS 12 and ASC 740 present relatively little discussion of current income taxes, which indicates that the current income tax amount reported in statements is regulated by local tax laws. On the other hand, the deferred income tax is heavily grounded in the principles of IAS 12 and ASC 740 (ANDERSON / GRAVE, supra, p. 41-42).

One of the most uncertain[12] tax treatments is to determine the expected manner of recovery of an intangible asset with indefinite useful life for the purposes of measuring deferred tax [13.]

The purpose of this study is to provide an overview[14] of the UTP under IFRIC 23 in the framework of indefinite useful life of intangible assets in income tax provision.

2. KEY PROVISIONS OF IFRIC 23

2.1 SCOPE AND EFFECTIVE DATE

IFRIC 23 provides guidance to apply the recognition and measurement requirements according IAS 12[15] when there is uncertainty over income tax treatments[16].

If an entity concludes that a UTP exists over income tax, it shall apply the guidance laid down in IFRIC 23, paragraph 5, which addresses: (i) whether to consider uncertain tax treatments separately or together with other uncertain tax

---

12 See other examples of UTP: (i) tax return or deductions taken that may be challenge by the tax authorities; (ii) transactions structured to use tax losses; (iii) transactions that could affect a non taxable or tax-exempt status; and (iv) a dispute with the tax authority about the amount of tax due (HANDLEY / SANTORO, supra, p.33)

13 UTP may affect both current and deferred taxes, e.g. an uncertainty over the year in which an expense is deductible, IFRIC 23 requires consistent judgements and estimates to be applied both current and deferred taxes (IFRIC 23, par. 12, and Appendix C, BC15).

14 The Author clarifies that the theme presented is about recent standards not yet appreciated by the doctrine and courts. Therefore, this study does not intend to exhaust the subject, but only to offer a brief overview of the main debates related to.

15 IFRIC 23, par. 4. The Interpretation does not apply to taxes outside the scope of IAS 12.

16 The standard does not address the accounting for interest and penalties associated with underpayment of income taxes, although it applies when interest and penalties are considered income taxes and are related to an UTP. See LIU / SUMMER / CORUM, Accounting for Uncertainty in Income Taxes under IFRS and U.S. GAAP, p. 2.

treatments[17]; (ii) the assumptions it makes about the examination of tax treatments by taxation authorities[18]; (iii) how it determines taxable profit, tax bases, unused tax, losses, unused tax credits and tax rates[19]; and (iv) how it considers changes of facts and circumstances[20].

An entity shall apply the IFRIC 23 for annual reporting periods beginning on or after 1 January 2019. A retrospective application is permitted whether the entity discloses this fact.[21]

2.2. RECOGNITION AND MEASUREMENT OF THE UTP´S EFFECTS

An entity shall reflect the effect of uncertainty in its financial and tax statements when it is probable that the tax authority will not accept an uncertain tax treatment[22]. The term "probable"[23] is not defined under IAS 12 or IFRIC 23.

---

17 An entity should consider the approach that better predicts the expected resolution of the uncertainty. See IFRIC 23, par. 6 and 7.

18 An entity should assume that a tax authority will have full knowledge of the related information. See IFRIC 23, par. 8.

19 An entity needs to consider if it is probable that the tax authority would accept the entity's treatment. See IFRIC 23, par. 9 – 12.

20 A change in facts and circumstances might change an entity's conclusions about the acceptability of a tax treatment or the entity's estimate of the effect of uncertainty. In this case, an entity should reassess the judgment or estimate used to determine the accounting. The IAS 10, Events after the Reporting Period, applies when a change in facts and circumstances occurs after the reporting date. See IFRIC 23, par. 13 – 14. In same way, SHINEWING (HK) CPA - HK(IFRIC) Interpretation 23 Uncertainty over Income Tax Treatments, 2017.

21 IFRIC 23, Appedinx B, par. B1.

22 IFRIC 23, par. 9.

23 «The definition of probable is a key difference between U.S. GAAP and IFRSs. ASC 450-20-20 defines "probable"as "likely to occur." IAS 37, par. 23, defines probable as "more likely than not to occur" (e.g., "the probability that the event will occur is greater than the probability that it will not"). While the assessment of these terms is subject to an entity's judgment, "likely" under U.S. GAAP is considered a much higher threshold (e.g.,

Nevertheless, it is generally interpreted as "more-likely-than-not", reflecting a probability greater than 50%[24]. It means that the determination of whether or not a tax position is under the recognition threshold is relatively subjective[25].

The criteria to determine the probability of a potential tax exposure shall consider some key factors, such as: (i) prior experience, court decisions, tax authority interpretations related to similar tax treatments (ii) legal advice and legal resolutions on similar issues related to other entities (iii) practice guidelines published by the tax authorities that are applicable for the treatment (iv) pre-clearance from the tax authority on an uncertain tax treatment[26].

Basically, to recognise a UTP, the entity shall consider the following circumstances:

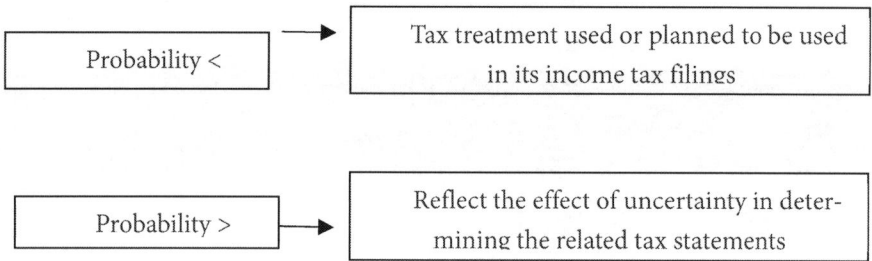

Probability <	→	Tax treatment used or planned to be used in its income tax filings
Probability >	→	Reflect the effect of uncertainty in determining the related tax statements

Thereafter, an entity shall reflect the effect of uncertainty for each UTP by

approximately 80 percent) than "more likely than not" under IFRSs (e.g., greater than 50 percent). Therefore, more contingencies may qualify for recognition as liabilities under IFRSs than under U.S. GAAP». (DELOITTE, Contingencies: Key differences between U.S. GAAP and IFRS).

24 MÜHLEMANN / MÜLLER, supra, p. 8. In the same way HANDLEY / SANTORO, in supra, p.9., also ANDERSON / GRAVE, in supra, p. 51.

25 ANDERSON / GRAVE, supra, p. 51, asses that in some cases, a "should" or other high level of opinion from tax or accounting advisors may help in management's final determination.

26 ERNST & YOUNG, Applying IFRS - Uncertainty over income tax treatments, 2017, p. 11.

using either of the following methods: (i) "most likely amount" (the single most likely amount in a range of possible outcomes); or (ii) "expected value" (the sum of the probability-weighted amounts in a range of possible outcomes)[27].

In order to clarify how to choose the better method to be applied, suppose that an entity recognizes a UTP and estimates the probabilities of additional amounts that might be added to its taxable profit, as the following example[28]:

Tax treatment accepted by tax authority	Resulting adjustment	Additional tax charge (20%)	Probability	Expected Value	Most Likely Amount
10.000,00	0	0	20%	0	0
6.000,00	4.000,00	800,00	40%	320,00	800,00
3.000,00	7.000,00	1.400,00	30%	420,00	0
0	10.000,00	2.000,00	10%	200,00	0
				940,00	

The entities can choose the method[29] that better expects to predict the resolution of the uncertainty[30].

---

27 IFRIC 23, par. 11.

28 Based on the example developted by MÜHLEMANN / MÜLLER, in supra, p. 9.

29 It's noticed that the "most likely amount" method might be appropriate if the possible outcomes are binary or are concentrated on one value. The "expected value method" might be appropriate if there is a range of possible outcomes that are neither binary nor concentrated on one value (IFRIC 23, par. 11)

30 According to ERNST & YOUNG, supra, p. 15 «The outcome of an uncertain tax treatment will often be binary, e.g. a deduction might be allowed or rejected in full. In such circumstances, measurement using the single most likely amount might be more appropriate. However, when a number of interdependent uncertainties are considered together, or when a single uncertain tax treatment can be partially accepted by the taxation authorities, the expected value approach might better predict the resolution of the

3. INDEFINITE USEFUL LIFE OF INTANGIBLE ASSETS UNDER IFRIC 23

As noted, no benefit should be recognized in the financial and tax statements for positions - taken or expected to be taken - which are not estimated to be accepted by the authorities[31]. An uncertainty may occur when the source of the deferred tax is an intangible asset – e.g., goodwill, trademarks, logos, softwares, licences, patents, films, copyrights, and other indefinite usuful life intangible assets[32]. The International Accounting Standards no. 38 («IAS 38») sets out the criteria[33] for the recognition and measurement of intangible assets[34] and requires disclosures about them[35].

A complex issue is how to calculate deferred income taxation related to intangible assets with indefinite useful life[36]. Its primary characteristic is that it has no measurable or defined periods of time in which the asset will expire[37]. Until

---

uncertainty. Entities will have to exercise judgement, based on their knowledge of how the relevant taxation authority operates and using professional advice, where required».

31 ANDERSON / GRAVE, supra, p. 50.

32 CASTELLON / XU, Indefinite-Lived Assets in Tax Provision, 2009.

33 Under IAS 38, par. 21, an intangible asset can be recognized only when (i) it is probable that there will be future economic benefits from the asset; and (ii) the cost of the asset can be reliably measured. If the intangible does not meet the conditions for recognition as an asset, it should not be amortised.

34 IAS 38, par. 8, describes that an intangible asset is an identifiable non-monetary asset without physical substance.

35 Expenditure for an intangible item is recognised as an expense, unless the item meets the definition of an intangible asset, that are measured initially at cost. After initial recognition, an entity usually measures an intangible asset at cost less accumulated amortisation (IAS 38, par. 18-24 and 68).

36 According to CASTELLON / XU, supra, 2009, in case of assets amortized for tax purposes, the entity shall analyse and determine their nature and useful life, which allows to apply tax accounting procedures to account for their treatment in the event of a full or partial valuation allowance and their potential impact on the effective tax rate.

37 IAS 38, par. 91, explains that indefinite does not mean infinite.

that occurs, the asset remains on the books of the company with a related deferred tax liability[38] resulting from book over tax basis or amortization expense. It means that indefinite useful life intangible assets can result in unexpected impacts[39] on the determination of the assets valuation and in the effective tax rate[40].

The uncertainty of this circumstances creates a problem because a liability represents a current duty or responsibility for the entity that entails settlement by probable future transfer or the use of assets at a specific or determinable date, on the occurrence of a specific event or on demand[41]. Therefore, paragraph 3 of IAS 38[42] states that regarding deferred tax assets, an entity shall apply IAS 12.

It is noticed that most entities apply the principle and requirements in

---

38 Deferred tax liabilities consist of installment payments, accelerated depreciation, and other temporary book-to-tax differences resulting in future taxable income. Such deferred tax liabilities typically have measurable and defined periods of time in which the company will or could incur future taxable income and a related tax liability. FAS 109, par. 11; ASC par. 740-10-25-20.

39 According to CAPODAGLIO / SEMPRINI, Business Combinations, Goodwill and Deferred Taxes,, 2015, pp. 219-237, in compliance with the tax law, the costs relating to the asset are differently deductible depending on the kind of transaction from which it emerges and shall be amortized for tax purposes for a period of useful life. This generally results in temporary differences due to the different depreciation charges, and hence deferred income taxes shall be recognized.

40 See U.S. Court case The Citigroup, Inc. v. United States, No. 15-953T (Ct. Cl. 2018), which addresses one of the most difficult aspects of business purchases and sales, namely, how do you allocate tax basis to intangible assets.

41 Financial Accounting Standards Board («FASB») Statement of Financial Accounting Concepts No. 6, par. 36

42 If another Standard prescribes the accounting for a specific type of intangible asset, an entity applies that Standard instead of IAS 38. Thus, IAS 38 does not apply to deferred tax assets (see IAS 12 Income Taxes).

paragraphs 51[43] and 51-A[44] of IAS 12 when measuring deferred tax on an intangible asset with an indefinite useful life[45]. By applying those paragraphs, an entity determines its expected manner of recovery[46] of the carrying amount of the intangible asset with an indefinite life and reflects the tax consequences[47].

The criteria to determine the expected manner to recovery shall consider the specific asset and also the particular circumstances of the entity and must reflect management's realistic expectations, considering some factors such as: (i) the reliance of the business on the asset; (ii) the nature of the asset and the possible

---

43 IAS 12, paragraph 51, states that the measurement of deferred tax liabilities and deferred tax assets reflects the tax consequences that follow from the manner in which an entity expects, at the end of the reporting period, to recover or settle the carrying amount of its assets and liabilities.

44 IAS 12, paragraph 51-A, states that the manner in which an entity recovers (settles) the carrying amount of an asset (liability) may affect either or both of: (a) the tax rate applicable when the entity recovers (settles) the carrying amount of the asset (liability); and the tax base of the asset (liability). In such cases, an entity measures deferred tax liabilities and deferred tax assets using the tax rate and the tax base that are consistent with the expected manner of recovery or settlement.

45 IFRS Committee clarified that an intangible asset with an indefinite useful life is not a non-depreciable asset. Under the intangible assets accounting standard, indefinite does not mean unlimited or infinite (IFRS Committee Decisions IAS 12 Income Taxes, Expected manner of recovery of intangible assets with indefinite useful lives, November 2016).

46 There are three likely scenarios in determining the expected manner of recovery: (i) recovery through sale; (ii) recovery through use; (iii) dual manner of recovery. (CRAIKE / BARS / VEXLER / ZHANG, Are you ready for changes to deferred tax accounting for indefinite-lived intangibles? 2017, p. 1).

47 The recognition of deferred tax for the estimated future tax liability of events recorded on a financial or tax statements is one of the basic principles of Statement of Financial Accounting Standards («FAS») No. 109, Accounting for Income Taxes, par. 6; Accounting Standards Codification («ASC») par. 740-10-10-1 (note that the Financial Accounting Standards have been codifed by FASB; FAS 109 has mostly been codified in ASC topic 740).

markets for its sale; (iii) the tax attributes of the asset; (iv) whether the business combination occurred prior to the adoption of IFRS and how this transition would impact the assessment[48].

Suppose that a European company acquires a separately intangible asset with indefinite useful life for CU3.000,00[49] and needs to calculate the deferred income taxation of temporary differences[50]. The entity deducts the full cost of the intangible asset by calculating taxable profit for the first year in its income tax filing, but the timing of deductibility is uncertain[51]. In this case, under IFRIC 23, if it is not probable that the tax authority will accecpt the full deduction[52] in tax statements, the entity shall measure the UTP and calculate the taxable difference by choosing between the methods «most likely amount» or «estimated value»:

---

48 CRAIKE / BARS / VEXLER / ZHANG, supra, p. 1-3.

49 In these Illustrative Examples, currency amounts are denominated in 'currency units' (CU).

50 Under IAS 12, p. 19, temporary differences arise when the tax bases of the identifiable assets acquired and liabilities assumed are not affected by the business combination or are affected differently, e.g., when the carrying amount of an asset is increased to fair value but the tax base of the asset remains at cost to the previous owner, a taxable temporary difference arises which results in a deferred tax liability. Any difference between the carrying amount of intangible asset and its tax base of nil is a taxable temporary difference.

51 Based on Example 2 exposed on IFRIC 23, Appendix C, IE7.

52 See Richard S. Miller & Sons, Inc. v. United States, 210 Ct. Cl., at 437, 537 F. 2d, at 450 ("Goodwill is a concept that embraces many intangible elements and is presumed to have a useful life of indefinite duration"). The entire justification for refusing to permit the depreciation of goodwill evaporates, however, when the taxpayer demonstrates that the asset in question wastes over an ascertainable period of time. It is more faithful to the purposes of the Code to allow the depreciation deduction under these circumstances, for "the Code endeavors to match expenses with the revenues of the taxable period to which they are properly attributable, thereby resulting in a more accurate calculation of net income for tax purposes," INDOPCO, Inc. v. Commissioner, 503 U. S. 79, 84 (1992)

CU deducted on 1st year	Deducts accepted by tax authority on 1st year	Taxable temporary difference	Probability	Expected Value	Most Likely Amount
3.000,00 (the cost of the intangible asset)	3.000,00	0	25%	0	0
	2.000,00	1.000,00	40%	400,00	**400,00**
	1.000,00	2.000,00	35%	700,00	0
				1100,00	

It means that entities may need to apply significant judgement[53] for the choice of the method by considering each situation individually, based on which approach better predicts the resolution of the uncertainty[54].

The methods developed by entities to account for the UTP[55] so far, due the IAS 12 silence, may be inconsistent with IFRIC 23. Note that it is a sensitive issue for many entities that shall rethink their approach on UTP and consider the impact in accounting income tax, specially those with more aggressive tax strategies

---

53 See AMAZON.COM, INC. & SUBSIDIARIES, Petitioner v. COMMISSIONER OF INTERNAL REVENUE, Respondent, Docket No. 31197-12, filed March 23, 2017, assess three groups of intangible assets: (1) the software and other technology required to operate petitioner's European websites, fulfillment centers, and related business activities; (2) marketing intangibles, including trademarks, tradenames, and domain names relevant to the European business; and (3) customer lists and other information relating to petitioner's European clientele.

54 According to ERNST & YOUNG, supra, p. 15, applying a measurement method to reflect uncertainties is not an accounting policy choice; rather the selection should be made on a caseby-case basis based on which approach better predicts the resolution of the uncertainty.

55 See case based on an uncertain tax position faced by Boeing Company in 2006 involving the tax deductibility of a significant settlement ($615 million) paid to the U.S. government related to a violation of the False Claims Act (CONVERY / OUTSLAY, Assessing professional ethics in tax: A case on uncertain tax positions, in J. of Acc. Ed. 30, 2012, p. 80-89).

and those operating in complex tax jurisdictions[56].

Despite its complexity, if standardization is implemented correctly, with careful attention and compliance to the interpretations, it can be a very useful appliance[57] to predict and manage risk in the income tax statements.

REFERENCES

ANDERSON, Janet M / GRAVE, Koen De, *Chapter 3 Tax Accounting in Tax Risk Management: From Risk to Opportunity* (A.J. Bakker & S. Kloosterhof eds., IBFD 2010) (quoted: ANDERSON / GRAVE, Chapter 3 Tax Accounting in Tax Risk Management: From Risk to Opportunity, 2010).

AMAZON.COM, INC. & SUBSIDIARIES, Petitioner v. COMMISSIONER OF INTERNAL REVENUE, Respondent, Docket No. 31197-12, filed March 23, 2017 < https://www.ustaxcourt.gov/ustcinop/opinionviewer.aspx?ID=11148> (last visited April 2019) (quoted: AMAZON.COM, INC. & SUBSIDIARIES, Petitioner v. COMMISSIONER OF INTERNAL REVENUE, Respondent, Docket No. 31197-12).

CAPODAGLIO, Gianfranco / SEMPRINI, Lauretta, *Business Combinations, Goodwill and Deferred Taxes: Evidences Emerging From a Comparative Analysis Between Italy and Bulgaria,* University of National and World Economy, Sofia, Bulgaria, May 2015, Vol. 14, No. 5, 219-237 (quoted: CAPODAGLIO / SEMPRINI, *Business Combinations, Goodwill and Deferred Taxes,* 2015).

CASTELLON, Mario / XU, Clara, *Indefinite-Lived Assets in Tax Provision,* 2009 <https://www.thetaxadviser.com/issues/2009/oct/indefinite-livedassetsintaxprovision.html> (last visited April 2019) (quoted: CASTELLON / XU, *Indefinite-Lived Assets in Tax Provision,* 2009).

COLLINS, Jill / JARVIS, Robin / SKERRATT, Len; The Role and Current Status

---

56 SIVANANTHAM, Accounting for uncertainty over income tax treatments, 2018, p. 4.

57 According to ANDERSON / GRAVE, supra, p. 48, standardization in conjunction with ongoing training can be a powerful tool to improve the quality of income tax accounting across an organization.

of IFRS in the Completion of National Accounting Rules – Evidence from the UK, Accounting in Europe, 2017 <https://www.tandfon-line.com/doi/pdf/10.1080/17449480.2017.1300673> (last visited April 2019) (quoted : COLLINS / JARVIS / SKERRATT; *The Role and Current Status of IFRS in the Completion of National Accounting Rules – Evidence from the UK*, 2017).

CONVERY, Susan / OUTSLAY, Edmund, *Assessing professional ethics in tax: A case on uncertain tax positions*, in J. of Acc. Ed. 30, 2012. <http://isiar-ticles.com/bundles/Article/pre/pdf/1654.pdf> (last visited April 2019) (quoted: CONVERY / OUTSLAY, *Assessing professional ethics in tax: A case on uncertain tax positions*, 2012).

CRAIKE, Erin / BARS, Margot Le / VEXLER, Ronen / ZHANG, Karen, *Are you ready for changes to deferred tax accounting for indefinite-lived intangibles?* Straight Away IFRS bulletin for PWC, 2017. <https://www.pwc.com.au/as-surance/ifrs/assets/straight-away-alerts-23june17.pdf> (last visited April 2019) (quoted : CRAIKE / BARS / VEXLER / ZHANG, *Are you ready for changes to deferred tax accounting for indefinite-lived intangibles? Straight Away*, 2017).

CRAIKE, Erin / ZHANG, Karen, *IFRIC 23 Uncertainty over income tax treatments;* Straight Away – IFRS bulletin for PWC, 2017. <https://www.pwc.com.au/assurance/ifrs/assets/straight-away-alerts-15june17.pdf> (last visited April 2019) (quoted: CRAIKE / ZHANG, *IFRIC 23 Uncertainty over income tax treatments*, 2017).

DELOITTE, *Contingencies: Key differences between U.S. GAAP and IFRS* < https://www.iasplus.com/en-us/standards/ifrs-usgaap/contingencies> (last visited April 2019) (quoted: DELOITTE, *Contingencies: Key differences between U.S. GAAP and IFRS*, 2019).

ERNST & YOUNG, *Applying IFRS - Uncertainty over income tax treatments*, 2017. <https://www.ey.com/Publication/vwLUAssets/EY-tax-news-2017-11-14-01/%24FILE/EY-tax-news-2017-11-14-01.pdf> (last visited April 2019) (quoted: ERNST & YOUNG, Applying IFRS - Uncertainty over income tax treatments, 2017).

EUROPEAN COMMISSION, Directorate-General Taxation and Customs Union, *Intangible assets and tax depreciation, in* Common consolidated corporate tax Base working group (CCCTB WG), Brussels, 21 February 2005.

GRANT THORNTON, IASB issues *IFRIC 23 'Uncertainty over Income Tax Treatments'*, 2017. <https://www.grantthornton.com.au/globalassets/1.-member-firms/australian-website/technical-publications/local-technical--financial-alerts/gtal_2017-ta-2017-07-iasb-issues-new-interpretation-on-uncertainty-over-income-tax-treatments.pdf> (last visited April 2019) (quoted: GRANT THORNTON, *IASB issues IFRIC 23 'Uncertainty over Income Tax Treatments'*, 2017).

HANDLEY Kayreen / SANTORO Julie, *KPMG: Tax uncertainties in the United States,* <https://advisory.kpmg.us/content/dam/frv/en/pdfs/2018/ifrs-tax-uncertainties-in-the-us.pdf> (last visited April 2019) (quoted : HANDLEY / SANTORO, KPMG: *Tax uncertainties in the United States*).

HOLZMANN, Oscar J. / ROBINSON, Tom, FIN 48: Uncertain Tax Positions, in FASB, published online in Wiley InterScience, 2007. <http://tuck-fac-cen.dartmouth.edu/images/uploads/faculty/leslie-robinson/millsrobinson-sansing.pdf> (last visited April 2019) (quoted : HOLZMANN / ROBINSON: *Uncertain Tax Positions in FASB*, 2007).

IFRS Committee Decisions, IAS 12 Income Taxes, *Expected manner of recovery of intangible assets with indefinite useful lives,* November 2016. <https://www.ifrs.org/-/media/feature/supporting-implementation/agenda-decisions/ias-12-expected-manner-of-recovery-of-intangible-assets-with-indefinite-useful-lives-november-2016.pdf> (last visited April 2019) (quoted: IFRS Committee Decisions IAS 12 Income Taxes, Expected manner of recovery of intangible assets with indefinite useful lives, November 2016).

LIU, Joyce / SUMMER, Jenna / CORUM, Ashby, *Accounting for Uncertainty in Income Taxes under IFRS and U.S. GAAP, KPMG: What's news in tax, 2017* <https://home.kpmg/content/dam/kpmg/us/pdf/2017/10/tnf-wnit-gaap.pdf> (last visited April 2019) (quoted: LIU / SUMMER / CORUM,

Accounting for Uncertainty in Income Taxes under IFRS and U.S. GAAP, KPMG, 2017).

MICANTI, Paolo / PIROLOZZI, Fabio / PERRI, Tommaso, *IFRIC 23, Uncertaintyover IncomeTaxTreatments,* in PWC TLS Newsalert, 2019 <https://www.pwc-tls.it/it/publications/assets/docs/tls-newsalert-26022019.pdf> (last visited April 2019) (quoted : MICANTI / PIROLOZZI / PERRI, *IFRIC 23, Uncertaintyover IncomeTaxTreatments,* 2019).

MÜHLEMANN Marco / MÜLLER Gregor I., *Ernst & Young AG: The IASB issues IFRIC 23 Uncertainty over Income Tax Treatments;* Tax News, 2017 <https://www.eycom.ch/en/Publications/20170628-Tax-News-Summer-2017/download> (last visited April 2019) (quoted : MÜHLEMANN / MÜLLER: *The IASB issues IFRIC 23 Uncertainty over Income Tax Treatments; Tax News,* 2017).

PACKMAN, Andrew, *Tax transparency and country by country reporting - BEPS and beyond,* 2016 <https://www.pwc.com/gx/en/tax/publications/assets/tax-transparency-and-country-by-country-reporting.pdf> (last visited April 2019) (quoted : PACKMAN, *Tax transparency and country by country reporting - BEPS and beyond,* 2016).

SIVANANTHAM, Siva, *Accounting for uncertainty over income tax treatments, 2018* <https://www.charteredaccountantsanz.com/-/media/4ef19f32b43e45 dc9a0d063bd66a3214.ashx>_(last visited April 2019) (quoted: SIVANANTHAM, *Accounting for uncertainty over income tax treatments,* 2018).

SIMONE, Lisa De / ROBINSON, John R. / STOMBERG, Bridget, *Distilling the reserve for uncertain tax positions: The revealing case of Black Liquor,* March 2012. <https://papers.ssrn.com/sol3/papers.cfm?abstract_id=1751622> (last visited April 2019) (quoted: SIMONE / ROBINSON / STOMBERG, Bridget, *Distilling the reserve for uncertain tax positions: The revealing case of Black Liquor,* 2012).

SHINEWING (HK) CPA - HK(IFRIC) *Interpretation 23 Uncertainty over Income Tax Treatments,* in Newsletter August 2017. <http://www.shin-ewing.hk/upload/Publication/444_636391448661055968.pdf> (last visited

April 2019) (quoted: SHINEWING (HK) CPA - HK(IFRIC) *Interpretation 23 Uncertainty over Income Tax Treatments*, 2017).

STROBEL, Caroline D., *Uncertain Tax Positions*, published online in Wiley InterScience, 2010. <https://onlinelibrary.wiley.com/doi/epdf/10.1002/jcaf.20616> (last visited April 2019) (quoted: STROBEL, *Uncertain Tax Positions*, 2010).

TOMLINSON, Sanel, *IFRIC 23 clarifies the accounting treatment, in KPMG Income Tax Exposures*, June 2017. <https://home.kpmg/content/dam/kpmg/xx/pdf/2017/06/income-tax-exposures-ifric23.pdf> (last visited April 2019) (quoted: TOMLINSON, *IFRIC 23 clarifies the accounting treatment*, 2017).

CERIZZE, Rosiris. Recognition and measurement of uncertain tax position – indefinite useful life of intangible assets. *In:* CERIZZE, Rosiris; CALAZA, Tales (Coord.). *Controvérsias e soluções jurídicas empresariais.* Uberlândia: Marco Teórico, 2024. pp. 61-77.

EFFECTS OF PRINCIPAL PURPOSE TEST ON TAX BENEFITS GRANTED UNDER NON-TAX TREATIES

4

Rosiris Cerizze

1. INTRODUCTION

International tax issues are in spotlight of political agenda and concerns of all countries, when it comes to deal with cross border operations. Taxpayers engaged in treaty abuse strategies undermine tax sovereignty by claiming treaty benefits[1] in situations where these benefits were no intended to be granted. Countries have agreed to include anti-abuse provisions in their tax treaties, including a minimum standard to counter treaty shopping[2], which needs to be adapted to each country's specificities and to the circumstances of the negotiation of bilateral conventions[3].

This paper addresses the recent OECD[4] provisions that prohibits the granting

---

1   The term "benefit" includes all limitations (e.g. a tax reduction, exemption, deferral or refund) on taxation imposed on the State of source under the OECD Model Convention.

2   The term 'treaty abuse' and term 'treaty shopping' are hereinafter used as synonyms.

3   OECD, Preventing the Granting of Treaty Benefits in Inappropriate Circumstances, Action 6 – BEPS 2015 Final Report.

4   The Organisation for Economic Co-operation and Development (OECD) was established on Dec. 14, 1960 and nowadays is a group of 34 member countries that discuss

of tax benefits when it is perceived a tax planning by the taxpayer with the main purpose of enjoying tax benefits provided for in a double taxation treaty. Despite the intention to implement anti-avoidance rules to prevent tax evasion, it is necessary to analyse that the rules based on assumptions and uncertainties in their application that restricts tax treatments, may end up driving taxpayers to restructure their operations to avoid the rules applicable to international double taxation treaties and to rely other agreements.

2. PRINCIPAL PURPOSES TEST TO PREVENT TREATY BENEFITS ABUSE

In face of abusive tax planning by taxpayers, many countries have introduced general anti avoidance rules in its tax laws and agreements. Therefore, OECD and G20 Base Erosion and Profit Shifting (BEPS) Package[5], based on rules already contained in several income tax treaties, aims to equip governments with domestic and international instruments to address tax avoidance and ensure that profits are taxed where economic activities generating the profits are performed and where value is created[6].

The BEPS Final Report on Action 6 (2015)[7], identifies treaty abuses as one of

---

and develop economic and social policy.

5   According to KORIAK, Oleksandr, The Principal Purpose Test under BEPS Action 6: Does the OECD Proposal Fit the EU Legal Framework?, 2016, should BEPS actions were implemented, they would impose a restrictive or discriminatory tax treatment on cross-border transactions merely because they involve more than one state. In this respect, the PPT provision proposed under BEPS Action 6 is not an exception.

6   See the detailed statements in OECD, Comments Received on Public Discussion Draft 'BEPS Action 6: Preventing the Granting of Treaty Benefits in Inappropriate Circumstances (2014).

7   The Final Report on Action 6 was published on 5 October 2015 and formed part of 15 Action Points, which dealt with reform of the international tax system so as to be able to counter tax avoidance. In this context, Action 6 addressed proposed changes to the then latest OECD Model (2014) in relation to treaty abuse practices.

the most important sources of BEPS concerns. In the Report, the OECD distinguishes two situations of granting treaty benefits in inappropriate circumstances: (i) a situation when a taxpayer seeks to circumvent limitations provided under the applicable double tax treaty (DTT)[8]; (ii) a situation when a taxpayer by using treaty benefits attempts to dodge domestic tax law[9].

Therefore, as set out the Action 6, to prevent the granting of treaty benefits in inappropriate circumstances, the Article 29(9) [10] of the 2017 OECD Model Income Tax Convention on Income and on Capital[11] reflects the intention to eliminate double taxation without creating opportunities for non-taxation or reduced taxation through tax evasion or avoidance.

According to the Article 29(9)[12], a benefit shall not be granted in respect of

---

8   The DTT are signed to reduce the administrative burden of international activity on both taxpayers and the relevant taxing authorities, and to reduce or eliminate the imposition of a double tax on a single item of income (CHOUDHURY Hafiz; OWENS Jeffrey, Bilateral Investment Treaties and Bilateral Tax Treaties, International Tax and Investment Center, issues paper, 2014).

9   Since the second situation cannot be addressed through DTT provisions and needs domestic anti-abuse rules to be implemented, Action 6 dealt explicitly with the first one, which involves treaty shopping.

10 Article 29 (Entitlement to Benefits) includes in the OECD Model a limitation-on-benefits (LOB) rule an anti-abuse rule for permanent establishments situated in third States, and a principal purpose test (PPT) rule. The intention of the Article 29 correspond to the minimum standard that was agreed to as part of the OECD/G20 Base Erosion and Profit Shifting (BEPS) Project and that is described in paragraph 22 of the Action 6 – 2015 Final Report, which identifies treaty abuses, and in particular treaty shopping and one of the most important sources of BEPS concerns.

11 The following preamble was included in the 2017 OECD Model Tax Convention: Intending to conclude a Convention for the elimination of double taxation with respect to taxes on income and on capital without creating opportunities for non-taxation or reduced taxation through tax evasion or avoidance (including through treaty-shopping arrangements aimed at obtaining reliefs provided in this Convention for the indirect benefit of residents of third States).

12 According to OECD Commentary on Article 29, the paragraph 9 does not restrict the

an item or income or capital if it is reasonable to conclude, having regard to all relevant facts and circumstances, that obtaining that benefit was one of the principal purposes of any arrangement or transaction that resulted directly or indirectly in that benefit, unless it is established that granting that benefit in these circumstances would be in accordance with the object and purpose or the relevant provision of the OECD Model[13].

The application of the principal purposes test (PPT)[14] raises to clarify how the object and purpose are determined. The principal purpose of the tax treaty is to avoid double taxation but in other hand the treaty should not facilitate tax avoidance[15]. Accordingly, whether or not one of the principal purpose of an

---

scope or application of the provisions of par. 1 to 7 (the limitation-on-benefits- rule) and of paragraph 8 (the rule applicable to a permanent establishment situated in a third jurisdiction). A benefit that is denied in accordance with these paragraphs is not a "benefit under the Convention" that paragraph 9 would also deny. Moreover, the fact that a person is entitled to benefits under par. 1 to 7 does not mean that these benefits cannot be denied under par. 9. The Commentary on Article 29 also contains three additional examples on the application of the PPT rule to non-CIV funds (which were not included in the Report on Action 6) which were released in draft form in a March 2016 discussion draft.

13 The elimination of double taxation is accomplished through tax avoidance. In fact, the 1963 OECD Model was a "Convention between (State A) and (State B) for the Avoidance of Double Taxation with Respect to Taxes on Income and on Capital". The paragraph 9 of Article 29 allows States to address cases of improper use of the OECD Contention itself if their domestic law does not allow the to do so in accordance with paragraphs 76 to 80 of the Article 1.

14 The PPT essentially dictates that benefits should be denied in the case in which one of the principal purposes of entering into arrangements or transactions is to obtain treaty benefits, unless it can be established that granting those benefits would be in accordance with the object and purpose of the relevant provisions of the tax treaty. See more at ZAHRA, Ian. OECD/International - The Principal Purpose Test: A Critical Analysis of Its Substantive and Procedural Aspects. Issue: Bulletin for International Taxation, 2019 (Volume 73), No. 11.

15 According to WEEGHEL, Stef Van. International - A Deconstruction of the Principal Purposes Test, World Tax Journal, 2019, the Commentary on Article 29(9) of the 2017

arrangement or transaction is to obtain tax benefit, it is important to undertake an analysis of the aims of all persons involved in putting that arrangement or transaction in place or being a party to it, considering all evidence and circumstances regarding the arrangement or event on each case basis[16]. Moreover, it should not be assumed that obtaining a benefit under a tax treaty was one of the principal purposes of an agreement or transaction. On the other hand, where an arrangement can only be reasonably explained by a benefit that arises under a treaty, it is reasonable to conclude that one of the principal purposes of the transaction was to obtain the benefit[17].

3. UNCERTAINTIES ON SCOPE OF APPLICATION

As noted, the provisions of Article 29(9) establish that a Member State may

---

OECD Model and, in particular, the examples therein do not always make clear which prong of the test is addressed, i.e. the "principal purposes" part or the "object and purpose" part. The reasoning would then be that if a particular structure is motivated by tax avoidance, that structure would be at odds with reality and, accordingly, would violate the object and purpose of the tax treaty, unless the taxpayer could meet the burden of proof regarding the object and purpose.

16 A purpose will not be a principal purpose when it is reasonable to conclude, having regard to all relevant facts and circumstances, that at obtaining the benefit was not a principal consideration and would not have justified entering into any arrangement or transaction that has resulted in the benefit.

17 The Commentary on Article 29(9) of the 2017 OECD Model, in paragraph 169, states that paragraph 9 mirrors the guidance in paragraphs 61 and 76 to 80 of the Commentary on Article 1. According to that guidance, the benefits of a tax convention should not be available where one of the principal purposes of certain transactions or arrangements is to secure a benefit under a tax treaty and obtaining that benefit in these circumstances would be contrary to the object and purpose of the relevant provisions of the tax convention. Paragraph 9 incorporates the principles underlying these paragraphs into the Convention itself in order to allow States to address cases of improper use of the Convention even if their domestic law does not allow them to do so in accordance with paragraphs 76 to 80 of the Commentary on Article 1; it also confirms the application of these principles for States whose domestic law already allows them to address such cases.

deny the benefits of a tax convention where it is reasonable to conclude that one of the principal purposes of an arrangement or transaction was a benefit under a tax treaty to be obtained, in other words, is tax abusive. The reference to "one of the principal purposes" in the PPT refers to the simple fact that obtaining a benefit under a tax treaty need not be the sole or dominant purpose of a arrangement or transaction. Consequently, it is only necessary that one of the principal purposes is to obtain such a tax advantage[18].

In order to apply the PPT the following criteria must be met: (i) there is an arrangement or transaction; (ii) directly or indirectly results in a benefit under a DTT; (iii) have been set up for one of the principal purposes of obtaining that benefit; and (iv) it is not established that granting the benefit corresponds to the object and purpose of the relevant provisions of the DTT. From the wording of the Article 29(9), it is clear that these conditions must be fulfilled cumulatively. In other words, if at least one of these conditions is not met, the rule cannot be applied[19].

According to the OECD Commentary on Article 29[20], the terms "arrangement or transaction" should be interpreted broadly and include any agreement, understanding, scheme, transaction or series of transactions, whether or not they are legally enforceable. The OECD goes on to refer to a non-exhaustive list of examples of arrangements or transactions and clarifies that a benefit may come into being through a sole transaction or by means of a more elaborate stream of transactions.

It is important to note that the text of the PPT in article 29(9) of the OECD

---

18 According to ZAHRA, Ian, supra, the use of reference "one of the principal purposes" was not an accident, as the OECD made a conscious choice to recognize that a business decision may include more than one principal purpose and has seemingly decided that the purpose-based test may be satisfied even in the case that other nontax reasons are also present.

19 KORIAK, Oleksandr, supra, p. 8.

20 OECD Commentary on Article 29. Model Tax Convention on Income and on Capital: Condensed Version 2017.

Model begins with a generic hierarchical rule, i.e. "Notwithstanding the other provisions of this Convention", which indicates that, even though the provision in the PPT clarifies that it applies notwithstanding the other provisions of a tax treaty, it cannot applies when the specific facts of a case satisfy a specific anti-avoidance rules (SAAR)[21]. Thus, the transaction or arrangement can be analysed under the PPT only when the treaty specific rule does not cover the factual situation at stake[22].

However, the second prong of the Article 29(9) includes an exception to the PPT when it states that granting the benefit in such circumstances would be in accordance with the object and purpose of the relevant provisions of the tax treaty. The exception in the PPT supports an objective assessment of the principal purposes of the scheme, arrangement or transaction, in the sense that the object and purpose of a tax treaty is to avoid treaty shopping and tax avoidance[23].

In this case, if a subjective analysis of all facts and circumstances surrounding the transaction/arrangement leads to the conclusion that there are several 'principal purposes', such as non-tax purposes and tax purposes, it can be argued that as long as 'one of the principal purposes' is 'non tax purposes', then the taxpayer does not satisfy the subjective element and hence should be outside the scope of

---

21 According to CHAND, Vikram. The Interaction of the Principal Purpose Test (and the Guiding Principle) with Treaty and Domestic Anti-Avoidance Rules. Intertax, Volume 46, Issue 2, p. 121, a distinction should be made between domestic anti-avoidance rules that counteract treaty abuse59 (i.e. deny treaty benefits when the taxpayer engages in treaty or rule shopping or any scheme that is employed to obtain treaty benefits inappropriately) and domestic anti-avoidance rules that counteract abuse of domestic law (such as rules that deny deductions to resident taxpayers, impute income in the hands of resident taxpayers or deem a resident taxpayer to alienate its assets prior to its migration).

22 Generally, lex specialis derogat legi generali provides that, with regard to an issue revolving around the hierarchy of sources in international law, a special rule prevails over a general rule. See more at CHAND, Vikram, supra, p. 116.

23 M.L. Gomes, The DNA of the Principal Purpose Test in the Multilateral Instrument, 47 Intertax 1, 2019, p. 87.

the PPT[24].

It is possible to assume that PPT rule set a quite low subjective abuse threshold, as the tax authority is not required to establish beyond reasonable doubt that obtaining the treaty benefit was one of the principal intentions of a taxpayer, since it would sufficient to 'reasonable conclude' to justify the conclusion[25]. In this case, if the subjective element is satisfied, the taxpayer has to prove that 'granting that benefit in accordance with the object and purpose of the relevant provisions' of a tax treaty.

The legal consequences of this rule are concise in Article 29(9), that states that the benefit shall not be granted. The Member State will be obliged to deny the benefit derived from the abused treaty provision once the requirements of the PPT rule are fulfilled.

4. THE EFFECTS ON NON-TAXATION AGREEMENTS

In addition to DTT, which are the most popular means of regulating cross-border tax issues subjected to the OECD Model, many countries have also committed to a large network of international non-tax agreements (NTA), to ensure protection of its economic areas[26]. Although the content of these agreements is not specifically about taxation, many contain provisions that may have an impact on taxation between countries, either because they deal with transactions subject to taxation, or because they indirectly have important tax consequences. The most tax-impacting international non-taxation agreements are investment and trade contracts[27]. Regarding investment agreements, taxation is closely

---

24 CHAND, Vikram, The Principal Purpose Test in the Multilateral Convention: An in-depth Analysis. INTERTAX, Volume 46, Issue 1. p. 21-24.

25 KORIAK, Oleksandr, supra, p. 10.

26 According to KARDACHAKI, Alexia. IFA Research Paper: Tax Aspects of International Non-Tax Agreements. International Fiscal Association. IBDF. 2013, it is inevitable that the more relevant the area of coverage of these international agreements to taxation, the more significant the impact they have on tax matters.

27 While the international agreements have been mostly accepted as necessary for the

linked to cross-border economic flows[28].

This network of international agreements has grown under an internationally regulated framework on the basis of multilateral and regional agreements under the umbrella of the World Trade Organization (WTO)[29]. It is important to stress that the WTO Agreement is a single undertaking which Members commit to all the agreements and rules there are legally binding upon Member States and constitute part of the general corpus of public international law. Therefore, from a tax perspective, all Members are automatically bound to all trade obligations[30].

The status of the WTO rules within Member States' domestic and regional laws varies from country to country[31]. Thus, considering that the non-tax agreement terms is bases on domestic law and WTO agreements, the OECD Model provisions which defines terms in treaties should not be applied in cases where taxation issues arise in connection to international non-tax agreements[32].

---

growth of developing nations, host countries are often asked to sacrifice some of their sovereign authority in order to offer reassurances to foreign investors. See BIRD-POL-LAN Jennifer, The Sovereign Right to Tax: How Bilateral Investment Treaties Threaten Sovereignty, 32, Notre Dame J.L. Ethics & Pub. Pol'y 107 (2018).

28 KARDACHAKI, Alexia. supra. pp. 5 -10

29 The World Trade Organization, also known as the WTO Agreement, which acts as an umbrella for 60 agreements, annexes, decisions and understandings – collectively known as the WTO agreements. The main purpose of the WTO is to allow open, fair and undistorted competition and to restrict governments' distortionary actions against normal trade. Decisions of the WTO are binding on the governments that are parties in the dispute.

30 FARRELL, Jennifer E. The Interface of International Trade Law and Taxation. IBDF. 2011.

31 See more in LANG, M.; HARDIN, J.; HOFBAUER, I. (eds), WTO and Direct Taxation (Linde Verlag 2005)

32 See par. 2 of the Commentary on Art. 24 of the OECD MC; "as tax conventions are based on the principle of reciprocity, a tax treatment that is granted on the by one Contracting State under a bilateral or multilateral agreement to a resident or national of another

Note that the mentioned Article 29(9) of OECD Model refers to the "a benefit under this Convention shall not be granted", which lead to the conclusion that it must refer to a benefit resulting from the treaty and that something else applies beyond its scope of application, that is, tax benefits granted on the basis of domestic tax law could not be denied by invoking the paragraph 9.

There should be no doubts regarding the independence of the PPT rule, which can be applied autonomously from non-taxation agreements. After all, it would be inconceivable that this rule could be used for denying benefits under other agreements concluded by one of the State Members or even by completely different states[33]. In this case, a benefit resulting from domestic law or a non-tax agreement is not a treaty benefit, so the rule of Article 29(9) cannot be effective[34]. Moreover, according to paragraph 9, the benefit will not be granted "in respect of an item of income", which means that it does not cover, e.g. the taxes on capital covered by the scope of application of the OECD Model[35].

Besides, the paragraph 9 expression 'in accordance with the object and purpose of the relevant provisions' can deprive the general anti-abuse rule of its scope of application. In any case, the coexistence of general and specific anti-

---

Contracting State party to that agreement by reason of the specific economic relationship between those Contracting States may not be extended to a resident or national of a third State under the non-discrimination provision of the tax convention between the first State and the third State".

33 LANG, Michael. BEPS Action 6: Introducing an Anti-abuse Rule in Tax Treaties. Tax Analysts 2014, pp. 655-657.

34 The Commentary on Article 29 brings some clarifications on this matter when it states that paragraph 9 supplements and does not restrict in any way the scope or application of the provisions of paragraphs 1 to 8 (the limitation-on-benefits rule): a benefit that is denied in accordance with these paragraphs is not a "benefit under the Convention" that paragraph 9 would also deny.

35 According to KORIAK, Oleksandr, supra, the PPT rule frustrates the exercise of the freedom of establishment and/or free movement of capital. Further, considering the Court of Justice of the European Union's case law, this restriction is unlikely to be justified by the overriding reason of public interest.

abuse rules may lead to an ambiguities: the attempt to vest tax administrations with both general and specific rules, may have the reverse effect and lead to the conclusion that the general anti-abuse rules are irrelevant[36].

In this scenario, the principal purpose test (PPT) is subjective, vague and add uncertainty to the treaty, so that is unclear how the provisions must to be applied. When it is not certain whether an arrangement chosen by a taxpayer is covered by a treaty provision, a vague anti-abuse provision will probably be applied instead of the object and purpose of transaction under the treaty provision, and the facts may be assessed based on an assumption and not from the law. This uncertainty could create difficulties for legitimate business transactions and can damage a taxpayer's ability to rely on the treaty[37]. Therefore, it is possible to assume that many taxpayers will probably tailor their tax planning by avoiding double tax treaties and searching for non-tax agreements.

5. CONCLUSION

At first glance, the OECD Model general anti-abuse rule in the treaty is a convenient solution as a tool in the fight against tax evaders, as tax authorities receive an additional instrument to deny tax benefits that seem suspicious. In view of the controversies related to the criteria of application of the PPT, it is possible to conclude that the subjective element of the PPT shall be interpreted in a 'restrictive manner' in the sense that if the transaction or arrangement at stake has economic or commercial reasonable justifications other than obtaining a tax advantage, then the subjective element of the PPT should not be satisfied even if the tax authority so presumes, which is likely to create a lot of uncertainty and lead to disputes.

In light of the plenty of disputes that could arise as a result of applying the PPT, taxpayers that enjoy benefits from treaties will probably carefully review it's transactions structure to certain minimum safeguards, aware that the

---

36 LANG, Michael. supra, p. 658

37 LANG, Michael. supra, p. 664.

application or not of the PPT depends on the facts and circumstances of each case.

Considering that benefits arising to a taxpayer under the domestic law or another non-tax agreement will not fall under the scope of this test, it is possible to assume that taxpayers will avoid treaties subject to PPT and basis its transactions and operations on non-tax agreements. Therefore, the OECD general anti-abuse rule established on Article 29(9) not only impairs the quality of the OECD Model but also contributes to its loss of significance because not all states will accept such a rule in their agreements.

REFERERENCES

BIRD-POLLAN Jennifer, *The Sovereign Right to Tax: How Bilateral Investment Treaties Threaten Sovereignty*, 32, Notre Dame J.L. Ethics & Pub. Pol'y 107 (2018) <https://www.academia.edu/38807396/THE_SOVEREIGN_RIGHT _TO_TAX_HOW_BILATERAL_INVESTMENT_TREATIES_THREATEN _SOVEREIGNTY> (last visited January 2020) (quoted: BIRD-POLLAN Jennifer, *The Sovereign Right to Tax: How Bilateral Investment Treaties Threaten Sovereignty*, 32, Notre Dame J.L. Ethics & Pub. Pol'y 107 (2018).

CHAND, Vikram. *The Interaction of the Principal Purpose Test (and the Guiding Principle) with Treaty and Domestic Anti-Avoidance Rules.* Intertax, Volume 46, Issue 2. <https://www.kluwerlawonline.com/abstract.php?area=Journals&id=TAXI2018013> (last visited January 2020) (quoted: CHAND, Vikram. *The Interaction of the Principal Purpose Test (and the Guiding Principle) with Treaty and Domestic Anti-Avoidance Rules.* Intertax, Volume 46, Issue 2)

CHAND, Vikram, *The Principal Purpose Test in the Multilateral Convention: An in-depth Analysis.* INTERTAX, Volume 46, Issue 1.<https://www.kluwerlawonline.com/abstract.php?area=Journals&id=TAXI2018004> (last visited January 2019) (quoted: CHAND, Vikram, *The Principal Purpose Test in the Multilateral Convention: An in-depth Analysis.* INTERTAX, Volume 46,

Issue 1)

CHOUDHURY Hafiz; OWENS Jeffrey, *Bilateral Investment Treaties and Bilateral Tax Treaties,* International Tax and Investment Center, issues paper, 2014. <https://www.wu.ac.at/fileadmin/wu/d/i/taxlaw/institute/WU_Global_Tax_Policy_Center/Bilateral_Investment_Treaties_and_Bilateral_Tax_Treaties.pdf> (last visited January 2020) (quoted: CHOUDHURY Hafiz; OWENS Jeffrey, *Bilateral Investment Treaties and Bilateral Tax Treaties,* International Tax and Investment Center, issues paper, 2014).

D.S. Smit, *Chapter 1 General Report in Tax Rules in Non-Tax Agreement*s (M. Lang et al. eds., IBFD 2012), Online Books IBFD. <https://www.ibfd.org/IBFD-Products/Tax-Rules-Non-Tax-Agreements> (last visited January 2020) (quoted: D.S. Smit, *Chapter 1 General Report in Tax Rules in Non-Tax Agreement*s (M. Lang et al. eds., IBFD 2012).

European Commision's website: <http://ec.europa.eu/competition/state_aid/legislation/compilation/index_en.html> (last visited January 2020).

European Union Committee, Internal Market Sub-Committee, Brexit: competition and State aid, 2 February 2018, HL 67 2017-19. <https://publications.parliament.uk/pa/ld201719/ldselect/ldeucom/67/67.pdf> (last visited January 2020).

Information and External Relations Division, *Understanding the WTO*, Geneva, Fifth Edition, 2015. <https://www.wto.org/english/thewto_e/whatis_e/tif_e/understanding_e.pdf> (last visited January 2020).

FARRELL, Jennifer E. *The Interface of International Trade Law and Taxation.* IBFD. 2011. <https://www.ibfd.org/sites/ibfd.org/files/content/pdf/Interface_of_International_Trade_Law_and_Taxation_samplechapter.pdf> (last visited January 2020) (quoted: FARRELL, Jennifer E. *The Interface of International Trade Law and Taxation.* IBFD. 2011).

KARDACHAKI, Alexia. IFA Research Paper: *Tax Aspects of International Non-Tax Agreements. International Fiscal Association.* IBFD. 2013. <https://www.ibfd.org/sites/ibfd.org/files/content/pdf/PPV_bit_2016_06_int_2.pdf> (last visited January 2020) (quoted: KARDACHAKI, Alexia. IFA

Research Paper: *Tax Aspects of International Non-Tax Agreements. International Fiscal Association.* IBFD. 2013).

KORIAK, Oleksandr, *The Principal Purpose Test under BEPS Action 6: Does the OECD Proposal Fit the EU Legal Framework?*, 2016 <https://lup.lub.lu.se/student-papers/search/publication/8880187> (last visited January 2020) (quoted: KORIAK, Oleksandr, *The Principal Purpose Test under BEPS Action 6: Does the OECD Proposal Fit the EU Legal Framework?*, 2016).

LANG, Michael. *BEPS Action 6: Introducing an Anti-abuse Rule in Tax Treaties.* Tax Analysts 2014. <https://www.wu.ac.at/fileadmin/wu/d/i/taxlaw/institute/staff/publications/lang_taxnotesinternational_052014.pdf> (last visited January 2020) (quoted: LANG, Michael. *BEPS Action 6: Introducing an Anti-abuse Rule in Tax Treaties.* Tax Analysts 2014).

LANG, M.; HARDIN, J.; HOFBAUER, I. (eds), *WTO and Direct Taxation* (Linde Verlag 2005) < https://books.google.td/books?id=NfU-usPNjiYC> (last visited January 2020) (quoted: LANG, M.; HARDIN, J.; HOFBAUER, I. (eds), *WTO and Direct Taxation* (Linde Verlag 2005)

M.L. Gomes, *The DNA of the Principal Purpose Test in the Multilateral Instrument*, 47 Inter-tax 1, 2019. < https://www.researchgate.net/publication/332540561_The_DNA_of_the_principal_purpose_test_in_the_multilateral_instrument> (last visited January 2020) (quoted: M.L. Gomes, *The DNA of the Principal Purpose Test in the Multilateral Instrument*, 47 Inter-tax 1, 2019).

OECD *Commentary on Article 29. Model Tax Convention on Income and on Capital*: Condensed Version 2017 <https://read.oecd-ilibrary.org/taxation/model-tax-convention-on-income-and-on-capital-condensed-version-2017/commentary-on-article-29_mtc_cond-2017-32-en#page72> (last visited January 2020) (quoted: OECD *Commentary on Article 29. Model Tax Convention on Income and on Capital*: Condensed Version 2017).

WEEGHEL, Stef Van. *International - A Deconstruction of the Principal Purposes Test,* World Tax Journal, 2019, Vol. 11. < https://www.ibfd.org/IBFD-Products/Journal-Articles/World-Tax-

Journal/collections/wtj/html/wtj_2019_01_int_3.html > (last visited January 2020) (quoted: WEEGHEL, Stef Van. *International - A Deconstruction of the Principal Purposes Test,* World Tax Journal, 2019, Vol. 11)

WTO, *Agreement on Subsidies and Coutervailing Measures* <https://www.wto.org/english/docs_e/legal_e/24-scm.pdf> (last visited January 2020).

WTO, *Understanding the WTO: the agreements* <https://www.wto.org/english/thewto_e/whatis_e/tif_e/agrm8_e.htm#subsidies> (last visited January 2020).

ZAHRA, Ian. *OECD/International - The Principal Purpose Test: A Critical Analysis of Its Substantive and Procedural Aspects.* Issue: Bulletin for International Taxation, 2019 (Volume 73), No. 11. < https://www.ibfd.org/IBFD-Products/Journal-Articles/Bulletin-for-International-Taxation/collections/bit/html/bit_2019_11_02_2.html> (last visited January 2020) (quoted: ZAHRA, Ian. *OECD/International - The Principal Purpose Test: A Critical Analysis of Its Substantive and Procedural Aspects.* Issue: Bulletin for International Taxation, 2019 (Volume 73), No. 11.

CERIZZE, Rosiris. Effects of Principal Purpose Test on tax benefits granted under non-tax treaties. *In:* CERIZZE, Rosiris; CALAZA, Tales (Coord.). *Controvérsias e soluções jurídicas empresariais.* Uberlândia: Marco Teórico, 2024. pp. 61-93.

A CLÁUSULA DE WASHOUT COMO MECANISMO DE ALOCAÇÃO DE RISCOS CRIADO PELA LEI DE LIBERDADE ECONÔMICA

5

Amarilis Cerizze

1. INTRODUÇÃO

O Brasil ocupa a 133ª posição no *ranking* de Liberdade Econômica publicado em 2022 pela *Heritage Foundation*[1]. É o 26º dentre 32 países da região das Américas Central e do Sul, com *score* abaixo das médias mundiais, como mostra o índice.

Já no *ranking* de 2022 do *Fraser Institute*, a posição do Brasil é a 114ª, estando no terceiro quartil.[2]

Após anos de estagnação econômica, em grande parte derivada do elevado emparelhamento da máquina estatal e vertiginoso aumento de gastos públicos, ainda com tímidos sinais de recuperação, a promulgação da Lei de Liberdade

---

1   HERITAGE FOUDANTION. Disponível em: https://www.heritage.org/index/ranking. Acesso em: 03 set.2022.

2   FRASER INSTITUTE. Disponível em: https://www.fraserinstitute.org/sites/default/files/economic-freedom-of-the-world-2022.pdf. Acesso em: 03 set 2022.

Econômica é festejada pelos diversos setores empresariais, sendo vista como instrumento para melhoria do ambiente de negócios no país.

Referido diploma legal estabelece normas e princípios de proteção à livre iniciativa e à liberdade econômica, resgatando o princípio da autonomia privada em detrimento da intervenção estatal.

Nesse sentido, a Lei de Liberdade Econômica reveste-se de especial importância para o agronegócio. As margens apertadas deste segmento da economia e os altos riscos inerentes exigem dos integrantes da cadeia, em qualquer lugar em que se situem, um altíssimo nível técnico e de profissionalismo. Qualquer deslize pode trazer impactos milionários.

É nesse contexto, portanto, que será abordada a importância de um ambiente de segurança jurídica para o desenvolvimento das transações e relações comerciais no agronegócio e como a Lei de Liberdade Econômica contribuirá para tal desenvolvimento.

Assim, este capítulo buscará demonstrar como o respeito à autonomia privada nas relações empresariais no âmbito do agronegócio contribui para o desenvolvimento e crescimento deste setor, ao assegurar a estabilidade e segurança jurídica nas relações negociais e fomentar um cenário propício à captação de investimentos estrangeiros.

2. A IMPORTÂNCIA DO AGRONEGÓCIO PARA A ECONOMIA BRASILEIRA

Conforme informações extraídas do Panorama Agro da Confederação da Agricultura e Pecuária do Brasil (CNA), nos últimos 40 anos a produção agropecuária brasileira evoluiu de tal maneira que o Brasil será o grande fornecedor de alimentos do futuro. Vários fatores contribuem para o expressivo crescimento: agricultura adaptada às regiões tropicais, disponibilidade de recursos hídricos, políticas públicas de incentivo consistentes, acesso a crédito dentre outras.[3]

O aumento na produção e na produtividade promoveu a redução de preços dos alimentos, melhorando a qualidade de vida da população. A geração de excedentes fez o agro expandir suas fronteiras para novos mercados, gerando superávits na balança que possuem papel fundamental na economia nacional.

A frase "Brasil, celeiro do mundo" utilizada como *slogan* nacional na ditadura Vargas (1937 a 1945), desacreditada em decorrência de má-gestão de inúmeros governos, hoje é novamente enaltecida em virtude dos resultados alcançados pelo agronegócio.

Ainda de acordo com a CNA, o Brasil é hoje o maior exportador de açúcar, café, suco de laranja, soja em grãos, carnes bovina e de frango, o terceiro maior de milho e o quarto de carne suína. É também o maior produtor mundial de soja em grãos, café, suco de laranja e açúcar, o segundo de carnes bovina e terceiro de frango, tudo conforme ilustrado abaixo.

Figura 1

Produção e Exportações Brasileiras no *Ranking* Mundial em 2020

Fonte: Panorama Agro CNA - https://cnabrasil.org.br/cna/panorama-do-agro

---

3   Disponível em https://cnabrasil.org.br/cna/panorama-do-agro. Acesso em: 1º jul. 2022.

Dados do Ministério da Agricultura, Pecuária e Abastecimento (MAPA) divulgados em junho de 2022 apontam que o Valor Bruto da Produção Agropecuária estimado para 2022 alcança a impressionante cifra de R$ 1,2 trilhão. A evolução recente do VBP é demonstrada na figura abaixo:

Figura 2

Histórico Valor Bruto da Produção

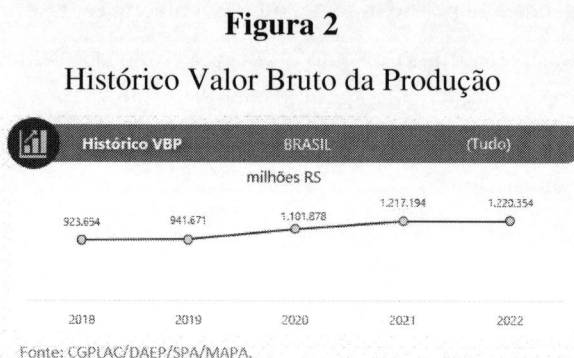

Fonte: CGPLAC/DAEP/SPA/MAPA.

Fonte: Ministério da Agricultura, Pecuária e Abastecimento (2022)[4]

Ainda de acordo com o MAPA, as contratações de crédito rural na safra 2021/22 (de julho de 2021 a maio de 2022) chegaram a R$ 252,46 bilhões, alta de 18%, superando o valor disponibilizado quando do anúncio do Plano Safra atual (era de R$ 251,2 bilhões). Os financiamentos de custeio, no âmbito do PRONAF, cresceram 41% e dos créditos de comercialização, o crescimento observado foi de 43%.[5]

As primeiras projeções para a produção total de grãos para a safra 2022/23 apontam para uma colheita de 308 milhões de toneladas.[6]

A longo prazo, as projeções do MAPA para 2030/2031, revisadas em junho

---

4 BRASIL. Ministério da Agricultura e do Abastecimento.. Valor Bruto da Produção Agropecuária (VBP). Disponível em https://www.gov.br/agricultura/pt-br/assuntos/politica-agricola/valor-bruto-da-producao-agropecuaria-vbp. Acesso em: 1º jul. 2022.

5 Conforme citação em artigo disponível em https://doutoragro.com/2022/06/30/analise-mensal-agro-junho-2022/. Acesso em: 05 ago. 2022.

6 BRASIL. Ministério da Agricultura e do Abastecimento. Perspectivas safra 2022/23: Conab prevê produção de 308 milhões de toneladas na safra 2022/23 impulsionada pela boa

de 2022, são de uma produção de grãos de 333,1 milhões de toneladas, e corresponde a um acréscimo de 27,1% sobre a atual safra que está estimada em 262,1 milhões de toneladas. Esse acréscimo corresponde a uma taxa de crescimento de 2,4% ao ano. No limite superior, a projeção indica uma produção de até 382,8 milhões de toneladas em 2030/31. A área de grãos deve aumentar 17,6% entre 2020/21 e 2030/31, passando de 68,7 milhões de hectares em 2020/21 para 80,8 milhões em 2030/31, o que corresponde a um acréscimo anual de 1,6%. Esses resultados indicam uma tendência de crescimento com ganhos de produtividade.

A tabela abaixo mostra o crescimento projetado pelo órgão:

Figura 3

Projeções do Agronegócio – 2020/2021 a 2030/2021

	Produção (mil t)		Área (mil ha)	
	Projeção	Lsup.	Projeção	Lsup.
2020/21	262.130	-	68.693	-
2021/22	271.407	293.465	70.458	73.363
2022/23	277.381	301.613	71.835	76.882
2023/24	285.049	315.132	73.041	79.872
2024/25	291.558	324.455	74.185	82.540
2025/26	298.720	335.365	75.299	84.978
2026/27	305.463	344.858	76.404	87.263
2027/28	312.452	354.787	77.503	89.431
2028/29	319.288	364.160	78.600	91.512
2029/30	326.216	373.610	79.697	93.522
2030/31	333.087	382.806	80.794	95.477

Fonte: Elaboração da CGAPI/DCI/SPA/MAPA, SIRE/Embrapa e Departamento de Estatística/UNB com dados da CONAB.
* Modelos utilizados: Para produção e área modelo Espaço de estados.

Fonte: Ministério da Agricultura, Pecuária e Abastecimento (2022)[7]

---

rentabilidade de milho, soja e algodão Disponível em https://www.gov.br/agricultura/pt-br/assuntos/noticias-2022/conab-preve-producao-de-308-milhoes-de-toneladas-na-safra-2022-23-impulsionada-pela-boa-rentabilidade-de-milho-soja-e-algodao. Acesso em: 05 ago. 2022.

7 BRASIL. Ministério da Agricultura e do Abastecimento. Projeções do Agronegócio

Pela análise dos dados oficiais acima transcritos, é possível ter certeza da enorme relevância que o agronegócio brasileiro tem para a economia nacional (e mundial).

Armando Luiz Rovai e Paulo Sérgio Nogueira Salles Junior, falando sobre a importância da Lei da Liberdade Econômica para o desenvolvimento do agronegócio, aduz que:

Desta maneira, elucida-se que o Investidor estrangeiro terá um cenário jurídico mais seguro e previsível, não ficando tão exposto a decisões arbitrárias ou restrições em suas atividades empresariais, bem como, por consequência, gerando desenvolvimento e produção de riquezas no cenário interno e externo do país, principalmente fomentando o agronegócio e possibilitando ganhos na balança comercial. (Rovai, 2020, p. 37)

Essa a finalidade almejada pela Lei da Liberdade Econômica, que em seu artigo 3º trouxe os Direitos de Liberdade Econômica, garantidos a toda pessoa física ou jurídica e essenciais para o desenvolvimento e o crescimento econômicos do País.

O agronegócio possui peculiaridades em relação a outros ramos da economia que precisam ser considerados pelo operador do Direito. Por exemplo, em outros ramos, fenômenos climáticos como estiagem ou chuvas excessivas poderiam ser enquadrados como eventos de força maior, constituindo motivo bastante para invocação da teoria da imprevisibilidade. Ainda, em outros setores, a intensa volatilidade do câmbio e das cotações dos produtos poderia ser fundamento para invocar a ocorrência de onerosidade excessiva. Já para o agronegócio, fazem parte do risco inerente à atividade e, quando ocorrem, provocam efeitos e consequências nas relações contratuais, que podem vir a ser descumpridas em razão deles.

O agronegócio é o mercado que mais se aproxima do conceito teórico de

---

2020-2021 a 2030-2031. Disponível em https://www.gov.br/agricultura/pt-br/assuntos/politica-agricola/todas-publicacoes-de-politica-agricola/projecoes-do-agronegocio/projecoes-do-agronegocio-2020-2021-a-2030-2031.pdf/view. Acesso em: 1º jul. 2022.

concorrência perfeita, definido como a situação de mercado em que existe uma grande quantidade de vendedores e uma grande quantidade de compradores, favorecendo um equilíbrio natural nos preços pela relação entre a oferta e a demanda.[8]

Nesse contexto, é primordial, para o bom desenvolvimento do setor do agronegócio, que as relações entre os diversos agentes integrantes da cadeia sejam dotadas de segurança jurídica, reflexo da liberdade contratual e da autonomia privada. Ainda, para o adequado funcionamento das engrenagens do mercado e fluidez das transações, é necessário que as partes atuem com harmonia na distribuição dos riscos decorrentes dos negócios entre eles firmados.

3. A EVOLUÇÃO DO ESTADO INTERVENCIONISTA PARA UM MODELO DE MÍNIMA E EXCEPCIONAL INTERVENÇÃO

Na precisa lição de Gladston Mamede, citado por Marina Zava de Faria, "a história da humanidade pode ser contada como a história do desenvolvimento econômico". (Mamede, 2019, p. 83)

A Lei da Liberdade Econômica, promulgada na vigência de um modelo de Estado Constitucional, finca-se na premissa de que a atividade empresarial, em sua busca pela otimização da produção e maximização do lucro, é o motor do desenvolvimento econômico e social.

Antes de adentrar ao escopo do presente trabalho, importante rememorar os

---

8   DICIONÁRIO FINANCEIRO. Concorrência Perfeita: o que é, características, exemplo e estruturas de mercado. Disponível em: https://www.dicionariofinanceiro.com/concorrencia-perfeita/. Acesso em: 14 set. 2022. Ainda de acordo com o site, as principais características de um mercado de concorrência perfeita seriam as seguintes: (i) existem muitas empresas e nenhuma exerce poder no seu setor de atividade; (ii) o produto ou serviço oferecido neste mercado é homogêneo; (iii) existem muitos compradores e todos têm informação completa sobre o bem e seu preço; (iv) existe um equilíbrio de forças que faz com que nenhum vendedor ou comprador individual influenciam o preço; (v) empresas entram e saem livremente deste mercado; (vi) situação de concorrência perfeita também no mercado de fatores - mão de obra e fornecedores.

antecessores modelos de Estado, cuja força intervencionista foi sendo reduzida ao longo do tempo.

Marco Antonio Karam Silveira apresenta quatro modelos de Estado, traçando um paralelo com sua intervenção na atividade econômica e na ingerência sobre a atividade empresarial e a vida privada (Silveira, 2011).

O primeiro modelo é o do Estado Absolutista, no qual governavam as monarquias absolutas, com total ingerência na atividade empresarial e controle das transações. Nesse contexto, o monarca centraliza todos os poderes e se mantém acima de limitações normativas.

Após as revoluções americana (1776) e francesa (1789), o Estado Absolutista dá lugar ao Estado Liberal, inaugurando uma era de limitação ao Poder Estatal através de garantias formais aos cidadãos.

O autor traz as principais características desse novo modelo estatal:

> No aspecto normativo, o Estado Liberal busca garantir a liberdade do cidadão contra o poder estatal. O Estado protege os cidadãos mediante o monopólio do poder de polícia e do poder político. À proteção individual opõem-se a não intervenção do Estado no ambiente econômico e social, campos de atuação privada. As liberdades individuais encontram limites apenas na vedação expressa da lei. A igualdade, portanto, é a igualdade formal dos indivíduos perante a lei.
>
> Nesse contexto, inspirou-se a ideia de divisão de poderes e dos direitos fundamentais, sob o signo dos direitos de liberdades. O *rule of law* impunha a submissão dos homens à lei. A Constituição passa a representar o fundamento de validade de toda ordem jurídica. A Constituição passa a ser o fundamento jurídico-político, em que o sistema de freios e contrapesos – *check and balances* – implementado pelo Estado Liberal outorga relevância ao Poder Legislativo dado seu poder legiferante. Ao Judiciário cabia a aplicação do direito posto, apenas a boca da lei – *la bouche de la loi* –, na conhecida expressão de Montesquieu. (Silveira, 2011).

Marina Zava de Faria explica que, nesse contexto revolucionário, o ser humano passa a ter consciência do que é viver livre, agir e crescer independente da vontade de um terceiro, com base na sua própria vontade (liberdade), não há restrição e controle do Estado.

> A deflagração da expressão francesa laissez-faire acaba se tornando o pensamento basilar do liberalismo econômico, é a permissão do "livre fazer" que permite o desenvolvimento e a concorrência entre os comerciantes, que os permite agir tendo como ponto primordial agradar os consumidores, pois são eles que adquirem seus produtos, são eles que demandam uma oferta. Essa liberdade irrestrita era conclamada no sentido de que o Estado não interferisse nas relações comerciais nem direta, nem indiretamente. (Faria, 2019).

Se num primeiro momento, o pensamento liberal foi essencial para reduzir o controle estatal e permitir o livre desenvolvimento da economia, a liberdade sem controle acabou contribuindo para um ambiente nocivo de centralização do poder econômico, dominação do mercado e dos fatores de produção, em prejuízo da coletividade. De forma paradoxal, essa concentração econômica coloca em xeque o próprio liberalismo.

Nas palavras de Daniela Copetti Cravo, "as patologias desse modelo [liberalismo] não afetaram apenas as estruturas do mercado, com o surgimento de monopólios ou oligopólios, mas também as estruturas sociais." (CRAVO, 2017)

Não obstante as garantias formais aos cidadãos, em realidade não houve alteração substancial das disparidades entre os indivíduos, o que promoveu o surgimento de inúmeros movimentos sociais e políticos. Assim, a partir do século XIX, o Estado Liberal dá lugar ao Estado Social ou Estado de Bem-estar Social (*welfare state*[9]) marcado pela atuação do Estado como agente de promoção

---

9 O equivalente literal inglês "estado social" não pegou nos países anglófonos. No entanto, durante a Segunda Guerra Mundial, o arcebispo anglicano William Temple, autor do livro Christianity and the Social Order (1942), popularizou o conceito usando a expressão "welfare state". O uso do "estado de bem-estar" pelo Bispo Temple foi ligado ao romance de 1845 de Benjamin Disraeli, Sybil: or the Two Nations onde ele escreve "o poder tem apenas um dever" para assegurar o bem-estar social de as pessoas". Disponível em: WIKIPEDIA. Estado de bem-estar social. https://pt.wikipedia.org/wiki/Estado_de_bem-estar_social#cite_note-9. Acesso em: 20 jul. 2022.

social e organização da economia.

A transição para o Estado Social, nesse contexto, é fortemente influenciada pelo cenário de guerra mundial e crise econômica (Grande Depressão de 1929), passando o Estado a intervir ativamente na atividade econômica e empresarial.

Após a Segunda Guerra Mundial, a figura do Estado Social cede espaço ao Estado Democrático de Direito (art. 1º da Constituição Federal), trazendo a lume os chamados direitos de terceira dimensão, quais sejam, os direitos ou interesses difusos.

Assim, Marco Antonio Karam Silveira conclui o seu traçado histórico:

> As épocas atuais demonstram, ante a atual crise financeira mundial, iniciada em 2008, que os modelos de Estado – Liberal, Social e Democrático de Direito – não são sempre coerentes com a atuação estatal diante dos efeitos de crise econômica. Os governos de Estados, seja de modelo Liberal seja de modelo Social, intervieram e intervém na economia de modo consistente, buscando reduzir os efeitos da crise na manutenção das unidades produtivas – sociedades empresárias –, em razão do grave risco de aumento do desemprego e consequente redução da renda, consumo e arrecadação tributária, de forte impacto no trinômio Estado-Sociedade-Economia.
>
> Diante desse quadro concreto, constata-se que o Estado, para além da ausência de adequação de seus modelos a exata forma de atuação econômica, social e política, possui como função precípua a atuação no ambiente econômico e social de modo a manter a própria justificativa de sua existência, seja qual for o modelo que tenha adotado até então. Na gênese da formatação dos modelos de Estado era fácil perceber os limites e contornos de atuação de cada qual. Hoje, contudo, as fronteiras entre esses modelos, ao menos na forma como atualmente pensados, deixa de existir de modo nítido, como que exigindo um novo tratamento.[10]

O Estado Democrático de Direito fundamenta-se na teoria neoliberalista, assim descrita por Marina Zava de Faria:

> A corrente neoliberalista visa defender a ideia de que a propriedade privada

---

10 Idem. Op. cit.

dos fatores de produção continua em posse dos empresários e eles podem utilizá-la conforme sua liberdade (vontade e desejo) em concorrer no mercado, contudo, há limites que não podem ser ultrapassados. O Estado se torna controlador e fiscal da economia, ele adota ações que em conjunto com a liberdade dos empresários gera auxílio para a sociedade como: os tributos, a fiscalização e a burocracia.[11]

A adoção da corrente neoliberalista no Brasil é facilmente percebida no texto constitucional, na medida em que o art. 170 da Carta Magna, inaugurando o título sobre a ordem econômica e financeira, assevera que esta é fundada na livre iniciativa, mas delimita que ela tem por fim assegurar a todos existência digna, conforme os ditames da justiça social.

Quais são, portanto, os limites da intervenção estatal? Como, quando e por que deve ocorrer essa intervenção? Referida intervenção é saudável para a economia e para o desenvolvimento das nações?

Tratando dessas questões, mais de 30 anos depois de a Constituição garantir a livre iniciativa, a livre concorrência e a propriedade privada, vislumbrou-se a necessidade da edição de um diploma infralegal que enraizasse os princípios constitucionais aqui citados no sistema jurídico brasileiro, asseverando a intervenção mínima e excepcional do Estado nas relações privadas.

Micaela Barros Barcelos Fernandes, abordando a interpretação do princípio da função social do contrato, à luz da alteração promovida pela Lei da Liberdade Econômica, discorre sobre o contexto de estagnação econômica por ocasião da promulgação da referida lei:

> Tendo em vista especialmente o cenário recente de estagnação econômica, e considerando os dados indicativos de pouco investimento no Brasil nos últimos anos, as mudanças foram justificadas na melhoria do ambiente de negócios e incentivo à iniciativa privada. A Lei 13.874/2019 (LGL\2019\8262) se apresenta como tentativa de reformular as condições jurídicas para que a liberdade econômica seja efetivamente prestigiada, com mecanismos de reforço de garantias aos agentes econômicos privados, e proteção contra

---

11 Ibidem. Op. cit.

intervenções e exigências que não tenham eficiência e não atendam finalidades públicas. (Fernandes, 2019)

Este contexto também é refletido na exposição de motivos da Medida Provisória nº 881, de 30 de abril de 2019, que antecedeu a Lei da Liberdade Econômica. Os redatores da proposta justificam que:

2. Liberdade econômica, em termos não-científicos, é a extensão da conquista humana do Estado de Direito e dos direitos humanos clássicos e todas as suas implicações, em oposição ao absolutismo, aplicada às relações econômicas.

3. Existe a percepção de que no Brasil ainda prevalece o pressuposto de que as atividades econômicas devam ser exercidas somente se presente expressa permissão do Estado, fazendo com que o empresário brasileiro, em contraposição ao resto do mundo desenvolvido e emergente, não se sinta seguro para produzir, gerar emprego e renda. Como resultado, o Brasil figura em 150º posição no ranking de Liberdade Econômica da Heritage Foundation/Wall Street Journal, 144º posição no ranking de Liberdade Econômica do Fraser Institute, e 123º posição no ranking de Liberdade Econômica e Pessoal do Cato Institute.

4. Esse desempenho coaduna com a triste realidade atual de mais de 12 milhões de desempregados, a estagnação econômica e a falta de crescimento da renda real dos brasileiros nos últimos anos. A realidade urge uma ação precisa, mas cientificamente embasada, de caráter imediato e remediador.

5. Após a análise de dezenas de estudos empíricos, todos devidamente especificados nas Notas Técnicas, incluindo os dedicados à América Latina, conclui-se que a liberdade econômica é cientificamente um fator necessário e preponderante para o desenvolvimento e crescimento econômico de um país. Mais do que isso, é uma medida efetiva, apoiada no mandato popular desta gestão, para sairmos da grave crise em que o País se encontra (Brasil, 2019).[12]

A respeito da íntima correlação entre liberdade econômica e

---

12 Brasil. Câmara dos Deputados. Legislação Informatizada – MEDIDA PROVISÓRIA Nº 881, DE 30 DE ABRIL DE 2019 – Exposição de Motivos. Disponível em:

desenvolvimento das nações, vale a pena trazer à baila a abordagem da economista Luciana L. Yeung, fundamentando-se nas lições do pensador liberal Friedrich Hayek (Yeung, 2014). A autora defende que a liberdade econômica é o único sistema compatível com a democracia. Aduz que o direito de escolha garantido pela liberdade econômica implica, necessariamente, em um risco e, por consequência, em uma responsabilidade advinda da escolha.

Nessa senda, Yeung faz instigante provocação a respeito da dificuldade do cidadão brasileiro em avocar seu direito de escolha e assumir as responsabilidades pelas consequências oriundas desta. Vale a pena citar:

> Infelizmente, ainda estamos bastante longe desse ponto e, ao que parece, ainda não estamos preparados para esses ensinamentos de Hayek. Ao considerar o cidadão como alguém que, muitas vezes, precisa ser protegido porque "é fraco", hipossuficiente, o Direito brasileiro isenta os cidadãos comuns de praticamente toda a responsabilidade e risco. Como o autor deixa claro, assume-se uma certa "maturidade" nas sociedades que adotam a liberdade econômica, maturidade essa que parece ainda não existir no Brasil. O motivo dos juristas considerarem a sociedade brasileira tão inapta a esta maturidade e responsabilidade, tão despreparada para responder pelas suas próprias escolhas, é algo que precisa ainda ser compreendido. A razão da tão certa e segura confiança de que os cidadãos e os juristas brasileiros têm com relação ao Estado, a razão da tranquilidade em conceder a ele mais e mais poderes para controlar a sua vida – econômica, social, política, moral etc. – não é tão trivial de se entender. (Yeung, 2020, p. 81)

Sem embargo de opiniões contrárias, percebe-se que a Lei n. 13.874, de 20 de setembro de 2019, que institui a Declaração de Direitos de Liberdade Econômica, estabelece garantias de livre mercado e altera diversos diplomas legais, foi festejada pelos setores da sociedade que defendem um modelo econômico liberal e de mínima intervenção, incluindo, nesse contexto, o agronegócio.

---

https://www2.camara.leg.br/legin/fed/medpro/2019/medidaprovisoria-881-30-abril-2019-788037-exposicaodemotivos-157846-pe.html. Acesso em: 22 out. 2021.

4. CONTEXTUALIZAÇÃO DOS MOTIVOS ENSEJADORES DA PROMULGAÇÃO DA LEI DA LIBERDADE ECONÔMICA E A IMPORTÂNCIA DO PRINCÍPIO DO PACTA SUNT SERVANDA PARA GARANTIR UM AMBIENTE DE NEGÓCIOS SAUDÁVEL

Se desde 1988 vigora o modelo de Estado Democrático de Direito, em que a iniciativa privada e a liberdade são protegidas na Constituição Federal, por que é necessário um diploma infraconstitucional para garantir a aplicação de referidos princípios?

Porque mesmo depois de o art. 174 da Constituição ter delineado o Estado como agente normativo e regulador da atividade econômica, atribuindo-lhe as funções de fiscalização, incentivo e planejamento, na prática, os governos continuaram intervindo na economia e provocando distorções, ao invés de permitir a livre regulação dos mercados.

Apenas a título de ilustração, posto que não é escopo do presente trabalho, cite-se o caso das dezenas de empresas estatais ineficientes e deficitárias, ocupando o lugar de empresas privadas, que poderiam estar promovendo inovação, aumento de produtividade e melhoria da competitividade. Ainda, a utilização, pelo Estado, de empresas públicas para controle de preços que deveriam flutuar conforme os ditames do mercado, com o objetivo de mascarar a inflação que batia à porta. Pior, os inúmeros incentivos fiscais seletivos, que ao invés de estimular determinados segmentos acabavam por estagná-los num ambiente de pouca inovação e baixa competitividade.

Nesse sentido, posicionam-se Vladimir Fernandes Maciel e Allan Antonio:

> (...) entende-se que os incentivos criados pelas instituições e pelas ações do governo têm, em nível microeconômico, dilapidado a competitividade da indústria nacional – ou multinacional – ao imporem custos de transação elevados, distorções por meio de incentivos seletivos, grande e complexa carga tributária, normas, legislações que geram insegurança jurídica e dubiedade de interpretações e, por fim, criam um ambiente contraproducente de negócios. O ambiente de negócios é ruim e, por consequência, a produtividade e a competitividade também o são – o que explicaria o desempenho inferior do PIB per capita brasileiro notado. (Maciel, 2020, p. 92)

A intervenção indevida do Estado na economia, além de provocar um efeito inverso e perverso de desestimular o crescimento, desincentiva a inovação e afugenta o capital externo, avesso que é às interferências do Poder Público.

Para tornar o país atrativo ao investimento, seja ele interno ou externo, é essencial garantir um ambiente de negócios com segurança jurídica e no qual as partes possuem a certeza de que os termos entre elas livremente negociados nortearão a relação jurídica estabelecida.

Fica claro, portanto, que de fato havia a necessidade de um instrumento legal para assegurar a livre iniciativa, promovendo a melhoria do ambiente de negócios através do estímulo à livre circulação de riquezas, regulada pelas regras de mercado, ao invés do Estado.

Também chamado de Estatuto da Liberdade Econômica, a novel legislação declarou onze direitos garantidos a toda pessoa física ou jurídica e essenciais para o desenvolvimento e o crescimento econômicos do País.

Dentre eles, destacam-se os seguintes incisos do Artigo 3º da Lei n. 13.874/2019:

> V - gozar de presunção de boa-fé nos atos praticados no exercício da atividade econômica, para os quais as dúvidas de interpretação do direito civil, empresarial, econômico e urbanístico serão resolvidas de forma a preservar a autonomia privada, exceto se houver expressa disposição legal em contrário;
> VIII - ter a garantia de que os negócios jurídicos empresariais paritários serão objeto de livre estipulação das partes pactuantes, de forma a aplicar todas as regras de direito empresarial apenas de maneira subsidiária ao avençado, exceto normas de ordem pública.

A respeito da preservação da autonomia privada, citada no inciso V supra, Paula Forgioni assevera que "a força obrigatória dos contratos viabiliza a existência do mercado, coibindo o oportunismo indesejável das empresas" (Forgioni, 2021, p.111). Sem qualquer eufemismo, a autora expõe que:

> Se lhes fosse permitido, os agentes econômicos valer-se-iam dos contratos para vincular apenas seus parceiros comerciais, e nunca a si próprios. No momento inicial, as partes creem que o negócio ser-lhes-á vantajoso; todavia,

com o passar do tempo, é possível que o vínculo deixe de interessar a uma delas. Nasce o anseio de se livrar da amarra contratual para seguir outro caminho.

Partindo dessa premissa, compreende-se a importância sistêmica da força vinculante dos contratos; na sua ausência, seria impossível a coibição do descumprimento da palavra empenhada e o desestímulo de comportamentos oportunistas prejudiciais ao tráfico. O princípio do *pacta sunt servanda* mostra-se necessário ao giro mercantil na medida em que freia o natural oportunismo dos agentes econômicos. (Forgioni, 2021, p.111)

Importante, ainda, a positivação da presunção de boa-fé nas relações empresariais. Infelizmente o óbvio precisa ser dito, e, no caso, legislado.

Não obstante, a redação do referido dispositivo recebeu duras críticas de Judith Martins-Costa:

As deficiências da técnica jurídica e domínio científico que marcam a redação da Lei nº 13.874/2019 encontram no inciso V do art. 3º um dos seus pontos mais expressivos. Deixando de lado distinção elementar e há muito assinalada em doutrina entre *boa-fé subjetiva* (ou "boa-fé de fato") e *boa-fé objetiva* (ou "boa-fé normativa"), o novo texto pretende emprestar força normativa a uma "presunção de boa-fé", isto é, a um *estado de fato*. Em breves linhas: ignora-se conquista científica secular, há décadas versada na doutrina brasileira – e se visa retirar *norma de sobredireito* (norma de interpretação) de um *fato* não sindicável por natureza, qual seja: o estado psicológico de uma pessoa. Utiliza-se o sintagma "boa-fé", geralmente indicador de norma heterônoma, para, em lógica circular, instrumentalizá-la à autonomia privada. Por fim, os novos legisladores incorreram em "flagrante confusão conceitual e em manifesto *non sequitur*" [as expressões entre aspas são de PARGENDLER, Mariana. Alcance e limites da presunção de boa-fé...] ao tomar fato por norma, já que apenas fatos são suscetíveis de presunção (Martins-Costa, 2019, p. 125-126). (itálicos do original)

Com relação ao direito previsto no inciso VIII, a Exposição de Motivos da Medida Provisória n. 881/2019 traz as razões para sua instituição:

Inciso VIII - Garante que os negócios jurídicos empresariais serão objeto de livre estipulação das partes pactuantes, aplicando-se as regras de direito empresarial apenas de maneira subsidiária ao avençado. Mais de 60% das 500 maiores empresas do mundo estão registradas especificamente no Estado de Delaware, EUA. Isso se dá em razão de aquela jurisdição constituir um dos melhores ambientes para o desenvolvimento e preservação do direito empresarial. Para o Brasil caminhar nesse sentido, propõe-se de maneira emergencial permitir que qualquer cláusula contratual seja vigente entre os sócios privados e capazes que assim a definiram, inclusive aquelas que, atualmente, parecem ir em sentido contrário a normas de ordem pública, estritamente, do direito empresarial, contanto que não tenham efeitos sobre o Estado ou terceiros alheios à avença. Essa medida rapidamente permitirá que grandes empresas sintam-se seguras para investir e produzir no Brasil, gerando emprego e renda para os milhões de brasileiros que hoje se encontram desempregados, e que os empresários terão respeitados os termos que acertarem entre si, sem prejudicar a soberania nos assuntos que de fato afetem terceiros e a coletividade como um todo.[13]

A Lei n. 13.874/2019 também alterou diversos dispositivos legais, buscando incentivar o empreendedorismo, garantir a segurança jurídica nas relações de modo a fomentar o investimento na medida em que busca conferir maior previsibilidade dos riscos que o empreendedor está disposto a correr.

Contudo, conforme mencionado acima, mesmo asseverando a autonomia privada e a intervenção mínima, obviamente também aplicáveis ao agronegócio, ainda se observa um alto nível de judicialização e também de intervenção do Judiciário em contratos e títulos do agronegócio o que pode gerar um ambiente de insegurança jurídica na medida em que se permite inúmeras válvulas de escape para as partes.

Nesse sentido, Micaela Barros Barcelos Fernandes pontua que:

O Judiciário deve ser em geral contido na revisão contratual de condições

---

13 Brasil. Câmara dos Deputados. Disponível em: https://www2.camara.leg.br/legin/fed/medpro/2019/medidaprovisoria-881-30-abril-2019-788037-exposicaodemotivos-157846-pe.html. Acesso em: 22 out. 2021.

comerciais (o dever de renegociar contratos cabe às partes), sob pena de o Estado contratar em nome da parte o que ela própria jamais contrataria. Nesse sentido, cabe a preocupação sobre o atropelamento da função econômico-individual pela função social e, principalmente, cabe, reitere-se, a ressalva de que função social não é função de assistência social (Martins-Costa, 2019).

Paula Forgioni, por sua vez, traz sua impressão, ao estudar a jurisprudência do Supremo Tribunal Federal, de que toda decisão é possível, bastando justificá-la. Segundo a autora, assiste-se o que Ronaldo Porto Macedo Jr. denominou de "farra dos princípios": arruma-se um princípio ou se faz uma ponderação entre eles para justificar uma decisão que interfira na vontade das partes.

Francisco Satiro também critica o modelo:

> Em suma, como já amplamente identificado, há uma tendência à relativização do contratado em prol de uma análise *ex post* do judiciário, a partir de critérios abstratos e no mais das vezes abertos (mas extremamente "fáceis e populares" como a dignidade da pessoa humana, a boa-fé objetiva e a função social da propriedade, do contrato e da empresa), que são preenchidos pelo critério de justiça e moral do aplicador da Lei. O resultado é o inevitável aumento da insegurança jurídica, a degeneração do ambiente de negócios no Brasil, o aumento dos custos de transação, o incentivo a comportamentos oportunistas, etc (Satiro, 2020, p. 375).

Portanto, considerando o histórico intervencionista do Brasil, fica clara a necessidade de um diploma infraconstitucional que trace limites claros à atuação do Estado, privilegiando a autonomia privada como forma de promover segurança jurídica no ambiente de negócios.

5. A COMERCIALIZAÇÃO DE *COMMODITIES* E SUA POSIÇÃO NA CADEIA DO AGRONEGÓCIO

Commodities são produtos de origem agropecuária ou de extração mineral[14],

---

14 Também existem commodities financeiras, energéticas dentre outras.

em estado bruto ou pequeno grau de industrialização, produzidos em larga escala e destinados ao comércio externo. Seus preços são determinados pela oferta e procura internacional da mercadoria.[15]

São também classificadas como bens fungíveis[16], com qualidade uniforme ou quase uniforme, não havendo diferença na mercadoria produzida por um ou outro produtor.

Por serem a base da cadeia de inúmeros segmentos e transacionadas a nível global, as oscilações nas cotações destes produtos de base têm impacto significativo nos fluxos econômicos e financeiros mundiais.

Esses produtos podem ser comercializados tanto no mercado físico quanto no mercado de futuros, através de transações em bolsas de mercadorias e valores.

Cláudio Finkelstein explica as diferentes modalidades de operações de compra e venda de *commodities*:

> Os contratos "spot" são normalmente concluídos no mercado à vista de acordo com o preço do mercado e estabelecem que a entrega dos bens e o pagamento correspondente devem ser realizados imediatamente após a conclusão do acordo.
>
> Já os contratos futuros, muito usados na negociação de *commodities*, admitem que estas sejam compradas em data futura, com valor fixado no momento da assinatura do contrato, promovendo estabilidade contra a flutuação de preços. Tais contratos também incentivam os produtores de *soft commodities* a estocarem parte dos seus produtos para venderem durante o ano, o que reduz a imprevisibilidade dos preços.
>
> Semelhantemente, os contratos a termo também envolvem a compra e venda de *commodities* em uma data futura, por um preço fixo. No entanto, contratos a termo permitem o pagamento apenas na data de vencimento do contrato e quase sempre resultam na entrega física dos bens, enquanto os

---

15 Escola Politécnica de Saúde Joaquim Venâncio. Disponível em: https://www.epsjv.fiocruz.br/commodities-definicao#. Acesso em 25 ago. 2022.

16 Código Civil. Art. 85. São fungíveis os móveis que podem substituir-se por outros da mesma espécie, qualidade e quantidade. (Brasil, 2002)

contratos futuros sofrem ajustes diários em seu valor e apenas 3% das transações resultam na entrega física dos bens, uma vez que os compradores desse tipo de contrato geralmente são especuladores que logo após a conclusão do contrato ou próximo a data de entrega das *commodities*[17], revendem os papéis que representam as mesmas para lucrar com a flutuação do preço. Além disso, contratos futuros são negociados exclusivamente em bolsas de valores. Os contratos EFP, por sua vez, também não resultam normalmente na entrega física das *commodities*. Em tais contratos, o comprador da *commodity* física figura como vendedor em um contrato futuro de uma semelhante quantidade da referida commodity. As partes então trocam suas posições futuras por posições físicas. Assim, as operações de *hedge* de ambas as partes são simultaneamente fechadas (Finkelstein, 2020, p. 320-321).

As *commodities* agrícolas, também chamadas soft *commodities*, são os bens que são cultivados. Tendo em vista que sua produção é impactada por uma série de variáveis e intempéries climáticas, fora do controle dos agentes de produção, além do fato de não poderem ser estocadas por um grande período, as *commodities* agrícolas, via de regra, possuem volatilidade mais acentuada que as demais.

Entre o plantio da semente até o alimento chegar na casa das famílias ocorrem inúmeras transações jurídicas, sendo boa parte delas instrumentalizadas por contratos de compra e venda de mercadorias. Em termos simplórios, assim poderia ser ilustrado: o produtor vende sua produção agrícola para uma cooperativa; esta, por sua vez, adquire a produção de inúmeros produtores, formando lotes maiores, e os vende para empresas esmagadoras; estas processam o grão, transformando-o, por exemplo, em óleo e farelo; o óleo é revendido para indústrias que produzirão biodiesel; o farelo é exportado e adquirido por uma indústria que irá utilizá-lo como matéria prima para fabricação de ração para consumo animal; a ração é vendida para pecuaristas, que por sua vez vendem a carne aos frigoríficos, que finalmente a comercializam para o consumidor final.

Observe, portanto, que todos os elos dessa cadeia são interconectados e

17 Registre-se a discordância desta autora com a inferência do texto de que a geralmente os compradores de contratos de futuro são especuladores. O mercado de futuro pode ter por finalidade especulação, proteção (hedge) e arbitramento de preços.

interdependentes de modo que a ruptura de um dos elos provocará impactos nos demais. Em cada elo da cadeia, o agente que assume a posição de credor de determinada obrigação, sempre irá possuir uma posição de devedor no elo seguinte.

Nesse sentido, a empresa comercial exportadora que adquire determinado lote de grãos de um produtor, sendo, portanto, credora da obrigação de entrega desses grãos, tem como finalidade, nessa transação, a venda de tal lote para um importador; assume, portanto, ao mesmo tempo, a posição de devedora da obrigação de entrega de tais grãos para o importador.

Trazendo mais uma pitada de complexidade para a discussão, é importante compreender que além das transações no mercado à vista ("spot"), existem ainda as transações de compra e venda de *commodities* no mercado a termo. Quando a mercadoria a ser transacionada ainda não existe ou não está disponível, faz-se um contrato prevendo a obrigação de entrega futura. O preço do produto pode ser fixado no momento da contratação ou em momento posterior, conforme convencionado pelas partes.

Trata-se de importante instrumento de fomento do agronegócio, garantindo inúmeros benefícios às partes, tais como, segurança na comercialização da produção, proteção contra oscilação futura de preços, acesso a crédito dentre outros. Ademais, referida modalidade consiste em importante meio de financiamento da produção, na medida em que podem as partes negociar o pagamento antecipado pela entrega futura.

Entre o momento da contratação até o momento da execução (cumprimento das obrigações assumidas), as partes estão sujeitas à ocorrência de inúmeras modificações e oscilações do mercado, que podem provocar desequilíbrio para uma ou ambas as partes, bem como podem produzir efeitos não desejados por ocasião da celebração do pacto.

Em razão disso, é imperioso que, desde o momento da celebração do negócio, as partes delimitem, da melhor forma, os direitos e obrigações de cada uma, a divisão de riscos que cada uma assume, bem como as consequências de eventual inadimplemento.

Importante esclarecer que, embora o contrato a termo diga respeito a uma obrigação que será cumprida no futuro, sujeita a inúmeros riscos e incertezas, esta modalidade de compra e venda não se caracteriza como contrato aleatório[18]. Ou seja, não basta que o contrato diga respeito a coisas futuras para que se caracterize como aleatório. A álea diz respeito à própria incerteza ou desconhecimento quanto ao conteúdo ou extensão da contraprestação de uma das partes no momento da celebração do pacto.

Washington de Barros Monteiro sintetiza os dois conceitos:

> Comutativo é o contrato em que cada uma das partes, além de receber da outra prestação equivalente à sua, pode apreciar imediatamente essa equivalência. É o caso da compra e venda, em que se equivalem geralmente as prestações dos dois contratantes, que bem podem aferir, *ab initio*, a equivalência. Os contratos comutativos apresentam grandes semelhanças com os contratos bilaterais.

É aleatório o contrato em que as prestações de uma ou de ambas as partes são incertas, porque sua quantidade ou extensão está na dependência de um fato futuro e imprevisível (álea) e pode redundar numa perda, em vez de lucro (Monteiro, 2009, p. 33).

Trata-se, portanto, o contrato de compra e venda de *commodities* agrícolas, de contrato comutativo, ainda que a mercadoria que lhe é objeto não exista no momento da contratação. Se a mercadoria a ser produzida não vier a existir no futuro, por qualquer motivo, não se altera a obrigação de entrega pelo vendedor, posto que o contrato se refere a bem fungível, que pode ser substituído por qualquer outro de igual qualidade.

Conforme explicam Rosa Maria de Andrade Nery e Nelson Nery Junior, no contrato comutativo "*há proporcionalidade entre a atribuição patrimonial auferida e o sacrifício suportado justamente por se saber com certeza quais são as prestações*" (Nery Junior, 2019, p. 522). Exatamente o caso dos contratos de

---

18 Código Civil. Art. 458. Se o contrato for aleatório, por dizer respeito a coisas ou fatos futuros, cujo risco de não virem a existir um dos contratantes assuma, terá o outro direito de receber integralmente o que lhe foi prometido, desde que de sua parte não tenha havido dolo ou culpa, ainda que nada do avençado venha a existir.

aquisição de *commodities*, posto que já estabelecidos de antemão o preço (ou os critérios para sua fixação em momento posterior), o produto, suas características e especificações.

Para os autores, o que caracteriza os contratos aleatórios é o fato de que, embora recíprocas as prestações, elas não são necessariamente equivalentes, pois pode ocorrer que uma parte obtenha vantagem patrimonial superior à outra quando da execução do negócio firmado" (Nery Junior, 2019, p. 520). É aí que reside a álea desse tipo contratual.

Outra característica relevante dos contratos de compra e venda de *commodities*, que os diferencia de outros tipos de contratos, é que o seu adimplemento está sujeito a inúmeras variáveis e riscos que são inerentes ao agronegócio. A produção agrícola pode ser afetada por intempéries climáticas, pragas, doenças e outros eventos que fogem ao controle do produtor (embora existam inúmeras ferramentas e tecnologias que permitem mitigar boa parte desses riscos). Por outro lado, o preço da mercadoria pode variar em virtude de inúmeros fatores, tais como ocorrências no mercado externo, oferta, demanda, câmbio, variações nos preços dos insumos, dentre outros fatores.

Por exemplo, se a safra norte americana for afetada por uma seca, estima-se que haverá uma redução na oferta. Consequentemente, poderá ocorrer o aumento nos preços do produto brasileiro.

Embora esses riscos possam afetar substancialmente a capacidade de uma das partes adimplir espontaneamente sua obrigação, a sua ocorrência não tem o condão de legitimar eventual pretensão de revisão do contrato, mormente a modificação das bases contratuais bilateralmente definidas, sob pena de violar a segurança jurídica de toda uma cadeia de produção.

Referido entendimento já está há muito consolidado, conforme remansosa jurisprudência do Superior Tribunal de Justiça, valendo citar, *inter pluris*[19]:

PROCESSUAL CIVIL E CIVIL. AGRAVO NO RECURSO ESPECIAL.

---

19 A esse respeito, o Ministro Antonio Carlos Ferreira, da Quarta Turma do Superior Tribunal de Justiça, cita no Agravo Regimental no REsp n. 975.954/GO, do qual foi relator, julgado em 22/5/2012, DJE 25/5/2012, que a "jurisprudência consolidada do STJ [é] no

AÇÃO DE RESCISÃO CONTRATUAL. COMPRA E VENDA DE SOJA. ENTREGA FUTURA. RESCISÃO. ONEROSIDADE EXCESSIVA. TEORIA DA IMPREVISÃO. INAPLICABILIDADE.

1. Reconhecidas no acórdão de origem as bases fáticas em que se fundamenta o mérito, não configura reexame de fatos e provas sua mera valoração.

2. Nos contratos agrícolas de venda para entrega futura, o risco é inerente ao negócio. Nele não se cogita a imprevisão.

3. Agravo não provido.

Superior Tribunal de Justiça, AgRg no REsp n. 1.210.389/MS, relatora Ministra Nancy Andrighi, Terceira Turma, julgado em 24/9/2013, DJe de 27/9/2013.

DIREITO CIVIL E COMERCIAL. COMPRA DE SAFRA FUTURA DE SOJA. ELEVAÇÃO DO PREÇO DO PRODUTO. TEORIA DA IMPREVISÃO. INAPLICABILIDADE. ONEROSIDADE EXCESSIVA. INOCORRÊNCIA.

1. A cláusula rebus sic stantibus permite a inexecução de contrato comutativo - de trato sucessivo ou de execução diferida - se as bases fáticas sobre as quais se ergueu a avença alterarem-se, posteriormente, em razão de acontecimentos extraordinários, desconexos com os riscos ínsitos à prestação subjacente.

2. Nesse passo, em regra, é inaplicável a contrato de compra futura de soja a teoria da imprevisão, porquanto o produto vendido, cuja entrega foi diferida a um curto espaço de tempo, possui cotação em bolsa de valores e a flutuação diária do preço é inerente ao negócio entabulado.

3. A variação do preço da saca da soja ocorrida após a celebração do contrato não se consubstancia acontecimento extraordinário e imprevisível, inapto, portanto, à revisão da obrigação com fundamento em alteração das bases contratuais.

4. Ademais, a venda antecipada da soja garante a aferição de lucros razoáveis, previamente identificáveis, tornando o contrato infenso a quedas abruptas no preço do produto. Em realidade, não se pode falar em onerosidade

---

sentido de ser inaplicável a teoria da imprevisão aos contratos de compra e venda de safra firmados por produtores rurais de soja." (Brasil, 2012)

excessiva, tampouco em prejuízo para o vendedor, mas tão-somente em percepção de um lucro aquém daquele que teria, caso a venda se aperfeiçoasse em momento futuro.

5. Recurso especial conhecido e provido.

(Brasil. 2010)

Para além da segurança jurídica de toda a cadeia do agronegócio, o respeito e cumprimento do quanto avençado nos contratos de compra e venda de *commodities*, evitando-se a revisão futura do negócio jurídico e/ou a modificação do comportamento pós-contratual das partes contratantes, em virtude de acontecimentos ainda que extraordinários, mas inerentes ao risco da atividade, deve ser interpretado sob a perspectiva da eficiência econômica, de forma a reduzir os custos de transação.

Se as partes não tivessem segurança jurídica de que o pactuado seria cumprido, em uma contratação ordinária, teriam que se cercar de inúmeros instrumentos de garantia, o que acabaria por encarecer e até mesmo inviabilizar o negócio. O aumento nos custos de transação geraria a ineficiência do pacto, afastando as partes e trazendo consequências negativas para o mercado.

A esse respeito, Eduardo Goulart Pimenta e Henrique Avelino R. P. Lana entendem que:

> A Análise Econômica do Direito aduz que os contratos são instrumentos adequados a compor os riscos da própria atividade econômica, diminuindo eventual perda e prejuízo do agente contratante, possibilitando um contexto mais eficiente. **O cumprimento dos contratos em geral, é premissa fundamental para o desenvolvimento de um país** e, justamente por isso, é uma das searas nas quais a Análise Econômica do Direito merece ser aplicada (Pimenta, 2010) (grifo da autora).

Conclui-se, portanto, que o cumprimento do contrato, afastando-se a possibilidade de revisão unilateral fundamentada na ocorrência de riscos que são inerentes ao agronegócio, é medida que garante a segurança jurídica das partes, confere maior previsibilidade ao negócio e, em última instância, reduz os custos de transação. Como consequência, esse é o cenário de maior proteção ao interesse coletivo.

Como se vê, o cumprimento do pactuado é essencial para a segurança de toda a cadeia do agronegócio. Nesse sentido, a Lei da Liberdade Econômica, ao privilegiar a autonomia privada (art. 3º, inciso VIII) e a força obrigatória dos contratos, garantindo o direito às partes de que aquilo que livremente estipularam será respeitado, traz impactos altamente benéficos ao mercado, em especial à cadeia do agronegócio.

É evidente que o direito insculpido no inciso VIII do art. 3º da Lei da Liberdade Econômica busca gerar uma maior segurança nas relações negociais, fazendo prevalecer o que foi pactuado em contrato, valendo-se das regras do direito empresarial e civil apenas subsidiariamente.

A liberdade de contratar é, portanto, uma derivação da liberdade econômica.

Fazendo-se um contraponto, em transações internacionais, é bastante comum a adoção de contratos de compra e venda de *commodities* padrões desenvolvidos por associações comerciais, tais como FOSFA (Federation of Oil Seeds and Fats Association), GAFTA (Grain and Feed Trade Association) e ainda a brasileira ANEC (Associação Nacional dos Exportadores de Cereais).

No mercado interno, os contratos padrões geralmente são desenvolvidos pelas empresas comercializadoras adquirentes. Embora não seja o mais comum, também os produtores e vendedores podem ter suas próprias minutas padrões.

Importante asseverar que o fato de, na maioria das vezes, o contrato de compra e venda da *commodity* ser padrão, ou seja, caracterizar-se como uma contratação por adesão, isso não retira da parte aderente a prerrogativa e o direito de negociar livremente as condições comerciais, preço, prazo, quantidade e qualidade. Ainda que tenha limitado poder de alterar as cláusulas contratuais, em última instância a parte aderente tem o poder de escolha entre aceitar ou não as condições que são postas na negociação.

Por isto é que se pode afirmar que o fato de o mercado muitas vezes trabalhar com minutas padrões não retira das partes, nem diminui, sua autonomia privada e sua liberdade de contratar.

Nesse mesmo sentido, embora tratando de relação de consumo, mas chegando à mesma conclusão acima, Rosa Maria de Andrade Nery e Nelson Nery Junior pontuam que, ainda que haja predeterminação das cláusulas nos contratos por adesão, indicando certa higidez no modelo contratual, isso não significa que haja completa exclusão da autonomia contratual, visto que a parte aderente não perde sua liberdade de contratar. Completam: *"a padronização das condições contratuais visa apenas viabilizar a atividade empresarial em negócios realizados em massa"* (Nery Júnior, 2019, p. 627).

E quando as partes optam por aceitar (ou mesmo aderir) às condições estabelecidas, o fazem porque entendem que tais condições lhe são favoráveis e lhe trarão um benefício econômico.

Nesse sentido, Paula Forgioni esclarece que *"as partes não contratam pelo mero prazer de trocar declarações de vontade. Ao se vincular, as empresas têm em vista determinado escopo, que se mescla com a função que esperam o negócio desempenhe; todo negócio possui uma função econômica"* (Forgioni, 2021, p. 119).

Quanto maiores os riscos do negócio, maiores tendem a ser as penalidades pelo seu inadimplemento como forma de conferir força cogente ao pacto. O mesmo raciocínio é aplicável aos contratos de compra e venda de *commodities*.

6. O ESTABELECIMENTO DE CONSEQUÊNCIAS DO INADIMPLEMENTO COMO MECANISMO DE ALOCAÇÃO DE RISCOS NOS CONTRATOS DE COMPRA E VENDA DE *COMMODITIES*

Como visto, o cumprimento dos contratos é primordial para a manutenção de um ambiente de negócios saudável, contribuindo para o aumento da eficiência nas relações jurídicas entre os diversos agentes da cadeia em razão da redução nos custos das transações.

Ainda, como a relação contratual estabelecida entre as partes vendedora/produtora e compradora está sujeita a inúmeros riscos, é essencial que os direitos e obrigações das partes estejam muito bem delimitados no contrato.

Mais, para que se tenha um mercado saudável, é essencial que exista segurança e certeza de que os termos contratados serão respeitados.

Não obstante o sistema jurídico prover garantias ao cumprimento das obrigações livremente pactuadas entre as partes, cada transação está sujeita às suas próprias particularidades, podendo ser impactada de diferentes formas em razão de eventual inadimplemento.

Por esta razão, o contrato de compra e venda de *commodities*, específico para cada contexto de negócio (mercado à vista, a termo, mercado interno, compra com fim de exportação, compra com finalidade de revenda, compra com finalidade de industrialização etc.) deverá tratar as consequências do seu descumprimento, que irão variar proporcionalmente à gravidade dos impactos que a quebra acarretará para a parte inocente.

6.1. A CRIAÇÃO DO ARTIGO 421-A DO CÓDIGO CIVIL PELA LEI 13.874/2019: *IN DUBIO PRO LIBERTATEM*

O artigo 421-A inserido no Código Civil pela Lei da Liberdade Econômica (transcrição abaixo) representa evidente fortalecimento de princípios contratuais clássicos, em especial o da autonomia privada.

> Art. 421-A. Os contratos civis e empresariais presumem-se paritários e simétricos até a presença de elementos concretos que justifiquem o afastamento dessa presunção, ressalvados os regimes jurídicos previstos em leis especiais, garantido também que:
>
> I - as partes negociantes poderão estabelecer parâmetros objetivos para a interpretação das cláusulas negociais e de seus pressupostos de revisão ou de resolução;
>
> II - a alocação de riscos definida pelas partes deve ser respeitada e observada; e
>
> III - a revisão contratual somente ocorrerá de maneira excepcional e limitada (Brasil, 2002).

Durante décadas o princípio da boa-fé objetiva e da função social do contrato foram usados de forma indevida para justificar a intervenção do Estado na autonomia privada das partes. Não se descura da importância de referidos princípios na manutenção de uma ordem jurídica segura e equilibrada. O que se contesta é a sua utilização indiscriminada como um "salvo conduto" para justificar a alteração unilateral do que as partes combinaram no momento da celebração do pacto contratual.

Boa-fé é cumprir o que foi pactuado. É entregar o que foi comprometido. É pagar o preço combinado. Não obstante, os princípios acima referidos, até hoje, são levianamente utilizados como forma de relativizar a eficácia e a obrigatoriedade dos vínculos contratuais.

Portanto, conforme estabelecido pelo recente artigo 421-A do Código Civil, a interpretação dos contratos civis e empresariais deve partir da presunção de que as partes se encontram em posição de igualdade. Presumem-se, portanto, paritários tais contratos. *In dubio pro libertatem!*

Extrai-se o novo princípio também do parágrafo 2º do artigo 1º da LLE, pelo qual *"interpretam-se em favor da liberdade econômica, da boa-fé e do respeito aos contratos, aos investimentos e à propriedade todas as normas de ordenação pública sobre atividades econômicas privadas."*

A esse respeito, Soraya Thronicke elucida que:

> Muito embora singelo o parágrafo – e assim é que deve ser -, o legislador tornou específica a forma de interpretação e aplicação das normas, diante de relações privadas de caráter econômico, que prestigiem a liberdade contratual, investimentos e a propriedade.
> Infelizmente, conceitos, preconceitos, princípios e normas, todos importados dos mais diversos ramos do direito, influem na interpretação do direito empresarial, em sua grande maioria, visando a restringir direitos ou permitir a subtração da autonomia da vontade pela gigantesca mão do estado, na contramão da liberdade de empreender.

A liberdade econômica foi tolhida, em vários momentos, pela insegurança jurídica que tanto evoluiu nos últimos anos. Isso é resultado da socialdemocracia outrora instalada, que, inexoravelmente, não apresentaria um desfecho diferente para o cenário passado, que tanto prejudicou o presente e tornava inexistente o futuro (Thronicke, 2020, p. 68-69).

Essa inovação deve ser festejada pelos operadores do direito que militam na esfera dos contratos empresariais. Anseia-se que os dispositivos que fortalecem a autonomia privada provoquem também um efeito de moralizar o mercado, há muito abalado por oportunistas que pretendem apenas fruir dos bônus que a relação jurídica lhe traz, mas se escondem por traz de um vitimismo egoísta para imiscuir-se dos efeitos dos ônus desta mesma relação, quando lhes são desfavoráveis.

Nessa nova sistemática, oportuniza-se às partes contratantes de uma operação de compra e venda de *commodities*, que elucidem no instrumento determinadas regras de interpretação, contextualizando as particularidades do negócio de modo que seja possível compreender o contexto da declaração de vontade das partes.

A esse respeito, Otávio Luiz Rodrigues Jr. e outros comentam que:

> O contrato é instrumento determinante para a criação e a circulação de riquezas e, portanto, para o desenvolvimento da Economia, qualidades que lhes confere a função de envergar a vestimenta jurídica e a obrigatoriedade nas relações econômicas. Toda contratação, no entanto, envolve riscos, que vão desde a pura e simples hipótese de inadimplemento da obrigação até a superveniência de fatos imprevisíveis que alterem as circunstâncias negociais.
>
> Daí porque se pode afirmar, com Paula Forgioni, que "o contrato é um instrumento de alocação, entre as partes, dos riscos da atividade econômica" [FORGIONI, Paula A., Contrato Empresarial... cit., p. 146]. Os agentes econômicos, por meio da celebração de negócios jurídicos contratuais, realizam a autocomposição de conflitos de interesses e estabelecem a veste jurídica da circulação econômica pretendida. Em certa medida, eles fixam a alocação de riscos, o que impacta no objeto da relação jurídica obrigacional, com forte influência sobre o equilíbrio das prestações (Rodrigues Junior, 2019, p. 323).

Em termos práticos, para que não se aleguem desconhecimento quanto aos riscos do negócio, recomenda-se que as partes declarem conhecer as regras do jogo, por exemplo: (i) que possuem experiência, qualificação, infraestrutura, materiais, ferramentas e insumos necessários para a consecução do objeto do contrato; (ii) que entendem que existe grande probabilidade de, após a celebração do contrato, ocorrer variação, para mais ou para menos, da preço da *commodity*, da cotação do dólar frente à moeda nacional, dos custos associados à produção da mercadoria; (iii) que entendem que a produção da *commodity* está sujeita a riscos de pragas, doenças e intempéries climáticas, bem como que tais riscos são inerentes ao negócio objeto do contrato.

Por consequência, ao contextualizar estas particularidades inerentes ao negócio, as partes podem fundamentar, com base no artigo 421-A, inciso II do Código Civil, que tais eventos, caso ocorram, não podem fundamentar pleito de revisão ou resolução do contrato, posto que inerentes ao contrato e absolutamente previsíveis.

6.2. O MECANISMO DO *WASHOUT* COMO FORMA DE PRÉ-ESTABELECER OS PREJUÍZOS INCORRIDOS PELO ADQUIRENTE EM RAZÃO DO INADIMPLEMENTO DA ENTREGA DA MERCADORIA

Interessante e ainda controverso mecanismo de alocação de riscos, comumente utilizado nos contratos de compra e venda de *commodities* agrícolas a termo, com preço prefixado, é a chamada cláusula de *washout*.

Referida cláusula busca trazer parâmetros objetivos para cálculo dos prejuízos que o comprador da mercadoria terá em razão do não cumprimento da obrigação de entregar o produto objeto do contrato, prejuízos esses que efetivamente ocorrem ainda que não tenha havido prévio desembolso do preço pela mercadoria.

Este anglicismo comum no agronegócio é usado para se referir ao acordo de rompimento de um contrato entre as partes, fixando a indenização devida por uma à outra em razão de eventual inadimplemento da obrigação de entrega do produto. A indenização é, normalmente, calculada com base na diferença positiva entre o preço da mercadoria não entregue vigente na época do inadimplemento e o preço prefixado em contrato.

Esta obrigação que recai sobre a parte que descumpre o dever de entrega da mercadoria tem como fundamento estabelecer parâmetros para se calcular o custo que a parte inocente terá para recomprar a posição de venda.

Tendo em vista as oscilações dos preços das *commodities*, conforme explicado acima, as partes que atuam no agronegócio estabelecem mecanismos para se proteger contra os riscos ou mitigar os impactos de tais riscos. O produtor que troca sua mercadoria por insumos (*barter*[20]) está utilizando um mecanismo de proteção contra a oscilação do preço, na medida em que fixa o preço de uma obrigação em parâmetro equivalente ao que irá receber de crédito. Ou seja, se variar o preço da mercadoria, ou do insumo, o produtor não terá impactos diretos pois já fixou uma determinada quantidade de produto para liquidar a obrigação de pagamento pelo insumo adquirido.

Já na perspectiva da empresa adquirente de produtos agrícolas, de maneira simplória, ao fazer um compromisso de compra de mercadoria para entrega futura com preço prefixado, ela assume o risco da oscilação desse preço. Assim, se o preço cair, terá que pagar no futuro mais caro do que o produto realmente vale naquele momento. E se o preço subir, pagará menos que o produto vale.

Para mitigar esse risco, a empresa efetua o *hedge* da operação que consiste em assumir uma posição contrária à primeira transação. Assim, a empresa que adquiriu a mercadoria por um preço prefixado efetuará opostamente uma operação de venda da mercadoria (ou de seus subprodutos) nas mesmas bases. Ao receber a mercadoria comprada, a empresa liquidará sua posição vendida. Essa operação de venda pode ser tanto no mercado físico quanto no mercado em bolsa.

Rafael Gaspar dos Santos explica a função do *hedge*:

> A função de *hedge* é encarada pela doutrina como a função precípua dos derivativos, eis que permite aos agentes econômicos a proteção contra a oscilação de preços dos ativos subjacentes. Em verdade, essa é a função que mais se

---

20 De acordo com Ticiane Vitória Figueiredo, "a operação de Barter caracteriza-se pela troca de parte da produção agropecuária por insumos necessários para o fomento da lavoura e/ou produção futura, funcionando, assim, como uma modalidade de financiamento privado da produção." (FIGUEIREDO, Ticiane Vitória. Os impactos da situação jurídica irregular da documentação imobiliária rural nas operações de barter. In: SOUZA, Lucas Monteiro; RODRIGUES, Rafael Molinari (Coord.). Direito do Agronegócio Teoria e Prática. São Paulo: LTr, 2019, p. 122.)

assemelha com a razão do surgimento dos derivativos na década de 1980, conforme mencionado anteriormente.

Da referida ideia de proteção inerente ao *hedge*, a doutrina comumente o compara com o seguro. Muito embora haja consideráveis distinções entre os contratos de derivativos e os de seguro, a comparação tem um bom efeito didático, pois permite desmistificar o caráter de contratos de risco que geralmente é atribuído aos contratos de derivativos.

Sendo assim, a função de *hedge* se apresenta quando o agente econômico possui ou possuirá o ativo subjacente ao contrato de derivativos. Nessa situação, o agente procura se proteger contra a oscilação do preço do ativo subjacente através da realização do *hedge*.

Tal proteção definida como hedge nada mais é do que a tradução das leis da física para o mundo econômico-financeiro. Explicamos: na física, duas forças em direções exatamente opostas e em intensidades idênticas, se somadas, resultam em zero. A ideia do *hedge* é a mesma (Santos, 2019, p. 87).

Analisando hipoteticamente, se um produtor vende sua mercadoria por $100,00 a unidade, para entrega futura, a empresa adquirente assume uma obrigação de vender aquela mercadoria nos mesmos parâmetros, obviamente após cálculos que irão compor a margem de lucro daquela operação. Se o preço cair para a $80,00, a compradora teria uma perda ao pagar $100,00 pela mercadoria que vale $80,00, mas em contrapartida também receberá $100,00 ao liquidar a posição vendida.

Por outro lado, se o produtor vendeu a mercadoria por $100,00, a empresa adquirente igualmente assumiu, em outra ponta, posição vendida, e o preço no momento do adimplemento da obrigação sobe para $150,00, a empresa terá que pagar menos do que o produto está valendo no momento. Mas isso não representa um ganho financeiro, posto que a empresa terá que cumprir sua posição vendida, recebendo os mesmos $100,00 anteriormente avençado.

Ou seja, com esses mecanismos de proteção, a perda de um lado compensa o ganho em outro.

Reitere-se que estes são termos bastante simplórios, apenas para ilustrar o fundamento e razão de existir da cláusula de *washout*, posto que na prática os mecanismos de *hedge* são muito mais sofisticados e incluem inúmeras variáveis que não serão analisadas neste apertado contexto.

O problema ocorre quando o preço previamente fixado sobe e o vendedor não entrega o produto. Nesse mesmo exemplo, a empresa compradora, em outra ponta, vendeu o produto nos mesmos parâmetros, suponha-se que $100,00. O preço subiu para $150,00 e o produtor não entregou a mercadoria. Então a empresa adquirente, para cumprir seus compromissos subsequentes, terá que adquirir o produto no mercado por $150,00, mas receberá apenas $100,00 pela venda. Ou seja, incorre em um prejuízo financeiro direto e imediato de $50,00.

Por isso foi criada a cláusula de *washout*, pela qual se estabelece como penalidade, pelo descumprimento da obrigação de entrega da mercadoria, o pagamento da diferença positiva entre o preço no momento do cumprimento da obrigação (que em tese será o momento em que a posição contrária do comprador lhe será exigida) e o preço prefixado em contrato.

Se o valor do produto cair e o vendedor não entregar, essa cláusula não seria aplicável posto que não haverá diferença positiva. Incidirão, portanto, a multa moratória ou outra multa de natureza penal ou compensatória, conforme o caso.

Sob essa perspectiva, a cláusula de *washout* teria dupla finalidade. A primeira, compensar a parte inocente o prejuízo com o inadimplemento. A segunda, desincentivar o descumprimento voluntário por uma parte eventualmente oportunista, posto que o ganho financeiro com a venda no mercado do produto a preço superior que o prefixado seria anulado pela obrigação de pagar ao comprador o diferencial do preço.

Ainda nessa perspectiva, é possível afirmar que a cláusula de *washout* não tem natureza de indenização por lucros cessantes, posto que não visa compensar o que a parte inocente deixou de ganhar, mas sim o que efetivamente perdeu.

Não obstante, criou-se uma tese de que para exigir o *washout* a compradora deveria comprovar ter tido efetivamente prejuízos com o inadimplemento da obrigação de entrega. Tal comprovação, na prática, é difícil, senão impossível de ser feita porque não existe uma correlação idêntica e perfeita entre os instrumentos que representam a posição comprada e os que se referem à posição vendida. Referidas posições são assumidas em lotes e estão sujeitas a inúmeras variáveis de acordo com os mecanismos de gestão de riscos adotados pela compradora.

Nesse sentido, julgou o Tribunal de Justiça de São Paulo:

> Compra e venda futura de safra de soja. Ação revisional de contrato. Inadimplemento contratual em decorrência de seca na região. Vendedor que expressamente assumiu responsabilidade pelos prejuízos decorrentes de força maior ou caso fortuito. Abusividade não configurada. Álea esperada no ramo da agropecuária. Multa pactuada para a hipótese de inadimplemento. Redução devida. Valor excessivo, por se tratar de inadimplemento que não decorreu de culpa do agricultor. Indenização suplementar por "wash out". Efetivo prejuízo experimentado pela ré-reconvinte não comprovado. Inteligência do artigo 416, parágrafo único, do Código Civil. Indenização indevida. Segundo contrato de compra e venda celebrado pelas partes. Validade. Declaração de nulidade apenas da cláusula que autoriza a retenção correspondente ao "wash out" do contrato anterior. Exigibilidade da multa pelo inadimplemento do segundo contrato, reduzida, contudo, na forma do artigo 413 do Código Civil. Prejuízo da ré que sequer foi alegado. Indenização por "wash out" afastada também em relação ao segundo contrato. Parcial procedência da ação principal e da reconvenção. Sucumbência recíproca. Recurso parcialmente provido. (Brasil, 2020)

Inúmeras outras teses foram criadas na tentativa de legitimar o inadimplemento da obrigação de entrega da mercadoria objeto do pacto de compra e venda a termo. E sempre que o mercado assiste a um aumento abrupto de preços, os contratos a termo com preço prefixado são colocados à prova no Poder Judiciário.

Porém, conforme descrito acima, existe uma razão clara e lógica para se estabelecer a cláusula em contrato, posto que, ainda que a empresa compradora não tenha feito um prévio desembolso financeiro, o inadimplemento da obrigação de entrega da mercadoria lhe acarretará prejuízos pecuniários.

Considerando, ainda, que as transações no âmbito do agronegócio ocorrem em cadeia, é essencial que as partes tenham segurança jurídica de que as obrigações pactuadas em contrato serão exigíveis, posto que o descumprimento de uma operação poderá gerar efeitos em cascata para as transações subsequentes.

Nesse contexto, a inovação trazida pela Lei da Liberdade Econômica, positivando no art. 421-A do Código Civil, e respectivos incisos, obrigações derivadas da autonomia privada, traz impactos altamente positivos ao agronegócio, na medida em que promove a segurança jurídica dos agentes integrantes de toda a cadeia no âmbito de suas relações jurídicas.

A esse respeito, assim se manifestam Thiago Soares Castelliano Lucena de Castro e outros:

> A adequação normativa do contrato de entrega de safra futura de soja ao estabelecido no art. 421-A, do Código Civil, acima mencionado, perpassa por identificar o modelo que lhe serve de suporte ideológico, pois cada ordenação econômica exprime um respectivo sistema normativo que lhe dá suporte. A aplicabilidade da norma que encerra o princípio da liberdade de contratar como regra e, por consequência, sua intangibilidade, envolve perceber que, apesar de ainda não especificamente categorizado, o negócio que envolve agentes que celebram contratos de entrega de safra futura com fixação do preço em dólar, externaliza, em princípio, uma atividade empresarial, porque economicamente organizada para a produção de bens, de forma profissionalizada e com fim econômico, aproximando-o ao Direito Empresarial (Castro, 2022).

Utilizando o mesmo raciocínio de Paula Forgioni, para o direito comercial, o agente econômico é ativo e probo, habituado ao mercado em que atua. Presume-se, pois, que o produtor, ao aceitar a cláusula de *washout*, assumiu os riscos de aplicação das penalidades ali previstas, até mesmo porque optou por não despender recursos na barganha de outro mecanismo. Calar-se e, posteriormente, procurar levar vantagem, buscando não se sujeitar às penalidades que aceitou livremente, é conduta oportunista (Forgioni, 2021, p. 300).

A mesma autora, tratando sobre a interpretação dos contratos empresariais, registra que o parâmetro de normalidade na interpretação é aquele dos comerciantes habituados com o negócio objeto do contrato (Forgioni, 2021, p. 274). Nessa senda, é possível inferir que não pode um produtor rural, por exemplo, querer atuar na cadeia do agronegócio e alegar desconhecer os riscos inerentes à atividade, pretendendo, vez ou outra, ver-se imune aos acontecimentos climáticos que afetam sua produção, às variações do preço e do câmbio, dentre outros riscos que são intrínsecos ao negócio.

Não há outro segmento com mais competição e concorrência que o agronegócio. Existe ampla oferta e demanda pelas *commodities* agrícolas. Nesse contexto, não se pode enxergar o produtor rural como uma parte vulnerável, haja vista que, atuando em um mercado altamente competitivo, com inúmeros *players* interessados em adquirir seu produto, tem ampla liberdade de escolher com quem quer negociar.

Não há dúvidas, portanto, de que a relação entre compradores e vendedores de *commodities* agrícolas é presumidamente paritária e simétrica. Logo, aplicam-se a esta relação o inciso II do art. 421-A do Código Civil, pelo qual "a alocação de riscos definida pelas partes deve ser respeitada e observada", bem como o inciso III que determina que "a revisão contratual somente ocorrerá de maneira excepcional e limitada".

Assim, quando o produtor faz a prefixação do preço para entrega do bem futuramente, pretende com isso se proteger da variação do preço, dado que a volatilidade é inerente ao mercado. Se o preço cair bruscamente, ele tem a garantia de que irá receber da compradora o pagamento anteriormente combinado. Se, pelo contrário, o preço subir drasticamente, não lhe pode ser permitido, sob qualquer pretexto ou justificativa, desvincular-se da obrigação de entrega pelo preço igualmente combinado.

Tal conduta, do ponto de vista da relação jurídica individual, violaria frontalmente a boa-fé objetiva. Sob uma perspectiva mais ampla, a possibilidade ou tolerância a esse tipo de comportamento traria efeitos nocivos a todo o mercado, provocando insegurança jurídica e consequências danosas, conforme já exposto nesse estudo.

Portanto, a cláusula de *washout* estabelecida no contrato como forma de alocação de riscos que cada parte está disposta a correr na relação, deve, de acordo com a Lei da Liberdade Econômica, ser respeitada e observada. A segurança jurídica que daí exsurge traz impactos positivos para o agronegócio, promovendo um ambiente de negócios saudável e equilibrado.

7. CONCLUSÃO

Verbera Adam Smith que "a violência e a injustiça dos governantes da humanidade constitui um mal antigo para o qual receio que a natureza dos negócios humanos dificilmente encontre um remédio" (Smith, 1996, p. 463).

Ao se traçar um paralelo histórico com a evolução dos modelos econômicos, cotejando-os com a evolução dos modelos de Estado, pode-se perceber que no contexto econômico atual a interferência do Estado na economia possui efeito prejudicial ao país, na medida em que desestimula a competitividade, trava a inovação e gera estagnação.

Especificamente no âmbito do agronegócio, as transações que ali ocorrem estão sujeitas a considerável nível de risco, previamente assumido por aqueles que decidem atuar nesse segmento da economia. Portanto, é lícito a estes agentes que definam livremente os mecanismos de alocação dos riscos que estão assumindo nas relações jurídicas.

Este estudo procurou demonstrar os fundamentos e razões que justificam determinados mecanismos de alocação de riscos utilizados no agronegócio, aprofundando na análise da chamada cláusula de *washout*. Isso em vista, foi necessário contextualizar questões particulares e específicas deste segmento de negócio.

A Lei da Liberdade Econômica, privilegiando a autonomia privada, objetiva impedir que seja possível alteração unilateral do mecanismo de alocação de risco consensualmente estabelecido, conferindo maior segurança jurídica e previsibilidade ao ambiente de negócios.

REFERÊNCIAS

BRASIL. Medida Provisória nº 881, de 30 de abril de 2019. Institui a Declaração de Direitos de Liberdade Econômica, estabelece garantias de livre mercado, análise de impacto regulatório, e dá outras providências. Disponível em: http://www.planalto.gov.br/ccivil_03/_ato2019-2022/2019/Mpv/mpv881.htm. Acesso em: 13 jan. 2021.

BRASIL. Código Civil de 2002. Disponível em: http://www.

planalto.gov.br/ccivil_03/leis/2002/L10406.htm. Acesso em: 01 ago. 2023.

BRASIL. Tribunal de Justiça de São Paulo; Apelação Cível 1036450-23.2017.8.26.0100; Relator(a): Maria Cláudia Bedotti; Órgão Julgador: 32ª Câmara de Direito Privado; Data do Julgamento: 06/02/2020; Data de Registro: 07/02/2020+.

BRASIL. Superior Tribunal de Justiça, REsp n. 849.228/GO, relator Ministro Luis Felipe Salomão, Quarta Turma, julgado em 3/8/2010, DJe de 12/8/2010.

BRASIL. Superior Tribunal de Justiça. Agravo Regimental no REsp n. 975.954/GO. Quarta Turma, julgado em 22/5/2012, DJE 25/5/2012.

CASTRO, Thiago Soares Castelliano Lucena de; GUIMARÃES, Rejaine Silva; LACERDA, Murilo Couto. A legalidade da cláusula de washout nos contratos de compra e venda de safra futura de soja. Cadernos de Dereito Actual. Nº 18, p. 283-297, 2022.

CRAVO, Daniela Copetti. A tutela da ordem econômica ao longo da evolução constitucional. Revista de Direito Constitucional e Internacional, vol. 102/2017, p. 221 - 242, Jul - Ago 2017.

FARIA, Marina Zava de. A teoria do laissez-faire e a fronteira entre intervenção e não intervenção do Estado no mercado. Revista de Direito Bancário e do Mercado de Capitais, vol. 83/2019, p. 83 – 105, Jan - Mar / 2019.

FERNANDES, Micaela Barros Barcelos. Impactos da Lei 13.874/2019 no Princípio da Função Social do Contrato: A Liberdade Econômica Em Foco. Revista dos Tribunais, vol. 1010/2019, p. 149 – 179, Dez / 2019.

FIGUEIREDO, Ticiane Vitória. Os impactos da situação jurídica irregular da documentação imobiliária rural nas operações de barter. In: SOUZA, Lucas Monteiro; RODRIGUES, Rafael Molinari (Coord.). Direito do Agronegócio Teoria e Prática. São Paulo: LTr, 2019, p. 122.

FINKELSTEIN, Claudio. A aplicação da CISG na compra e venda internacional de commodities agrícolas. In: ROVAI, Armando Luiz (org.). Agronegócio: da Declaração de Direitos de Liberdade Econômica, com ênfase na atividade negocial e no agronegócio. 1ª ed., Belo Horizonte, São Paulo: D'Plácido,

133

2020, p. 320-321.

FORGIONI, Paula A. Contratos Empresariais Teoria Geral e Aplicação. 6ª ed. revista, atualizada e ampliada. São Paulo: Thomson Reuters Brasil, 2021, p. 111, 119, 298 e 300.

FRAZÃO, Ana (Coord.). Lei da Liberdade Econômica e seus impactos no Direito Brasileiro, 1ª ed., São Paulo: Thomson Reuters Brasil, 2020, p. 81.

MACIEL, Vladimir Fernandes e ANTONIO, Allan. Brasil, China e Hong Kong: o que podemos aprender sobre liberdade econômica. In: ROVAI, Armando Luiz (org.). Agronegócio: da Declaração de Direitos de Liberdade Econômica, com ênfase na atividade negocial e no agronegócio. 1ª ed., Belo Horizonte, São Paulo: D'Plácido, 2020, p. 92.

MAMEDE, Gladston. Empresa e atuação empresarial. 8. ed. São Paulo: Atlas, 2015, p.1., citado por FARIA, Marina Zava de. A teoria do laissez-faire e a fronteira entre intervenção e não intervenção do Estado no mercado. Revista de Direito Bancário e do Mercado de Capitais, vol. 83/2019, p. 83 – 105, Jan - Mar / 2019.

MARTINS-COSTA, Judith. Art. 3o, V: presunção de boa-fé. In: MARQUES NETO, Floriano Peixoto; RODRIGUES JUNIOR, Otavio Luiz; LEONARDO, Rodrigo Xavier (Org.). Comentários à Lei da Liberdade Econômica: Lei 13.874/2019. São Paulo: Revista dos Tribunais, 2019, p. 125 - 126.

MONTEIRO, Washington de Barros. Curso de direito civil: direito das obrigações. São Paulo: Saraiva, 2009. vol. 5, p. 33.

NERY JUNIOR, Nelson; NERY, Rosa Maria de Andrade. Instituições de Direito Civil. Das Obrigações, dos Contratos e da Responsabilidade Civil. Volume 2. 2ª ed. São Paulo: Editora Revista dos Tribunais, 2019, p. 522.

PIMENTA, Eduardo Goulart; LANA, Henrique Avelino R. P. Análise Econômica do Direito e sua relação com o Direito Civil brasileiro. Rev. Fac. Direito UFMG, Belo Horizonte, n. 57, p. 85-138, jul. - dez. 2010.

RODRIGUES JUNIOR, Otavio Luiz; LEONARDO, Rodrigo Xavier; PRADO, Augusto Cézar Lukascheck. A liberdade contratual e a função social do contrato – alteração do art. 421-A do Código Civil: art. 7º. In MARQUES NETO, Floriano Peixoto; RODRIGUES JUNIOR, Otavio Luiz; LEONARDO, Rodrigo Xavier (Org.). Comentários à Lei da Liberdade Econômica: Lei 13.874/2019. São Paulo: Revista dos Tribunais, 2019, p. 323.

ROVAI, Armando Luiz; SALLES JUNIOR, Paulo Sérgio Nogueira. Da relevância empresarial da declaração de direitos de liberdade econômica, Lei 13.874/2019, no cenário negocial do agronegócio brasileiro. In: ROVAI, Armando Luiz (Org.). Agronegócio: da Declaração de Direitos de Liberdade Econômica, com ênfase na atividade negocial e no agronegócio. 1ª ed., Belo Horizonte, São Paulo: D´Plácido, 2020, p. 37.

SANTOS, Rafael Gaspar dos. Rescisão e revisão judicial dos contratos de derivativos nas operações do agronegócio. In: SOUZA, Lucas Monteiro; RODRIGUES, Rafael Molinari (Coord.). Direito do Agronegócio Teoria e Prática. São Paulo: LTr, 2019, p. 87.

SATIRO, Francisco. Comentários ao art. 7º - alterações legislativas do Código Civil. In CRUZ, André Santa; DOMINGUES, Juliana Oliveira; GABAN, Eduardo Molan (Org.). Declaração de Direitos de Liberdade Econômica – Comentários à Lei 13.874/2019. Salvador: JusPodivm, 2020, p. 375.

SILVEIRA, Marco Antonio Karam. A atuação do Estado Constitucional na atividade econômico-empresarial e análise econômica do direito, Revista dos Tribunais, vol. 912/2011, p. 171 - 209, 2011.

SMITH, Adam. A riqueza das nações. Investigação sobre sua natureza e suas causas. Coleção Os Economistas. São Paulo: Editora Nova Cultura, 1996, p. 463.

THRONICKE, Soraya. Lei de Liberdade Econômica. In: SALOMÃO, Luis Felipe; CUEVA, Ricardo Villas Bôas; FRAZÃO, Ana (Coord.). Lei da Liberdade Econômica e seus impactos no Direito Brasileiro, 1ª ed., São Paulo: Thomson Reuters Brasil, 2020, p. 68-69.

YEUNG, Luciana L. Friedrich Hayek, Liberdade Econômica, a MP e a Lei de Liberdade Econômica: Por que é Necessária? In: SALOMÃO, Luis Felipe;

CUEVA, Ricardo Villas Bôas.

CERIZZE, Amarilis. A cláusula de *washout* como mecanismo de alocação de riscos criado pela lei de liberdade econômica. *In:* CERIZZE, Rosiris; CALAZA, Tales (Coord.). *Controvérsias e soluções jurídicas empresariais.* Uberlândia: Marco Teórico, 2024. pp. 95-136.

A ESTABILIDADE DA GESTANTE E AS POSSIBILIDADES DE CARACTERIZAÇÃO DE ABUSO DE DIREITO EM SEU EXERCÍCIO

6

Camila Felipe Almeida

1. INTRODUÇÃO

O Direito do Trabalho é um âmbito do Direito com normas e princípios próprios, cuja finalidade é disciplinar as relações do trabalho, bem como tutelar a parte que, teoricamente, é mais frágil, qual seja, o trabalhador.

Dentre os diversos pontos que protegem o trabalhador neste ramo específico do Direito, tem-se as garantias provisórias de emprego, previstas em situações específicas pela norma vigente, que limitam o poder potestativo do empregador de romper o contrato de trabalho sem justo motivo.

Dentre as estabilidades provisórias, vislumbra-se a estabilidade da gestante, que é uma garantia de emprego para a mulher que, ante ao seu estado gravídico, tem dificuldades de buscar um novo emprego, sendo-lhe assegurada segurança para recuperação pós-obstétrica e cuidados de seu filho.

A estabilidade da gestante é tema sensível, vez que é eivada de princípios, tendo ainda caráter de cunho social, vez que a Constituição prevê o direito ao trabalho e à dignidade, sendo este um meio de tutelar não só a mulher, mas também o nascituro/criança.

No entanto, mesmo que seja um direito garantido à empregada, a partir do momento em que se encontra em estado gravídico até 05 meses após o parto (em regra), seu exercício esbarra na boa-fé, vez que discute-se a caracterização da ocorrência de abuso em seu exercício, a depender da forma como é pleiteado.

Assim, espera que, no final do presente artigo, possa ser aprofundada eventual caracterização do abuso do direito da gestante, no usufruto da estabilidade que lhe é garantida pelo art. 10, II, "b", do ADCT, através do estudo de casos em que a gestante é dispensada sem justa causa, geralmente por desconhecimento de seu estado gravídico, e opta por não acatar a oferta de reintegração imediata ao trabalho, preferindo a indenização substitutiva dentro do prazo prescricional previsto constitucionalmente.

2. PRINCÍPIOS E FUNDAMENTOS DA ESTABILIDADE PROVISÓRIA DA EMPREGADA GESTANTE

A Constituição Federal, em seu artigo 6º, prevê os Direitos Sociais, estando entre eles o direito ao trabalho, ou seja, a possibilidade de garantir aos hipossuficientes que, com sua força de trabalho, tenham maior dignidade. Logo, temos que o trabalho possui relevância social, podendo ter como base o Princípio da Dignidade da Pessoa Humana, previsto no artigo 1º inciso III da citada Constituição.

Diante disso, o Direito do Trabalho busca prezar pela continuidade do trabalhador em seu emprego, para que tenha certa dignidade e segurança. Seguindo essa premissa, foram criadas duas figuras que buscam, de certa forma, impossibilitar a dispensa do empregado em certas situações, são elas: a garantia de emprego e a estabilidade (Delgado, 2012).

A garantia de emprego é toda forma de inibição ou desestímulo a dispensa, e incentivo a admissão, visando sempre diminuir o desemprego, sendo caracterizado como "instituto político-social-econômico" (Cassar, 2015). Já a estabilidade, é um instituto trabalhista que restringe ao empregador dispensar determinados empregados em virtude situações específicas (Cassar, 2015). Assim, temos que a garantia de emprego é gênero, do qual a estabilidade faz parte, como espécie.

O presente artigo trata de uma modalidade de estabilidade provisória, que é uma garantia de emprego adquirida em razão de circunstância temporária prevista por lei que, ao "contrair" alguma das hipóteses, o empregado tem seu vínculo empregatício mantido até o término da referida situação (Delgado, 2014).

Uma circunstância temporária e prevista por lei, que dá direito a estabilidade provisória, é a gestação. Nos termos do artigo 10, inciso II, alínea b, do Ato das Disposições Constitucionais Transitórias, a empregada gestante não pode ser demitida sem justa causa, no período compreendido desde o início de sua gestação até cinco meses após o parto.

Além dos princípios gerais do Direito, com por exemplo a boa-fé nos contratos de trabalho, a estabilidade da gestante tem como norte os princípios da continuidade da relação de emprego e o da proteção, cujo respaldo encontra-se no princípio da causalidade da relação da dispensa (Túlio; Casagrande).

A proteção pretendida com a estabilidade provisória da gestante não é só em relação à trabalhadora, mas também ao nascituro/criança, que é sujeito de direito e deve ter a possibilidade de um bom desenvolvimento e convivência com a mãe. Ademais, através da remuneração fruto de sua força de trabalho, que a mãe poderá ter e proporcionar uma vida digna ao seu (sua) filho (a), conforme disposto na Carta Magna.

Assim, resta evidenciado que a estabilidade provisória da gestante visa ter um papel social em relação ao direito ao trabalho, ao direito de a mulher não ser dispensada simplesmente pelo fato de estar grávida e, principalmente, do nascituro/criança que precisa de cuidados básicos e contato com a mãe.

3. O DIREITO À ESTABILIDADE DA GESTANTE – EVOLUÇÃO E VERTENTES

Em um primeiro momento, a empregada gestante possuía apenas 12 (doze) semanas de licença, nos termos do artigo 392, da CLT, e não possuía estabilidade.

Com o advento da Constituição Federal de 1988, em seu artigo 7º, o período de licença foi estendido para 120 (cento e vinte) dias, sendo que ainda, conforme artigo 10, II, b dos Atos das Disposições Transitórias, desde o início da gravidez e até 5 meses após o parto, a empregada é estável, ou seja, não pode ser dispensada de seu emprego sem justa causa (Nascimento, 2011).

Inicialmente, a empregada gestante tinha direito somente à indenização do período estável e não à garantia de emprego que possui atualmente, tendo em vista que a súmula 244 do TST, conforme resolução administrativa nº 15/85 tinha a seguinte redação: *"A garantia de emprego à gestante não autoriza a reintegração, assegurando-lhe apenas o direito a salários e vantagens correspondentes ao período e seus reflexos"* (Borges, 2012).

Somente após a Constituição de 1988, a empregada gestante passou a ter direito a receber indenização referente ao seu período estável em dinheiro ou ainda, sendo possível a sua reintegração ao trabalho, caso tenha sido dispensada de forma irregular (Cassar, 2015).

É perceptível a mudança do cenário com o passar do tempo, vez que o interesse é a tutela da dignidade, do emprego em si, das relações de trabalho, da dignidade da mulher e do(a) filho(a).

Válido ainda ressaltar, que o período estabilitário da gestante previsto na Constituição pode ser elastecido por mais 60 (sessenta) dias, caso a empresa tomadora seja inscrita no Programa Empresa Cidadã (Lei 11.770/08). Assim, findo o prazo que inicia no começo da gestação até 05 (cinco) meses após o parto, começa a contagem de mais 60 dias, período que também será pago pela Previdência Social.

Importante ainda destacar, que o período previsto na Carta Magna pode também ser elastecido por meio de Acordos e Convenções Coletivas, através de negociação com o Sindicato da categoria de cada empresa.

Pois bem, diante das diversas alterações da Súmula 244, e do cenário jurídico e social, surgem várias dúvidas em relação à referida estabilidade. Logo, é necessário esclarecer alguns pontos.

Em primeiro lugar, é importante mencionar que a Constituição de 1988, trouxe a garantia de emprego simplesmente para a empregada gestante, ou seja, não fez distinção do direito a empregada gestante em curso de trabalho com contrato por prazo determinado ou indeterminado (Ribeiro, 2012), sendo tal entendimento indicado no inciso III, da Súmula 244, do TST. Logo, independente do tipo de contrato de trabalho, a gestante é provisoriamente estável em seu emprego.

Sobre a confirmação/conhecimento da gravidez para o empregador, é expresso no inciso I da súmula 244 do TST, que não há a necessidade de conhecimento ou confirmação, sendo a comunicação apenas um requisito, não podendo o empregador esquivar-se da garantia da empregada sob alegação de desconhecimento (Borges, 2012).

Nesse sentido, tem-se a decisão do C. TST:

> Nessa situação, o empregador possui a responsabilidade objetiva no que tange aos direitos estabilitários da empregada gestante, já que sua finalidade vai além da simples proteção a empregada, tutelando também os direitos da maternidade e a proteção do nascituro (Brasil, 2015).

No mesmo sentido, decisão do Tribunal Regional do Trabalho da 3ª Região:

> Há ainda a possibilidade de a própria empregada desconhecer seu estado gravídico no momento da dispensa, o que também não afasta seu direito a estabilidade, já que a garantia de emprego neste caso, não é exclusivamente para tutelar a empregada, ora gestante, mas essencialmente do nascituro, dessa forma, basta que haja a confirmação de que a gravidez ocorreu durante o contrato de trabalho (Brasil, 2012).

Conforme mencionado, a Constituição garante o direito ao emprego, logo, entende que nos termos do disposto no inciso II da Súmula 244, TST, apenas se não for mais possível a manutenção ou reintegração no emprego, que o período estabilitário será convertido em pecúnia.

Ainda, conforme Ariane Gomes dos Santos pontua, um ponto delicado em relação ao tema, é a questão do nascimento com ou sem vida da criança, ou ainda, a morte logo após o parto. Há um entendimento de que a previsão constitucional é para o nascituro e a mãe, sendo que a morte do filho não é fator determinante para afastar o direito estabilitário. Porém, tal posicionamento não é pacífico (Santos, 2019).

Outrossim, importante destacar, que nos termos do artigo 391-A da CLT, mesmo que a confirmação da gravidez se dê no curso do aviso prévio, ou seja, se quando a empregada foi dispensada sem justa causa não estava grávida, e passou ao estado gravídico no curso do aviso, seu direito estabilitário permanece.

Ariane Gomes dos Santos também faz importante ressalva acerca do pedido de demissão da empregada grávida, ou que descobre a gestação no cumprimento de seu aviso. Segundo seu entendimento, embora o empregador deva utilizar o princípio da boa-fé e dever social para *devolver* o emprego à gestante, não há previsão de obrigatoriedade de reintegração ou indenização nesses casos, vez que há a renúncia da empregada ao seu direito (Santos, 2019).

Outra situação passível de dúvidas, que também é pontuada por Ariane Gomes dos Santos, é a rescisão por comum acordo, nos termos do artigo 484-A, da CLT. O próprio artigo, em seu inciso I, menciona as verbas que seriam pagas por metade, sendo que, em seu inciso II, há a indicação de que as "demais verbas trabalhistas" serão pagas na integralidade, ou seja, a estabilidade não inserida nas verbas restritas ao pagamento pela metade (Santos, 2019).

No que tange ao entendimento jurisprudencial, ainda há divergência. A depender do caso, há o entendimento de que o artigo 484-A, inciso II da CLT ressalva a verba indenizatória, mesmo em situação que o estado gravídico é descoberto no curso do aviso prévio - caso que já possui amparo legal. Em outras situações, entende-se que há a necessidade de homologação no sindicato profissional, nos termos do artigo 500 da CLT, em relação ao pedido de demissão de empregado estável, por existência de renúncia do direito. Logo, há a necessidade de se analisar o caso concreto.

Por fim, é de suma relevância mencionar a possibilidade de rescisão por justa causa da empregada gestante. Conforme discorrido, o artigo 10, inciso II, alínea b, do Ato das Disposições Constitucionais Transitórias, prevê a impossibilidade da dispensa sem justa causa da empregada gestante, portanto, não há impedimento para sua dispensa nos casos previstos no artigo 482, CLT. Logo, apurada e comprovada a falta grave, a empregada, mesmo que estável, poderá ser dispensada por justo motivo, como discorrido por Ariane Gomes dos Santos (Santos,

2019).

Conforme exposto, é indiscutível o direito estabilitário da empregada gestante, porém, é importante destacar qual o momento para que a empregada possa pleitear seus direitos e se há circunstâncias em que se possa questionar a existência de abuso de direito.

4. ABUSO DE DIREITO DO EXERCÍCIO DA ESTABILIDADE

Sabe-se que a gestante tem direito a pleitear seu direito à estabilidade em até dois anos do término do contrato de trabalho, conforme previsto no Art. 7º, inciso XXIX, da Constituição Federal. Porém, em alguns casos, pode-se questionar a ocorrência de abuso do exercício de tal direito, conforme disposto a seguir.

4.1. ABUSO DE DIREITO - CONCEITO

O abuso de direito é um exercício exorbitante de um direito, ou seja, é exercido de maneira exagerada, desproporcional, contrária à sua finalidade social, ou ultrapassa os limites da boa-fé.

Diante de casos em que o sujeito ultrapassa os limites da boa-fé, ao exercer seu direito, o artigo 187 do Código Civil traz uma limitação: "Art. 187. Também comete ato ilícito o titular de um direito que, ao exercê-lo, excede manifestamente os limites impostos pelo seu fim econômico ou social, pela boa-fé ou pelos bons costumes" (Brasil, 2002).

Logo, visto que o abuso de direito está no Título dos atos ilícitos nos Código Civil é pertinente fazer a diferenciação dos dois institutos. No abuso de direito, o agente de certa forma está exercendo seu direito, mas violando os valores atrelados a ele. Já no ato ilícito, o indivíduo age em desconformidade com a norma. Nas duas hipóteses o sujeito está e desconformidade com o ordenamento jurídico (Barros, 2005).

Assim, conclui-se que o abuso de direito é um instituto de difícil caracterização, tendo em vista que, embora seja recorrente no cotidiano, há a necessidade de uma análise do caso concreto. Ocorre que o indivíduo possui o direito, mas o exerce de forma desmedida e em desconformidade com princípios básicos do direito como boa-fé, indo contra costumes, podendo ou não prejudicar terceiros.

4.2. POSSIBILIDADE DE CARACTERIZAÇÃO DE ABUSO DE DIREITO NO EXERCÍCIO DO DIREITO À ESTABILIDADE DA GESTANTE

É possível vislumbrar que a garantia de emprego dada à empregada gestante, qual seja, a estabilidade provisória, é tutelada pelo direito, podendo citar como exemplo a súmula 244 do TST e o artigo 10, II, 'b', do ADCT, e demais previsões esparsas.

Conforme exposto, a empregada gestante faz jus à manutenção do emprego, sua reintegração ou a indenização substitutiva pelo período estabilitário, nos casos de dispensa sem justa causa.

Ocorre que não há especificação legal do prazo em que a empregada possa ingressar com reclamatória pleiteando os direitos advindos da estabilidade gestacional, sendo então utilizado o prazo prescricional do Artigo 7º, inciso XXIX da Constituição Federal, qual seja, dois anos após o término do contrato de trabalho. Nesse sentido, através da Orientação Jurisprudencial 399, o Tribunal Superior do Trabalho manifestou seu posicionamento indicando que o empregado estável possui o mesmo prazo para reclamar seus direitos.

No entanto, resta claro que a estabilidade provisória da gestante visa tutelar o emprego em si, a dignidade da empregada e do (a) filho (a). Dessa forma, a simples indenização pecuniária não atenderia a finalidade do instituto. O que demanda a análise das seguintes situações:

A empregada é dispensada sem justa causa, estando gestante ou iniciando sua gestação no curso do aviso prévio (indenizado ou trabalhado), porém, de forma imotivada, não comunica seu empregador e ajuíza reclamatória pleiteando somente indenização do período estabilitário, se negando a reintegrar ao emprego, mesmo que a empresa convoque para assumir o posto de trabalho.

Ou ainda, o ajuizamento ocorre somente após o período estabilitário, mas ainda dentro do prazo prescricional, não sendo mais possível a reintegração, mas tão somente indenização pecuniária.

Neste contexto, convém questionar: essas empregadas não estariam incorrendo em abuso de direito? Mesmo que seja devido o pleito, a gestante não o estaria exercendo de forma exacerbada?

O TST já se manifestou indicando que:

> O ajuizamento após escoado o período de estabilidade não configura o abuso de direito, desde que tenha observado o prazo prescricional da Constituição sendo devida a indenização do período estabilitário, tendo em vista que o empregador possui responsabilidade objetiva e tal instituto visa a proteção das necessidades da pessoa e do nascituro (Brasil, 2015).

No entanto, conforme menciona Fausto Siqueira Gaia, a estabilidade da gestante visa proteger a trabalhadora da dispensa sem justa causa, de modo a proteger a mulher no mercado de trabalho, tutelando qo fato de a mulher gestar, para que esse não seja motivo para sua dispensa (Gaia, 2017).

Dessa forma, com o passar do tempo, há diversas decisões judiciais no sentido de que a empregada desvia a função do instituto da estabilidade provisória da gestante, que é a tutela do direito ao trabalho, visando apenas ressarcimento pecuniário, vez que em muitos casos, deixa transcorrer, imotivadamente, o período estabilitário, ou se nega a retornar ao trabalho, mesmo com oferta de reintegração pela empresa.

Sobre o tema, eis o entendimento do Tribunal Regional do Trabalho da 6ª Região:

> RECURSO ORDINÁRIO DA RECLAMANTE. ESTABILIDADE PROVISÓRIA. GESTANTE. ABUSO DE DIREITO. A negligência da reclamante, que não procurou a empresa para informar que estava grávida e requerer o retorno ao trabalho, bem como a ausência de interesse da mesma na continuidade do pacto laboral, e, por fim, a demora no ajuizamento da demanda, demonstram a intenção única e exclusiva de receber a indenização substitutiva, furtando-se à devida prestação de serviços. A conduta da reclamante viola os princípios da boa-fé e da segurança jurídica, além de configurar evidente abuso de direito, o que não deve ser tolerado por esta Justiça Especializada.

Recurso ordinário a que se nega provimento (Brasil, 2018).

No mesmo sentido, eis julgado do Tribunal Regional do Trabalho da 23ª Região:

> ESTABILIDADE PROVISÓRIA. GESTANTE. EMPREGADA QUE OCULTA O ESTADO GRAVÍDICO DO EMPREGADOR. ESTABILIDADE NÃO RECONHECIDA. CONDUTA DE MÁ-FÉ. ABUSO DO DIREITO. A empregada que conhece o seu estado gravídico logo depois da resilição do contrato de emprego e oculta esse fato deliberada e intencionalmente do empregador não possui direito ao recebimento de indenização estabilitária, uma vez que tal conduta atenta contra o dever de boa-fé objetiva e configura abuso do direito, caracterizando limitação implicitamente constitucional à dignidade humana e à proteção à maternidade e, de maneira reflexa, à diretriz interpretativa decorrente da Súmula 244 do C. TST. (TRT-23 00004968920195230004 MT, Relator: NICANOR FAVERO FILHO, Gabinete da Presidência, Data de Publicação: 22/10/2019)

Contudo, resta evidenciado que a intenção do instituto da estabilidade da gestante é assegurar, efetivamente, o emprego da mulher em um período delicado, para que possa manter a si e ao seu filho. Logo, a partir do momento em que a empregada se torna ciente de seu estado gravídico e, consequentemente, do direito estabilitário, simplesmente deixa transcorrer o tempo sem cientificar seu empregador, ou ainda se nega a voltar ao trabalho, esperando apenas a indenização pecuniária, pode se questionar se ela não está abusando de seu direito, vez que o exerce de forma extrapolada, ao demonstrar interesse diverso do que o instituto propõe, desvirtuando sua finalidade.

Diante de todo o exposto, questiona-se como evitar a caracterização do abuso do direito, já que a empregada muitas vezes ajuíza reclamatória após ou próximo do fim do período de estabilidade, deixando o empregador "submisso às normas protetivas" conforme mencionado acima.

Sob o ponto de vista legal, conforme explicitado por Ariane Gomes dos Santos, tem-se a Lei n.º 9.029/1995, que veda práticas discriminatórias e realização de exames, e o artigo 373-A, inciso IV, da CLT, que traz a vedação de exigência de exame de gravidez. Porém, atualmente, está em trâmite o Projeto de Lei

6074/2016, que aguarda votação no Senado, que visa incluir um artigo na CLT, com a permissão de realização de teste de gravidez no momento da dispensa (Santos, 2019).

Como alternativa, um modo não pacificado na Doutrina, sugeria-se que, no momento da entrega do aviso prévio, o empregador solicitasse à empregada, que assinasse documento, acusando ciência de que o referido aviso se consideraria nulo, caso ela estivesse gestante, ou viesse a se tornar gestante durante o curso de possível projeção de aviso prévio indenizado. Na situação, a empregada teria o prazo de 30 (trinta) dias para retornar ao trabalho, sob pena de estar renunciando à estabilidade gestacional e incorrendo em abandono de emprego (Cassar, 2015).

Porém, *data maxima venia*, entende-se que é uma possibilidade arriscada, podendo desencadear, por exemplo, reclamatória com pedido de dano moral, vez que não há previsão legal para prever uma gravidez e se resguardar de eventual pleito de reintegração ou indenização.

Diante do exposto, é evidenciada a necessidade de manutenção da boa-fé que havia entre as partes durante o pacto laboral, ainda após o seu término, vez que a empregada possui, sim, o direito à estabilidade, porém, deve pleiteá-lo de forma que sua finalidade seja cumprida.

5. CONSIDERAÇÕES FINAIS

O direito à estabilidade da gestante está atrelado a vários princípios do Direito Trabalhista, dentre eles o seu basilar, qual seja, o da proteção que visa tutela da mulher e mãe, mas também do(a) filho(a) recém-nascido(a), que é totalmente dependente, e a gestante precisa ter segurança para que possa cuidar da criança e um emprego para que possa proporcionar dignidade ao nascituro.

O ordenamento jurídico não deixa dúvidas quando aos direitos do período estabilitário da mulher gestante, mas também determina que, como qualquer direito, a estabilidade também não pode ser exercida de forma abusiva.

A estabilidade da gestante visa garantir o emprego em si, o contrato de trabalho, o tempo de recuperação e contato da mãe com a criança, e não apenas o pagamento do período.

Dessa forma, ao pleitear seu direito de forma tardia, impossibilitando o retorno ao trabalho, ou simplesmente se negando a ser reintegrada, a empregada demonstra interesse em desvirtuar o instituto da estabilidade, visando apenas benefício pecuniário, e não proteção.

Infelizmente, não há meios de prever uma gravidez, sendo certo que empresa pode ser surpreendida com um pedido de reintegração ou apenas indenização substitutiva.

Face ao exposto, é notório que a melhor forma de manter equilibrada a relação, tanto para o empregador quando para a empregada, é a manutenção da boa-fé, não só no decorrer do contrato de trabalho, mas também após seu término, para que nenhuma das partes seja prejudicada com eventos abusivos, de modo a efetivar a real finalidade do instituto.

REFERÊNCIAS

BORGES, Indira de Sá. Estabilidade da Gestante. Faculdade Sete de Setembro - FASETE. Paulo Afonso/BA, 2012. Disponível em <http://goo.gl/RX8skT>. Acesso em: maio de 2023.

BRASIL, Tribunal Superior do Trabalho. Processo:RR-1239-59.2013.5.09.0664, Relator: Mauricio Godinho Delgado. Data do Julgamento 04/03/2015, 3ª Turma, Data de Publicação: 06/03/2015. Disponível em: <http://goo.gl/6ju63W>. Acesso em: maio de 2023.

BRASIL, Tribunal Superior do Trabalho. Processo: RR-19600-18.2007.5.02.0313. Relator: Ministro Vieira de Melo Filho, 7ª Turma, Data do Julgamento: 10/06/2015, Data da Publicação: 12/06/2015. Disponível em: <http://goo.gl/I44Yxi>. Acesso em: maio de 2023.

CASSAR, Vólia Bomfim. Direito do trabalho. 9. ed. Rio de Janeiro: Forense, São Paulo: Editora Método, 2015.

DELGADO, Mauricio Godinho. Curso de direito do trabalho. 13. ed. São Paulo:

LTr, 2014.

DELGADO, Mauricio Godinho, Curso de direito do trabalho. 11. ed. São Paulo: LTr, 2012.

Fernandes, Deborah Fonseca. Os fundamentos da teoria do abuso do direito. 2016. 201 f. Dissertação (Mestrado em Direito) - Pontifícia Universidade Católica de São Paulo, São Paulo, 2016, Disponível em: < https://tede2.pucsp.br/bitstream/handle/7043/1/Deborah%20Fonseca%20Fernandes.pdf> Acesso em maio de 2023.

Gaia, F. S. (2017). A estabilidade provisória da gestante e o diálogo da coerência: uma compreensão fenomenológica. Revista Eletrônica Do Curso De Direito Da UFSM, 12(2), 497–516. Disponível em: <https://doi.org/10.5902/1981369425518> Acesso em: maio de 2023.

MATO GROSSO, Tribunal Regional do Trabalho. Processo: 0000496-89.2019.5.23.0004. Relatora: Nicanor Fávero Filho, Data do Julgamento: 14/10/2019, 23ª Região, Data da Publicação: 14/10/2019, Disponível em: <https://www.jusbrasil.com.br/jurisprudencia/trt-23/1141173713/inteiro-teor-1141173734>. Acesso em: maio de 2023

MINAS GERAIS, Tribunal Regional do Trabalho. Processo: 00351-2012-038-03-00-9-RO, Relatora: Maria Raquel Ferraz Zagari Valentim, Data do Julgamento: 24/07/2012, 3ª região, Data da Publicação: 07/08/2012. Disponível em: <http://goo.gl/K5bzgF>. Acesso em: abril de 2016.

NASCIMENTO, Amauri Mascaro. Curso de direito do trabalho: história e teoria geral do direito do trabalho: relações individuais e coletivas do trabalho. 26. ed. São Paulo: Saraiva, 2011.

RIBEIRO, Henrique Franca. A estabilidade da gestante e a superação da Súmula 244 do TST, Universidade Federal de Santa Catarina, Florianópolis - SC, 2012. Disponível em: <http://goo.gl/qT4ex7>. Acesso em: maio de 2023.

SANTOS, Ariane Gomes dos. Estabilidade provisória da empregada gestante: reflexões e críticas. 2019. 206 f. Dissertação (Mestrado) – Faculdade de Direito da Universidade de São Paulo – São Paulo. Disponível em: < https://www.teses.usp.br/teses/disponiveis/2/2138/tde-03072020-

171318/publico/8336913_Dissertacao_Original.pdf> Acesso em: maio de 2023

PERNAMBUCO, Tribunal Regional do Trabalho. Processo: 0000048-58.2017.5.06.0102. Relatora: Maria do Socorro Silva Emerenciano, Data do Julgamento: 26/10/2018, 6ª Região, Data da Publicação: 31/10/2018, Disponível em: <https://www.jusbrasil.com.br/jurisprudencia/trt-6/643762957/inteiro-teor-643762967>. Acesso em: maio de 2023

TÚLIO, Rosemeri; CASAGRANDE, Shauã Martins. Estabilidade e Garantia de Emprego da Gestante. ANIMA: Revista Eletrônica do Curso de Direito das Faculdades OPET. Curitiba PR - Brasil. Ano IV, nº 9, jan/jun 2013. ISSN 2175-7119. Disponível em: <http://goo.gl/uqtC7L>. Acesso em: maio de 2023.

ALMEIDA, Camila Felipe. A estabilidade da gestante e as possibilidades de caracterização de abuso de direito em seu exercício. *In:* CERIZZE, Rosiris; CALAZA, Tales (Coord.). *Controvérsias e soluções jurídicas empresariais.* Uberlândia: Marco Teórico, 2024. pp. 137-150.

SUDAM E LEI DO BEM – MAPEAMENTO DOS SEUS BENEFÍCIOS FISCAIS E ANÁLISE DA POSSIBILIDADE DA SUA APLICAÇÃO CUMULATIVA

7

Flávia Souza Pacheco Marquez
Lívia Ignes Ribeiro De Lima

1. INTRODUÇÃO

O Sistema Tributário Brasileiro, embora demasiadamente oneroso e complexo, apresenta mecanismos que são capazes de reduzir a carga tributária das empresas que preenchem os requisitos para a sua aplicação. São eles os benefícios fiscais, cujo conhecimento e análise de viabilidade quanto à sua implementação são de importância fundamental para a identificação quanto à possibilidade de obtenção de maior eficiência tributária para as atividades econômicas das pessoas jurídicas.

Não existe, todavia, um conceito prescritivo positivo que defina o que seriam esses benefícios fiscais, estando essa expressão normalmente relacionada a outras expressões sinônimas ou abrangidas por ela, como "incentivos fiscais" e "isenções" (Moussalem; Ferreira; 2017), inclusive nos textos normativos e na Constituição Federal.

Nesse contexto, destacam-se, para o presente artigo, os incentivos fiscais federais oferecidos às empresas instaladas na região da Superintendência do Desenvolvimento da Amazônia – SUDAM e às empresas que desenvolvam pesquisas que acarretem em inovações para o desenvolvimento tecnológico das suas operações ou de terceiros alcançadas pela Lei do Bem (Lei nº 11.196/2005).

Na presente análise, enquadram-se empresas que, no exercício ordinário das suas atividades econômicas, em âmbito federal, ordinariamente, são contribuintes do Imposto sobre a Renda de Pessoas Jurídicas e Contribuição Social sobre Lucros Líquidos, apurados sob a sistemática do Lucro Real.

A fruição de incentivos fiscais federais propicia o incremento do resultado das empresas que os aplicam à sua operação, na medida em que reduzem sua carga tributária. Neste contexto, procura-se esclarecer se, à luz da legislação e da jurisprudência administrativa e judicial dominantes, podem ser aplicados, cumulativamente, os benefícios fiscais de: (a) redução do IRPJ e adicional previstos na Medida Provisória nº 2.199-14/2001 e normas relacionadas e (b) exclusão da base de cálculo do IRPJ e CSLL dos dispêndios incorridos com pesquisa tecnológica e desenvolvimento de inovação tecnológica (PD&I) classificáveis como despesas operacionais.

Pretende-se esclarecer, ainda, qual a forma de aplicação cumulativa dos referidos benefícios fiscais ou, caso não sejam aplicáveis cumulativamente, quais os riscos de eventual questionamento pelo Fisco federal, na hipótese de realizadas tais reduções/exclusões.

2. INCENTIVOS FISCAIS

2.1. SUDAM – NATUREZA, CARACTERÍSTICAS E ÂMBITO DE APLICAÇÃO

A Superintendência do Desenvolvimento da Amazônia - SUDAM é uma autarquia federal vinculada ao Ministério do Desenvolvimento Regional (antigo Ministério da Integração Nacional), com sede em Belém/PA, cujo compromisso é levar desenvolvimento includente e sustentável para os mais de 23 milhões de habitantes da Amazônia Legal, buscando oferecer igualdade de oportunidades e autonomia para a população por meio do planejamento, articulação e fomento de políticas públicas alinhadas à Política Nacional de Desenvolvimento Regional e ao Plano Regional de Desenvolvimento da Amazônia.

Para isso, atua em mais da metade do território nacional, nos estados do Acre, Amapá, Amazonas, Mato Grosso, Pará, Rondônia, Roraima, Tocantins e parte do Maranhão, considerando as riquezas naturais com diferentes biomas, a diversidade econômica, sociocultural, étnica e o potencial geopolítico e estratégico da região.

Frente ao desafio de colocar os instrumentos de desenvolvimento regional ao alcance de todos os segmentos sociais devido à grandiosidade da região amazônica e suas dimensões continentais, a SUDAM conta com um corpo técnico e instrumentos de ação voltados para a inclusão produtiva, o fortalecimento da infraestrutura regional e ao estimulo à inovação e à bioeconomia para viabilizar investimentos, fortalecer as instituições locais e trazer inclusão social e melhoria da qualidade de vida aos povos que ali vivem. (Brasil, 2021)

Nesse contexto, uma das frentes desenvolvidas pelo Governo Federal para viabilizar o plano de desenvolvimento da região foi a concessão de benefícios fiscais de dedução e reinvestimento do seu IRPJ destinado às empresas industriais ou agrícolas que lá se instalarem ou, ainda, modernizarem, ampliarem ou diversificarem suas áreas de atuação em setores definidos como prioritários para o desenvolvimento regional, de acordo com ato do Poder Executivo.

Esses incentivos fiscais são instrumentos da Política Nacional de Desenvolvimento Regional – PNDR, que visam estimular a formação do capital fixo e social nas Regiões da Amazônia e Nordeste, com o objetivo de gerar emprego e renda e estimular o desenvolvimento econômico e social.

Para fins de enquadramento e fruição dos benefícios fiscais da SUDAM, entende-se como:

1) instalação de empreendimento: o estabelecimento de nova unidade produtora para o desenvolvimento da atividade a ser explorada(Brasil, 2008);

2) projeto de diversificação: empreendimento destinado à introdução de uma ou mais linhas de produção na unidade produtora já estabelecida,

com ou sem exclusão das linhas de produção existentes, que resulte em produto diferente dos até então produzidos pela unidade produtora(Brasil, 2008);

3) projeto de modernização total: empreendimento destinado à introdução de novas tecnologias ou novos métodos ou meios mais racionais na linha de produção original ou, ainda, de alterações do produto, visando melhoria no processo produtivo ou no produto final capazes de apresentar resultados mais eficientes em relação ao processo produtivo ou à produção anterior, independentemente de alteração da capacidade real instalada do empreendimento(Brasil, 2008);

4) projeto de ampliação ou modernização parcial: empreendimento que implemente aumento da capacidade real instalada na linha de produção ampliada ou modernizada em, no mínimo vinte por cento, nos casos de empreendimentos de infraestrutura ou estruturadores; e cinquenta por cento, nos casos dos demais empreendimentos prioritários para o desenvolvimento regional (Brasil, 2008).

Por sua vez, a legislação também define um rol de setores prioritários que devem ser observados para a fruição dos benefícios fiscais, como, por exemplo, empreendimentos ligados à infraestrutura, representados pelos projetos de energia, telecomunicações, transportes, instalação de gasodutos, produção de gás, abastecimento de água e esgotamento sanitário ou, ainda, à fabricação de produtos farmacêuticos, considerados os farmoquímicos e medicamentos para uso humano (arts. 1º e 2º, do Decreto nº 4.212/2002).

Esse mesmo decreto também a define autoridade que reconhecerá o direito ao benefício e os procedimentos para sua concessão[1], que se dá mediante a

---

1 Decreto nº 4.212/2002 – Art. 3º O direito à redução do imposto sobre a renda das pessoas jurídicas e adicionais não-restituíveis incidentes sobre o lucro da exploração, na área de atuação da extinta SUDAM, será reconhecido pela unidade da Secretaria da Receita Federal do Ministério da Fazenda a que estiver jurisdicionada a pessoa jurídica, instruído com o laudo expedido pelo Ministério da Integração Nacional. § 1º O chefe da unidade da Secretaria da Receita Federal decidirá sobre o pedido em cento e vinte dias contados da respectiva apresentação do requerimento à repartição fiscal competente. § 2º

apresentação de requerimento por parte da empresa interessada à Secretaria da Receita Federal do Brasil à qual está circunscrita, instruído com laudo expedido pelo Ministério do Desenvolvimento.

Caso concedidos, a fruição desses benefícios ocorrerá a partir do ano-calendário subsequente ao da entrada em operação do projeto de instalação, ampliação, modernização ou diversificação, segundo laudo expedido pelo Ministério do Desenvolvimento Regional até o último dia útil do mês de março do ano-calendário subsequente ao do início da operação[2].

Nesse contexto, tem-se que os benefícios fiscais a serem concedidos resultam

---

Expirado o prazo indicado no § 1o, sem que a requerente tenha sido notificada da decisão contrária ao pedido e enquanto não sobrevier decisão irrecorrível, considerar-se-á a interessada automaticamente no pleno gozo da redução pretendida. § 3º Do despacho que denegar, parcial ou totalmente, o pedido da requerente, caberá impugnação para a Delegacia da Receita Federal de Julgamento, dentro do prazo de trinta dias, a contar da ciência do despacho denegatório. § 4º Torna-se irrecorrível, na esfera administrativa, a decisão da Delegacia da Receita Federal de Julgamento que denegar o pedido (Brasil, 2002)..

2   Medida provisória nº 2.199-14/2001 – Art. 1º, §1º. A fruição do benefício fiscal referido no caput deste artigo dar-se-á a partir do ano-calendário subsequente àquele em que o projeto de instalação, ampliação, modernização ou diversificação entrar em operação, segundo laudo expedido pelo Ministério da Integração Nacional até o último dia útil do mês de março do ano-calendário subsequente ao do início da operação. Caso o laudo seja expedido após o último dia do mês de março do ano-calendário ao do início/expansão da operação, a fruição do incentivo fiscal ocorrerá a partir do ano-calendário de expedição do referido laudo, nos termos do art. 1º, §2º, da mesma MP. (Brasil, 2001)

em (i) na redução de 75% do IRPJ e adicionais[34] devidos e calculados com base no lucro da exploração; (ii) na isenção do IRPJ e adicionais devidos e calculados com base no lucro da exploração[5] relativamente a empresas fabricantes de máquinas, equipamentos, instrumentos e dispositivos, baseados em tecnologia digital e (iii) possibilidade de reinvestimento de 30% do valor do IRPJ[6] calculado com base no lucro da exploração, na modernização ou complementação de equipamentos da empresa beneficiária.

Observe-se que a legislação determina que o cálculo desses benefícios fiscais deverá ser feito considerando como sua base o lucro da exploração da empresa, conceito que diverge do tradicional lucro real. No primeiro caso, considera-se o lucro líquido do período base, sem a dedução da provisão para o IRPJ, e

---

3 Medida provisória nº 2.199-14/2001 – Art. 1º Sem prejuízo das demais normas em vigor aplicáveis à matéria, a partir do ano-calendário de 2000, as pessoas jurídicas que tenham projeto protocolizado e aprovado até 31 de dezembro de 2023 para instalação, ampliação, modernização ou diversificação, enquadrado em setores da economia considerados, em ato do Poder Executivo, prioritários para o desenvolvimento regional, nas áreas de atuação da Superintendência do Desenvolvimento do Nordeste (Sudene) e da Superintendência do Desenvolvimento da Amazônia (Sudam), terão direito à redução de 75% (setenta e cinco por cento) do imposto sobre a renda e adicionais calculados com base no lucro da exploração. (Brasil, 2001)

4 A CSLL não recebe benefício no âmbito da SUDAM. Inclusive tramitam os Projetos de Lei nº 4416/21 e 4554/08 para prorrogar a outorga do benefício e incluir a CSLL.

5 Medida provisória nº 2.199-14/2001 – Art. 1º, §1º-A. As pessoas jurídicas fabricantes de máquinas, equipamentos, instrumentos e dispositivos, baseados em tecnologia digital, voltados para o programa de inclusão digital com projeto aprovado nos termos do caput terão direito à isenção do imposto sobre a renda e do adicional, calculados com base no lucro da exploração (Brasil, 2001).

6 Medida provisória nº 2.199-14/2001 – Art. 3º Sem prejuízo das demais normas em vigor sobre a matéria, fica mantido, até 31 de dezembro de 2023, o percentual de 30% (trinta por cento) previsto no inciso I do caput do art. 2º da Lei nº 9.532, de 10 de dezembro de 1997, para empreendimentos dos setores da economia que venham a ser considerados, em ato do Poder Executivo, prioritários para o desenvolvimento regional (Brasil, 2001).

considerados os ajustes indicados pelo art. 19 do Decreto-Lei nº 1.598/1977[7] e art. 626 do Regulamento do Imposto de Renda – RIR/2018[8].

Ressalta-se que a pessoa jurídica deve tomar por base, no cálculo do lucro da exploração, o lucro líquido apurado depois de ter sido deduzida a CSLL, embora

---

7 Lei nº 1.598/1977 – Art. 19. Considera-se lucro da exploração o lucro líquido do período-base, ajustado pela exclusão dos seguintes valores: I - a parte das receitas financeiras que exceder das despesas financeiras, sendo que, no caso de operações prefixadas, considera-se receita ou despesa financeira a parcela que exceder, no mesmo período, à correção monetária dos valores aplicados; II - os rendimentos e prejuízos das participações societárias; e III – outras receitas ou outras despesas de que trata o inciso IV do caput do art. 187 da Lei no 6.404, de 15 de dezembro de 1976; IV - (Revogado pelo Decreto-lei nº 2.303, de 1986) V - as subvenções para investimento, inclusive mediante isenção e redução de impostos, concedidas como estímulo à implantação ou expansão de empreendimentos econômicos, e as doações, feitas pelo poder público; e VI - ganhos ou perdas decorrentes de avaliação de ativo ou passivo com base no valor justo. (Brasil, 1977)

8 Decreto nº 9.580/2018 – Art. 626. Considera-se lucro da exploração o lucro líquido do período de apuração, observado o disposto no art. 259, antes de deduzida a provisão para o imposto sobre a renda, ajustado pela exclusão dos seguintes valores: I - a parte das receitas financeiras que exceder às despesas financeiras, observado o disposto no art. 404; II - os rendimentos e os prejuízos das participações societárias; III - as outras receitas ou despesas de que trata o inciso IV do caput do art. 187 da Lei nº 6.404, de 1976; IV - as subvenções para investimento, inclusive por meio de isenção e redução de impostos, concedidas como estímulo à implantação ou à expansão de empreendimentos econômicos, e as doações feitas pelo Poder Público; e V - os ganhos ou as perdas decorrentes de avaliação de ativo ou passivo com base no valor justo. § 1º No cálculo do lucro da exploração, a pessoa jurídica deverá tomar por base o lucro líquido apurado, depois de deduzida a CSLL. § 2º O lucro da exploração poderá ser ajustado por meio da adição ao lucro líquido de valor igual ao baixado de reserva de reavaliação, nas hipóteses em que o valor realizado dos bens objeto da reavaliação tenha sido registrado como custo ou despesa operacional e a baixa da reserva tenha sido efetuada em contrapartida à conta de: I - outras receitas de que trata o inciso IV do caput do art. 187 da Lei nº 6.404, de 1976; ou II - patrimônio líquido, não computada no resultado do mesmo período de apuração (Brasil, 2018)..

essa não seja dedutível na determinação do lucro real desde 1997[9].

Por sua vez, o lucro real é definido pelo art. 258 do RIR/2018[10] e considera o lucro líquido ajustado pelas adições, exclusões ou compensações legais autorizadas pelo próprio regulamento, anteriormente à apuração do lucro líquido.

Uma vez concedidos, os benefícios terão duração por 10 (dez) anos, constados a partir do ano-calendário referente ao início da sua fruição[11].

2.2. OS INCENTIVOS FISCAIS DE INOVAÇÃO TECNOLÓGICA – LEI Nº 11.196/05 E O DECRETO FEDERAL Nº 5.798/06

A Lei nº 11.196/2005, também conhecida como "Lei do Bem" em seu capítulo III (arts. 17 a 27), trata da inovação tecnológica, concedendo os seguintes incentivos fiscais:

2.2.1. EXCLUSÃO DE ATÉ 100% DOS DISPÊNDIOS COM INOVAÇÃO

---

9 Lei nº 9.316/1996 - Art. 1º O valor da contribuição social sobre o lucro líquido não poderá ser deduzido para efeito de determinação do lucro real, nem de sua própria base de cálculo. Parágrafo único. Os valores da contribuição social a que se refere este artigo, registrados como custo ou despesa, deverão ser adicionados ao lucro líquido do respectivo período de apuração para efeito de determinação do lucro real e de sua própria base de cálculo. (Brasil, 1996).

10 Decreto nº 9.580/2018 – Art. 258. O lucro real é o lucro líquido do período de apuração ajustado pelas adições, exclusões ou compensações prescritas ou autorizadas por este Regulamento. § 1º A determinação do lucro real será precedida da apuração do lucro líquido de cada período de apuração em observância às disposições das leis comerciais. § 2º Os valores que, por competirem a outro período de apuração, forem, para efeito de determinação do lucro real, adicionados ao lucro líquido do período de apuração, ou dele excluídos, serão, na determinação do lucro real do período de apuração competente, excluídos do lucro líquido ou a ele adicionados, respectivamente (Brasil, 2018)..

11 Medida provisória nº 2.199-14/2001 – Art. 1º. § 3o O prazo de fruição do benefício fiscal será de 10 (dez) anos, contado a partir do ano-calendário de início de sua fruição (Brasil, 2001).

TECNOLÓGICA

O benefício consiste em permitir a exclusão dos dispêndios com pesquisa tecnológica e desenvolvimento de inovação tecnológica (PD&I), classificáveis como despesas operacionais[12] pela legislação do Imposto sobre a Renda, do lucro real e da base de cálculo da CSLL em percentual que pode variar entre 60% e 100% da despesa[13].

O mínimo de 60% é assegurado na hipótese do Ministério da Ciência, Tecnologia, Inovações e Comunicação – MCTIC chancelar que os projetos de pesquisa e desenvolvimento realizados pela empresa beneficiária preenchem os requisitos legais e são caracterizados como inovadores. Contudo, para que o benefício fiscal seja aumentado deve-se atentar para (i) o incremento do número de pesquisadores contratados em relação ao ano anterior; e (ii) ao registro de patentes ou de cultivares como resultado do projeto de inovação[14].

Para que o benefício possa alcançar os 80% de exclusão do IRPJ e da CSLL, a

---

12 Conforme o art. 3º, § 1o do Decreto nº 5.798/06, podem também ser deduzidos os dispêndios com pesquisa tecnológica e desenvolvimento de inovação tecnológica contratadas no País com universidade, instituição de pesquisa ou inventor independente, desde que a pessoa jurídica que efetuou o dispêndio fique com a responsabilidade, o risco empresarial, a gestão e o controle da utilização dos resultados dos dispêndios.

13 Lei do bem – Art. 17. A pessoa jurídica poderá usufruir dos seguintes incentivos fiscais: I - dedução, para efeito de apuração do lucro líquido, de valor correspondente à soma dos dispêndios realizados no período de apuração com pesquisa tecnológica e desenvolvimento de inovação tecnológica classificáveis como despesas operacionais pela legislação do Imposto sobre a Renda da Pessoa Jurídica - IRPJ ou como pagamento na forma prevista no § 2o deste artigo.

14 Lei do Bem – Art. 19. Sem prejuízo do disposto no art. 17 desta Lei, a partir do ano-calendário de 2006, a pessoa jurídica poderá excluir do lucro líquido, na determinação do lucro real e da base de cálculo da CSLL, o valor correspondente a até 60% (sessenta por cento) da soma dos dispêndios realizados no período de apuração com pesquisa tecnológica e desenvolvimento de inovação tecnológica, classificáveis como despesa pela legislação do IRPJ, na forma do inciso I do caput do art. 17 desta Lei. § 1o A exclusão de que trata o caput deste artigo poderá chegar a até 80% (oitenta por cento) dos dispêndios em função do número de empregados pesquisadores contratados pela pessoa jurídica,

159

pessoa jurídica deve comprovar ter incrementado o número de pesquisadores contratados no ano-calendário de gozo do incentivo, com dedicação exclusiva, em percentual acima de 5% (cinco por cento).

Considera-se pesquisador contratado para fins do incentivo, "o pesquisador graduado, pós-graduado, tecnólogo ou técnico de nível médio, com relação formal de emprego com a pessoa jurídica que atue exclusivamente em atividades de pesquisa tecnológica e desenvolvimento de inovação tecnológica". Ou seja, o profissional deve ser funcionário da pessoa jurídica e dedicar-se exclusivamente às atividades de inovação, nos termos do art. 2º, III do Decreto nº 5.798/06.

Outro importante benefício fiscal garantido por essa legislação, é o que permite a exclusão do lucro líquido, na determinação do lucro real e da base de cálculo da CSLL, do valor correspondente a até 20% da soma dos dispêndios ou pagamentos vinculados a projetos de inovação tecnológica que seja objeto de patente concedida ou cultivar registrado. Em relação a este incentivo, os dispêndios e pagamentos serão registrados na Parte "B" do LALUR e excluídos no período de apuração da concessão da patente ou do registro do cultivar (§ 3o do art. 19 da Lei[15] e § 4º do art. 8º do Decreto nº 5.798/06[16]).

---

na forma a ser definida em regulamento.

15 Lei do Bem – Art. 19. Sem prejuízo do disposto no art. 17 desta Lei, a partir do ano-calendário de 2006, a pessoa jurídica poderá excluir do lucro líquido, na determinação do lucro real e da base de cálculo da CSLL, o valor correspondente a até 60% (sessenta por cento) da soma dos dispêndios realizados no período de apuração com pesquisa tecnológica e desenvolvimento de inovação tecnológica, classificáveis como despesa pela legislação do IRPJ, na forma do inciso I do caput do art. 17 desta Lei. § 3º Sem prejuízo do disposto no caput e no § 1º deste artigo, a pessoa jurídica poderá excluir do lucro líquido, na determinação do lucro real e da base de cálculo da CSLL, o valor correspondente a até 20% (vinte por cento) da soma dos dispêndios ou pagamentos vinculados à pesquisa tecnológica e desenvolvimento de inovação tecnológica objeto de patente concedida ou cultivar registrado.

16 "Art. 8º Sem prejuízo do disposto no art. 3o, a partir do ano-calendário de 2006, a pessoa jurídica poderá excluir do lucro líquido, na determinação do lucro real e da base de cálculo da CSLL, o valor corresponde a até sessenta por cento da soma dos dispêndios realizados no período de apuração com pesquisa tecnológica e desenvolvimento de

2.2.2. REDUÇÃO DE 50% DO IPI

Redução em 50% do Imposto sobre Produtos Industrializados - IPI incidente sobre bens do ativo fixo destinados à pesquisa tecnológica e desenvolvimento de inovação tecnológica[17].

A redução do IPI poderá ser aplicada <u>automaticamente</u> pelo estabelecimento industrial ou equiparado a industrial da pessoa jurídica beneficiária do incentivo na aquisição no mercado interno ou na importação de equipamentos, máquinas, aparelhos e instrumentos, bem como os acessórios sobressalentes e ferramentas que acompanhem esses bens, destinados à pesquisa e ao desenvolvimento tecnológico[18].

2.2.3. AMORTIZAÇÃO ACELERADA E DEPRECIAÇÃO INTEGRAL

A partir de 2008, com a edição da Medida Provisória nº 428/2008, convertida

---

inovação tecnológica, classificáveis como despesas pela legislação do IRPJ, na forma do inciso I do caput do art. 3o. § 4º Sem prejuízo do disposto no caput e no § 1o deste artigo, a pessoa jurídica poderá excluir do lucro líquido, na determinação do lucro real e da base de cálculo da CSLL, o valor de até vinte por cento da soma dos dispêndios ou pagamentos vinculados à pesquisa tecnológica e desenvolvimento de inovação tecnológica objeto de patente concedida ou cultivar registrado.

17 Lei do Bem – Art. 17 (...) II - redução de 50% (cinquenta por cento) do Imposto sobre Produtos Industrializados - IPI incidente sobre equipamentos, máquinas, aparelhos e instrumentos, bem como os acessórios sobressalentes e ferramentas que acompanhem esses bens, destinados à pesquisa e ao desenvolvimento tecnológico.

18 Decreto nº 5.798/06 – Art. 5º - A redução de cinquenta por cento do IPI de que trata o inciso II do caput do art. 3o será aplicada automaticamente pelo estabelecimento industrial ou equiparado a industrial, à vista de pedido, ordem de compra ou documento de adjudicação da encomenda, emitido pelo adquirente, que ficará arquivado à disposição da fiscalização, devendo constar da nota fiscal a finalidade a que se destina o produto e a indicação do ato legal que concedeu o incentivo fiscal. Parágrafo único. Na hipótese de importação do produto pelo beneficiário da redução de que trata o caput deste artigo, este deverá indicar na declaração de importação a finalidade a que ele se destina e o ato legal que autoriza o incentivo fiscal.

na Lei nº 11.774/2008, o benefício da depreciação acelerada passou a ser integral, ou seja, poderá ser feito no próprio ano da aquisição, sendo que os seus efeitos se estendem para a CSLL[19].

Embora temporal, o benefício fiscal de depreciação e amortização acelerada produz vantagens para a empresa beneficiária, na medida em que antecipa a dedução das despesas, postergando, por conseguinte, o pagamento do IRPJ e da CSLL. Para fins de apuração, a quota de depreciação acelerada ou integral constituirá exclusão do lucro líquido para fins de determinação do lucro real, sendo controlada no Livro de Apuração do Lucro Real – LALUR. Quando o total da depreciação acumulada, incluindo a contábil e a incentivada, ultrapassar o custo de aquisição do bem, o valor da depreciação deverá ser adicionado ao lucro líquido para efeito de determinação do lucro real (art. 6º do Decreto nº 5.798/2006).

Alternativamente, a pessoa jurídica poderá excluir da apuração do lucro real o saldo residual não depreciado ou não amortizado de determinados bens, no período de apuração em que for concluída sua utilização, desde que eles sejam destinados às seguintes atividades[20]: a) projetos de pesquisa e desenvolvimento

---

19 Lei do Bem – Art. 17 (...) III - depreciação integral, no próprio ano da aquisição, de máquinas, equipamentos, aparelhos e instrumentos, novos, destinados à utilização nas atividades de pesquisa tecnológica e desenvolvimento de inovação tecnológica, para efeito de apuração do IRPJ e da CSLL; (Redação dada pela Lei nº 11.774/2008, conversão da Medida Provisória nº 428/2008). IV - amortização acelerada, mediante dedução como custo ou despesa operacional, no período de apuração em que forem efetuados, dos dispêndios relativos à aquisição de bens intangíveis, vinculados exclusivamente às atividades de pesquisa tecnológica e desenvolvimento de inovação tecnológica, classificáveis no ativo diferido do beneficiário, para efeito de apuração do IRPJ.

20 Lei do Bem – Art. 20. Para fins do disposto neste Capítulo, os valores relativos aos dispêndios incorridos em instalações fixas e na aquisição de aparelhos, máquinas e equipamentos, destinados à utilização em projetos de pesquisa e desenvolvimento tecnológico, metrologia, normalização técnica e avaliação da conformidade, aplicáveis a produtos, processos, sistemas e pessoal, procedimentos de autorização de registros, licenças, homologações e suas formas correlatas, bem como relativos a procedimentos de proteção de propriedade intelectual, poderão ser depreciados ou amortizados na forma da

tecnológico; b) metrologia, normalização técnica e avaliação da conformidade, aplicáveis a produtos, processos, sistemas e pessoal; c) procedimentos de autorização de registros, licenças, homologações e suas formas correlatas, bem como relativos a procedimentos de proteção de propriedade intelectual.

Trata-se de benefício alternativo, que não poderá ser utilizado em relação aos mesmos ativos da pessoa jurídica beneficiária da depreciação integral ou da amortização acelerada. Há também previsão de que o valor excluído deverá ser controlado na parte B do LALUR e adicionado posteriormente, em cada período de apuração.

Diferentemente do incentivo do art. 3°, incs. III e IV do Decreto 5.798/06, este benefício também abarca os dispêndios incorridos em instalações fixas, além dos gastos com aquisição de aparelhos, máquinas e equipamentos, porém não exige que os bens sejam novos.

Ressalta-se que o aproveitamento desse benefício tem sido vetado, diante da dificuldade em comprovar a destinação específica dos bens adquiridos aos projetos de pesquisa desenvolvidos pela empresa e informados ao MCTI para enquadramento na Lei do Bem. Isso porque a maioria dos ativos acaba sendo utilizado também na linha de produção comum da empresa, o que desqualificaria o seu aproveitamento no âmbito da Lei do Bem.

---

legislação vigente, podendo o saldo não depreciado ou não amortizado ser excluído na determinação do lucro real, no período de apuração em que for concluída sua utilização. § 1o O valor do saldo excluído na forma do caput deste artigo deverá ser controlado em livro fiscal de apuração do lucro real e será adicionado, na determinação do lucro real, em cada período de apuração posterior, pelo valor da depreciação ou amortização normal que venha a ser contabilizada como despesa operacional. § 2o A pessoa jurídica beneficiária de depreciação ou amortização acelerada nos termos dos incisos III e IV do caput do art. 17 desta Lei não poderá utilizar-se do benefício de que trata o caput deste artigo relativamente aos mesmos ativos. § 3o A depreciação ou amortização acelerada de que tratam os incisos III e IV do caput do art. 17 desta Lei bem como a exclusão do saldo não depreciado ou não amortizado na forma do caput deste artigo não se aplicam para efeito de apuração da base de cálculo da CSLL.

2.2.4. DEMAIS REQUISITOS E PREVISÕES DA LEI DO BEM QUANTO AO APROVEITAMENTO DOS BENEFÍCIOS FISCAIS DE INOVAÇÃO TECNOLÓGICA

É importante ressaltar que para a fruição dos referidos incentivos fiscais, a Lei impõe como requisito que os dispêndios e pagamentos com PD&I sejam controlados contabilmente em contas contábeis específicas. Também se exige a comprovação da regularidade fiscal da pessoa jurídica[21].

O objetivo da norma é permitir o acesso das autoridades fiscais ao controle dos gastos realizados com PD&I, facilitando a fiscalização através da análise da contabilidade da empresa. De toda forma, é muito importante que seja possível à eventual fiscalização a identificação da natureza dos gastos com os projetos de PD&I desenvolvidos pela empresa.

O gozo dos benefícios fiscais da Lei do Bem também fica condicionado à comprovação da regularidade fiscal da pessoa jurídica (Art. 12 do Dec. 5.798/2006, em cumprimento ao disposto no Art. 19 da Instrução Normativa RFB n° 1187/2011).

Ademais, a pessoa jurídica beneficiária dos incentivos da Lei do Bem fica obrigada a prestar informações ao MCTIC em meio eletrônico, conforme instruções por este estabelecidas, sobre seus programas de pesquisa tecnológica e desenvolvimento de inovação tecnológica (Art. 14 do Dec. 5.798/2006).

A documentação relativa à utilização dos incentivos da Lei do Bem deverá ser mantida pela pessoa jurídica beneficiária à disposição da fiscalização da Secretaria da Receita Federal, durante o prazo prescricional. (Parágrafo 1°, do Art. 14, do Dec. 5.798/2006).

---

21 Lei do Bem – Art. 22. Os dispêndios e pagamentos de que tratam os arts. 17 a 20 desta Lei: I - serão controlados contabilmente em contas específicas; e II - somente poderão ser deduzidos se pagos a pessoas físicas ou jurídicas residentes e domiciliadas no País, ressalvados os mencionados nos incisos V e VI do caput do art. 17 desta Lei. Art. 23. O gozo dos benefícios fiscais e da subvenção de que tratam os arts. 17 a 21 desta Lei fica condicionado à comprovação da regularidade fiscal da pessoa jurídica.

3. ANÁLISE DA POSSIBILIDADE DE CUMULAÇÃO DOS BENEFÍCIOS FISCAIS OUTORGADOS PELA SUDAM E LEI DO BEM

Diante de todo o exposto, é possível concluir que a fruição dos incentivos fiscais de redução e reinvestimento do IRPJ no âmbito da Sudam estão condicionados apenas a, concomitamente, que a beneficiária:

a) seja empresa industrial ou agrícola;

b) seja tributada pelo lucro real;

c) esteja instalada na área de atuação da Sudam;

d) se instale ou, ainda, modernize, amplie ou diversifique a sua área de atuação;

e) opere em algum dos setores definidos pelo Governo Federal como prioritários para o desenvolvimento regional da área atendida pela Sudam;

f) submeta requerimento e obtenha o deferimento do pleito para fruição desses incentivos fiscais;

e) a redução do IRPJ seja calculada com base no lucro de exploração da empresa.

Por sua vez, os incentivos fiscais concedidos pela Lei do Bem somente serão aplicáveis às empresas que, concomitamente:

a) realizarem projetos de pesquisa tecnológica e desenvolvimento de inovação tecnológica (PD&I) e prestarem as informações pertinentes ao MCTIC;

b) forem tributadas pelo lucro real;

c) aufiram lucro fiscal no ano-calendário de desenvolvimento das pesquisas;

d) realizarem a segregação contábil dessas despesas;

e) comprovarem a regularidade fiscal integral no ano-calendário de realização das pesquisas;

f) prestarem todas as informações necessárias ao MCTIC por meio de formulário eletrônico;

g) tiverem seus projetos de pesquisa e desenvolvimento aprovados pelo MCTIC.

Percebe-se, assim, que não há vedação legal que proíba a aplicação cumulativa dos dois programas de incentivos fiscais, bem como que eles afetam a apuração do IRPJ da empresa beneficiária de forma distinta.

No âmbito da Sudam, tem-se um percentual de redução aplicado, diretamente, sobre o imposto de renda e respectivo adicional, calculado a partir do lucro da exploração da empresa beneficiária, enquanto no âmbito da Lei do Bem, tem-se a título de incentivo, a exclusão dos dispêndios incorridos com os projetos de inovação e desenvolvimento tecnológico na apuração do lucro real da beneficiária o que impacta a apuração do IRPJ, respectivo adicional e também o valor devido a título de CSLL.

Ou seja, no primeiro caso (Sudam), deduz-se um valor efetivo do imposto e respectivo adicional a recolher, diferentemente do segundo caso (Lei do Bem) em que há um ajuste na base de cálculo do imposto que impacta o montante final a ser recolhido.

Em situação análoga, por exemplo, é possível a aplicação dos benefícios da Sudam conjuntamente aos do Programa de Alimentação do Trabalhador – PAT, hipótese em que, nos termos do art. 9º, da IN nº 267/2002, a pessoa jurídica beneficiada poderá utilizar o incentivo fiscal do PAT, calculado dentro dos limites fixados para as demais pessoas jurídicas, considerando o imposto que seria devido, caso não houvesse a isenção ou redução[22].

Este dispositivo, aliado aos que definem a forma de cálculo do lucro de

---

22 Instrução Normativa - IN nº 267/2002 – Art. 9º A pessoa jurídica beneficiada com isenção ou redução do imposto na forma dos arts. 70 a 77 e 81 a 88, que executar PAT nos termos desta Seção poderá utilizar o incentivo fiscal previsto no art. 2º, calculado dentro dos limites fixados para as demais pessoas jurídicas, considerando o imposto que seria devido, caso não houvesse a isenção ou redução. Parágrafo único. A base de cálculo para o incentivo será o total dos dispêndios comprovadamente realizados em conformidade

exploração, permitem concluir, por analogia, que o benefício de redução/rein-vestimento do IRPJ (Sudam) deve ser calculado após a exclusão do incentivo da Lei do Bem, desde que os dispêndios em projetos de inovação tecnológica sejam inerentes ao lucro da exploração.

Isso porque, na hipótese em que os projetos de inovação tecnológica incenti-vados pela Lei do Bem são inerentes ao lucro da exploração, tais dispêndios afe-tam tanto a apuração do lucro real[23] quanto a apuração do lucro da exploração.

Ou seja, para apuração do IRPJ efetivamente devido, a empresa beneficiária deve, primeiro, ajustar o seu lucro líquido de acordo com as despesas realizadas no âmbito dos projetos de P&D e, após, realizar as exclusões pertinentes a partir dessa base de cálculo para obtenção do lucro de exploração, sobre o qual será calculado o IRPJ inicialmente devido.

Cumpre ressaltar que o benefício fiscal outorgado pela Sudam não alcança a CSLL, de modo que a redução de 75% incide somente sobre o imposto devido e adicional correspondente. Ou seja, no caso da CSLL, o impacto da Lei do Bem é similar a qualquer empresa em outras regiões do Brasil, pois a CSLL não possui isenção nos mesmos termos do IRPJ e adicional na Sudam.

Nesse cenário, sobre o imposto devido encontrado, aplica-se o percentual de redução de 75% e se chega ao valor a ser efetivamente recolhido a título de IRPJ. Assim, tem-se o seguinte cenário, por amostragem:

---

com projetos aprovados pelo MTE, observado o disposto nos arts. 2º e 7º.

23 Decreto nº 1.598/1977 – A rt 6º - Lucro real é o lucro líquido do exercício ajustado pelas adições, exclusões ou compensações prescritas ou autorizadas pela legislação tributária. §1º - O lucro líquido do exercício é a soma algébrica de lucro operacional (art. 11), dos resultados não operacionais, do saldo da conta de correção monetária (art. 51) e das par-ticipações, e deverá ser determinado com observância dos preceitos da lei comercial. RIR/2018 - Art. 259. O lucro líquido do período de apuração é a soma algébrica do lucro operacional, das demais receitas e despesas, e das participações, e deverá ser determinado em observância aos preceitos da lei comercial.

Faturamento bruto	R$ 1.000.000,00
Custos/Despesas	R$ 400.000,00
Lucro líquido antes do incentivo P&D	R$ 600.000,00
Exclusão incentivo P&D	R$ 100.000,00
Lucro real e base CSLL c/exclusão incentivo P&D	R$ 500.000,00
Lucro real da exploração	R$ 500.000,00
Alíquota IRPJ	15%
Alíquota Adicional - IRPJ	10%
CSLL	9%
IRPJ+Adicional e CSLL original	R$ 180.000,00
IRPJ+Adicional e CSLL - Incentivo P&D	R$ 146.000,00
IRPJ+Adicional - Incentivo P&D	R$ 101.000,00
CSLL - Incentivo P&D	R$ 45.000,00
Benefício Incentivo P&D	**R$ 34.000,00**
Redução Sudam	75%
IRPJ+Adicional Devido c/ Incentivo P&D e SUDAM	25.250,00
Benefício - Redução SUDAM (base P&D)	**R$ 75.750,00**
IRPJ+Adicional e CSLL Devidos (P&D + SUDAM)	**R$ 70.250,00**

A despeito de todo o arcabouço legal supra examinado, fato é que não existe posicionamento específico dos Tribunais, ou da Receita Federal, quanto à aplicação cumulativa desses benefícios, tampouco da forma de cálculo a ser adotada para o IRPJ nessas situações, deixando o contribuinte mais conservador dependente de medida administrativa ou judicial que chancele a sua possibilidade de aproveitamento cumulativo desses incentivos.

4. CONCLUSÃO

Percebe-se, portanto, que o tratamento de benefícios fiscais de qualquer natureza nunca é simples. Por estar inserido em uma legislação majoritariamente truncada, confusa e, por vezes, até contraditória, o contribuinte que deseje aplicar incentivos fiscais à sua atividade deve sempre realizar análise minuciosa sobre os requisitos de aplicabilidade desses incentivos e o seu preenchimento, bem como o alcance e repercussões que a adoção dessas benesses pode ter no seu negócio.

Especificamente no caso dos benefícios fiscais da Sudam e da Lei do Bem, é possível concluir que a sua aplicabilidade incide em momentos distintos da apuração do IRPJ e respectivo adicional devido.

Para a Sudam, considera-se uma redução efetiva do imposto a ser pago, aplicando-se a redução de 75% do IRPJ concedida sobre o lucro da exploração da atividade, que é obtido a partir do ajuste do seu lucro líquido.

Para a Lei do bem, por sua vez, considera-se um ajuste na base de cálculo do imposto a ser realizado com a exclusão dos dispêndios incorridos com projetos de inovação tecnológica para fins de apuração do lucro real.

Na hipótese em que os dispêndios com inovação tecnológica incentivados pela Lei do Bem guardem conexão com a atividade desenvolvida na área da SUDAM, a apuração do lucro da exploração já deverá considerar as exclusões incentivadas autorizadas pela Lei do Bem, visto que elas são aplicadas na apuração do lucro real.

A redução de 75% do IRPJ e respectivo adicional concedida aos empreendimentos beneficiários do incentivo fiscal da Sudam incidirá, portanto, sobre o imposto calculado a partir de uma base de cálculo obtida após as exclusões da Lei do Bem e as exclusões aplicáveis ao lucro da exploração.

Entretanto, diante da escassez jurisprudencial sobre o tema e com decisões tanto pela aplicação quanto pela impossibilidade de utilização cumulativa, a apuração desses benefícios pode atrair questionamentos por parte da Receita Federal, sendo recomendável a elaboração de Consulta Formal à RFB ou ajuizamento de medida judicial a fim de obter posicionamento expresso quanto à possibilidade de aplicação dos incentivos fiscais nos moldes acima descritos.

REFERÊNCIAS

BRASIL. *Decreto nº 4.212, de 26 de abril de 2002*. Brasília, DF. Atos do Poder Executivo: Publicado(a) no Diário Oficial da União de 29 de abril de 2002, edição: 81, seção 1, p. 1.

BRASIL. *Decreto nº 5.798, de 07 de junho de 2006*. Brasília, DF. Atos do Poder Executivo: Publicado(a) no Diário Oficial da União de 08 de junho de 2006, edição: 109, p. 1.

BRASIL. *Decreto nº 6.539, de 18 de agosto de 2008.* Brasília, DF. Atos do Poder Executivo: Publicado(a) no Diário Oficial da União de 19 de agosto de 2008, edição: 159, seção 1, p. 1.

BRASIL. *Decreto nº 9.580, de 22 de novembro de 2018.* Brasília, DF. Atos do Poder Executivo: Publicado(a) no Diário Oficial da União de 23 de novembro de 2018, edição: 225, seção 1, p. 57.

BRASIL. *Decreto-Lei nº 1.598, de 26 de dezembro de 1977.* Brasília, DF. Atos do Poder Executivo: Publicado(a) no Diário Oficial da União de 27 de dezembro de 1977.

BRASIL. *Instrução Normativa SRF nº 267, de 23 de dezembro de 2002.* Brasília, DF. Atos do Poder Executivo: Publicado(a) no Diário Oficial da União de 27 de dezembro de 2002, seção 1, p. 246.

BRASIL. *Lei nº 9.316, de 22 de novembro de 1996.* Brasília, DF. Atos do Poder Legislativo: Publicado(a) no Diário Oficial da União de 23 de novembro de 1996, edição extra: 227-A, seção 1, p. 1.

BRASIL. *Lei nº 9.532, de 10 de dezembro de 1997.* Brasília, DF. Atos do Poder Legislativo: Publicado(a) no Diário Oficial da União de 11 de dezembro de 1997, edição: 241, seção 1, p. 12.

BRASIL. *Lei nº 11.196, de 21 de novembro de 2005.* Brasília, DF. Atos do Poder Legislativo: Publicado(a) no Diário Oficial da União de 22 de novembro de 2005, edição: 223, seção 1, p.3.

BRASIL. *Medida provisória nº 2.199-14, de 24 de agosto de 2001.* Brasília, DF. Atos do Poder Executivo: Publicado(a) no Diário Oficial da União de 27 de agosto de 2001, edição extra: 164-E, seção 1, p.63.

BRASIL. Ministério do Desenvolvimento Regional. *Superintendência do Desenvolvimento da Amazônia.* 08 fev. 2021. Disponível em: https://www.gov.br/sudam/pt-br/composicao/ministro. Acesso em: 13 mai.2023

MOUSSALLEM, Tárek Moysés; FERREIRA, Stéfano Vieira Machado. *Notas* para uma *Definição do Conceito Científico-Jurídico de "Benefícios Fiscais"*. Revista Brasileira de Direito Tributário e Finanças Públicas, Porto Alegre: Magíster, v. 11, n. 63, p. 76-87, jul./ago. 2017.

MINISTÉRIO DO DESENVOLVIMENTO REGIONAL. *Superintendência do Desenvolvimento da Amazônia*. 08 de fevereiro de 201. Disponível em: https://www.gov.br/sudam/pt-br/composicao/ministro. Acesso em: 13 de maio de 2023.

MARQUEZ, Flávia Souza Pacheco; LIMA, Lívia Ignes Ribeiro de. SUDAM e Lei do Bem – Mapeamento dos seus benefícios fiscais e análise da possibilidade da sua aplicação cumulativa. *In:* CERIZZE, Rosiris; CALAZA, Tales (Coord.). *Controvérsias e soluções jurídicas empresariais.* Uberlândia: Marco Teórico, 2024. pp. 151-171.

A CLÁUSULA DE *NON COMPETE* APLICADA AOS CONTRATOS DE FRANQUIA: A MITIGAÇÃO E A MANUTENÇÃO À LIVRE CONCORRÊNCIA.

8

Lorena Silva Almeida
Tatiana Borges Castejon

1. INTRODUÇÃO

No âmbito concorrencial, é cristalino o entendimento do princípio basilar da livre concorrência, que oportuniza uma dinâmica fluída ao mercado. Outras bases imprescindíveis do direito empresarial e concorrencial, são a boa-fé, *pacta sunt servanda* e da livre iniciativa, que somados têm a finalidade da preservação de mercado.

Desta feita, para entender qualquer assunto no âmbito econômico e de mercado, bem como da relação de franquia, necessário se faz uma breve explanação sobre estes conceitos, como também, uma breve menção ao modelo de negócio de franquia, para assim, visualizar a posição do franqueado e franqueador integrado ao mercado, e enfim, adentrar na importância da cláusula de *non compete* aplicada a esta relação.

O presente artigo, visa entender as limitações contidas dentro de um contrato de franquia, visando frear a concorrência desleal que pode vir a surgir na relação franqueador/franqueado, principalmente no que tange a usurpação das técnicas, sistemas, organização e todo o modelo de negócio com o encerramento do contrato, bem como o desvio de clientela, se utilizando do renome da marca.

É nesse cenário que surge a chamada cláusula de *non compete*, que em sua tradução literal significa, cláusula de não concorrência, mas podem ser encontradas com outras nomenclaturas como, cláusula restritiva, de não reestabelecimento ou, de interdição da concorrência, e se trata justamente de uma ferramenta que visa prevenir a prática da concorrência desleal.

Nesse sentido, importante entender o real objetivo da aplicação desta cláusula aos contratos de franquia, quer seja, justamente, a preservação do mercado e a proteção do modelo de negócio do empresário, responsável pela franqueadora. Impondo, desse modo, limitações a livre iniciativa e a livre concorrência com a finalidade de sanar a concorrência desleal, o que por si só se justifica.

Por fim, após o entendimento das premissas conceituais, bem como uma visão do modelo de negócio de franquia aplicado a dinâmica do mercado, será possível concluir sobre a legitimidade das limitações imposta à relação entre franqueado e franqueadora, que se estende para depois do encerramento do contrato, entendendo os limites e requisitos à sua aplicação.

2. A LIVRE INICIATIVA E A LIVRE CONCORRÊNCIA COMO SEU COROLÁRIO

É refletindo, tanto no contexto econômico global, quanto na interferência da gestão rápida das informações, proporcionadas pela dinamicidade econômico social que balizam a criação de empresas e franquias, bem como as novações jurídicas promovida pela Lei nº 13.966 de 2019, popularmente conhecida como Lei de Franquia, e, também, pela Lei da Liberdade Econômica (Lei nº 13.874 de 2019), ambas visualizadas sob a ótica do artigo 1.147 do Código Civil, que surge a necessidade de trazer ao debate as possibilidades, relações e limitações instituídas neste campo.

Tudo isto a partir de uma visão crítica e fundamentada, no que tange, principalmente, à interferência da nova lei na prática e as questões atinentes à Liberdade Econômica. Neste viés, torna-se imperioso, de pronto, trazer ao debate questões quanto a Livre Iniciativa e a Livre Concorrência, temas sensíveis e presentes no texto constitucional, cito artigos: 1º, inciso IV e artigo 170, inciso IV e seu parágrafo único, ambos da Constituição Federal de 1988.

Destaca-se que, no contexto brasileiro a semente da livre iniciativa e livre concorrência surgem com a Constituição de 1934, quando passam a ser depreendidas como, de acordo com o entendimento de Afonso José da Silva (1999, p.767-768), uma possibilidade de exercer atividade econômica e identificar as facilidades do mercado, para administrar suas eficiências, limitações e lucros, tudo isto em consonância com os parâmetros impostos pelo Estado.

Assim, verifica-se que a liberdade está pautada no exercício regular da atividade econômica; perspicaz se faz, portanto, a análise das entrelinhas existentes no que se diz regular, haja vista que a regularidade é justamente a forma de "controle" e "limitação" que decorre da lei, vez que o Estado devida atuar como terceiro imparcial, amparado pela neutralidade mediante o fenômeno concorrencial.

Desta feita, verifica-se, em consenso com o percebido por Eros Grau (2000, p. 239), que o caráter puro e completamente absoluto da livre iniciativa nunca existiu em toda a sua amplitude e extensão conceitual, isto tendo em vista que até nos momentos em que o liberalismo se encontrava no seu clímax, o Estado se mantinha presente e vinculado às questões econômicas. Assim, o estado sempre se fez presente, não sendo inteiramente omisso às questões atinentes à atividade econômica, de modo que utiliza de seu caráter administrativo, exercendo o poder de polícia, para garantir medidas que atendam ao interesse público e geral.

Nestes termos, fica evidente que a livre concorrência encontra intima relação com a livre iniciativa, relação essa que se faz tanto de forma antagônica, quanto de forma complementar. Ocorre que a livre iniciativa, não se restringe apenas na ideia de liberdade para ingressar no mercado, mas, também, na ideia de se manter no mercado sem grandes interferências do estado e sem ser obstaculizada por outros agentes econômicos, daí que parte o entendimento e a necessidade de uma livre concorrência, pautada na coabitação pacífica e concorrencial das empresas.

Desta forma, a liberdade de competir está associada à liberdade para comercializar, bem como a livre iniciativa está vinculada, conceitualmente, à livre concorrência. Assim, é desta liberalidade e das mais vastas possibilidades que surge a necessidade de assegurar ao empresário uma concorrência justa e leal, por isso, mesmo quando se pensa em proteger a concorrência, ampliando a oferta, se faz necessário pensar em proteger o mercado, amparando as empresas e assegurando a sua liberdade econômica sem gerar riscos irretratáveis ao mercado.

Entretanto, na seara empresarial, manter tais conceitos, que são intrinsicamente relacionados, separados é fundamental; tendo em vista a necessidade de análise do viés econômico e comercial da empresa, vez que o que se pleiteia é o lucro, e para auferir mais lucro é interessante que haja a liberdade de iniciativa e que seja eliminada a concorrência. Por isso, há sempre a necessidade de perceber de tal temática de uma forma crítica e sagaz, isto para evitar que os institutos e princípios sejam usados para desvirtuar o mercado e enriquecer apenas parte dos detentores do poder econômico, impedindo o desenvolvimento equânime do mercado.

3. A LIVRE CONCORRÊNCIA NA SEARA EMPRESARIAL E A INCIDÊNCIA DE LIMITAÇÕES

A livre concorrência pode ser analisada por um viés de duplicidade, estando amparada de um lado pelo conceito de liberdade de ingresso e manutenção da empresa no mercado, do outro, se figurando, como um meio de instrumentalização do controle e do exercício da atividade alheia, sendo, portanto, uma exceção à livre iniciativa, apesar de intrinsicamente relacionada à esta.

Neste sentido, é imperioso dizer que a livre concorrência é um dos princípios da ordem econômica, fundada na valorização do trabalho humano e na livre iniciativa, o que encontra amparo constitucional no já suscitado artigo 170, inciso

IV, da Constituição, que noutras palavras dispõe serem todos livres para empreender, desde que referido ambiente de competição seja sadio, leal e busque auferir a mais ampla lucratividade.

Nota-se que há a liberdade de concorrer, estrutural e empresarialmente os mercados, entretanto, principalmente os mais concentrados, tendem a promover e a viabilizar as condutas anticompetitivas. Isto, com a finalidade clara de auferir mais lucro e extirpar a concorrência, o que fere justamente o próprio princípio em seu intento original, o gera influência diretamente na relação entre mercado e consumidor.

Assim, tutelar a livre concorrência, possibilitaria uma proteção bilateral, gerando proteção ao consumidor e garantindo uma estrutura de mercado mais ampla e menos concentrada, bem como ampliando as possibilidades de competição, qualidade e inovação dentro do próprio mercado.

Nesta esteira é indispensável, portanto, resguardar a análise de que a as limitações à livre concorrência e a livre iniciativa devem ser vistas como excepcionais, devendo ser admitidas juridicamente apenas quando obedecidos os rigorosos critérios, a serem sopesados e verificados no que tange a cláusula de não concorrência.

3.1. FINALIDADE DA LIVRE CONCORRÊNCIA

Nesta senda, é possível vislumbrar que a livre concorrência possui uma finalidade volátil, tendo em vista que assume, de fato, diversas e múltiplas funções. Quanto à função econômica, é imperioso destacar que esta consiste na tutela do processo competitivo para ampliar o poder econômico, bem como o bem-estar econômico, ampliando as possibilidades disponíveis no mercado para o consumidor.

Lado outro, tem-se as funções não econômicas que abrangem uma multiplicidade de objetivos concorrenciais, apesar de declaradamente não econômicas, permeiam tais finalidades. Desta feita, as normas que defendem a existência da concorrência resvalam nas questões de distribuição de oportunidades, de dispersão de poder financeiro, de controle e concentração do poder político-social, bem como nas questões de lealdade aplicável nas práticas comerciais e o controle da inflação.

Nota-se que, sob referida ótica, a livre concorrência é tida como algo benéfico e pacificador do mercado. Entretanto, existem diversas formas de concorrência, inclusive meios que são considerados desleais; é daí que surge a necessidade de ponderar referido princípio em sua aplicação prática no mercado.

3.2. A CONCORRÊNCIA DESLEAL

Nesta senda, considerando que o tema principal guarda estrita ligação com a concorrência desleal, cabe destacar que não há um rol taxativo de práticas que determine o que deve ser considerado como esta atividade. Destaca-se outrora que a Lei n. 9.279/96, regula direitos e obrigações relativos à propriedade industrial, e dispõe quanto à existência do crime neste âmbito, enumerando uma série de práticas capazes de configurar a concorrência desleal, entretanto, não o faz de forma taxativa.

Contudo, na área civil, no que tange a necessidade de reparação de danos, os atos que tornam a concorrência desleal algo factível, não se limitam aos dispositivos que compõe a referida lei, desta forma é facultado ao juiz reconhecer, por meio de seu livre convencimento, se há ou não a prática ilícita, isto através de uma análise dos fatos apresentados e provados pelas partes.

Desta forma, cabe enaltecer que não é evidente a prática de concorrência desleal, no sentido de que a análise deve ser realizada caso a caso, e pautada de muita parcimônia por parte do magistrado, vez que a Constituição assegura a liberdade de iniciativa e a livre concorrência, ambos preceitos que acabam influindo no entendimento do que pode vir a ser considerado concorrência desleal ou não.

Destaca-se que no Direito Contratual, a cláusula de não concorrência, pode ser definida, na mais básica de suas conceituações como uma disposição sob a qual uma das partes da relação jurídica constituída aquiesce em não entrar, ou iniciar uma profissão, ou comércio que tenha nicho semelhante, concordando, portanto, em não declarar concorrência frente a outra parte. Nesta seara, entendem os tribunais que referidas cláusulas são "pactuações restritivas", ou seja, são cláusulas negativas que impedem a realização de determinado ato, portanto limitam o mercado.

Destaca-se que para a doutrina a classificação de concorrência desleal, segue, nos termos de Gama Cerqueira a seguinte classificação:

> meios tendentes a criar confusão entre estabelecimentos comerciais e industriais ou entre produtos e artigos postos no comércio, aos quais se equiparam os serviços oferecidos por uma empresa ou estabelecimento; b) meios tendentes a prejudicar a reputação ou os negócios alheios (denegrimento); c) aliciamento e suborno de empregados; d) divulgação ou exploração de segredos de fábrica e divulgação ou utilização de segredos de negócio; e) violação de contratos. (CERQUEIRA, 1956, p.376)

Ressalta-se que mediante referida classificação fica evidente a relação entre a concorrência considerada desleal e a necessidade de previsão contratual, inclusive, atualmente muito suscitada pelas franquias, da cláusula de *non compete*. Nota-se que há uma relação, entretanto não há uma equidade, haja vista que a concorrência desleal é ato praticado, e a clausula de *non compete* funciona como dispositivo de tutela.

Fica claro portanto, diante de todo o exposto, que a clausula de não competição decorre de um negócio jurídico no qual se convencionou a não concorrência, sendo necessário examinar a validade e a eficácia de referido ajuste. Nesta senda, destaca-se que a concorrência em si é que é combatida pela existência de referida cláusula, haja vista que estipular referida avença inibe a competição, de modo que a violação da norma enseja na ruptura de negócio jurídico.

Neste viés é importante destacar que o controle concorrencial é exercido pelo CADE - Conselho Administrativo de Defesa Econômica e pela Secretaria de Acompanhamento Econômico do Ministério da Fazenda - SEAE, entidades que compõem o SBDC – Sistema Brasileiro de Defesa da Concorrência, que possui o objetivo claro de regular a concorrência e estabelecer parâmetros viáveis de mercado.

Cumpre destacar, que o referido conselho, se trata de um órgão do governo federal criado pela Lei n° 4.137/62 e responsável pela promoção da livre concorrência e defesa da ordem econômica. Além disso, o CADE, segundo o art. 4º da referida lei, é uma entidade com jurisdição em todo o território nacional, que se constitui em autarquia federal, vinculada ao Ministério da Justiça, com sede e foro no Distrito Federal, e competências previstas nesta Lei.

Assim, tal órgão, analisa, julga e decide sobre a existência de infrações à ordem econômica, instaurando processos administrativos e penalidades conforme cabível e, nesse diapasão, a CADE já analisou assuntos no âmbito da cláusula de não concorrência, a fim de impor limites para que seja uma ferramenta importante para frear a concorrência desleal, conforme será melhor descriminado nos tópicos seguintes.

Nesse sentido, é possível compreender que há uma ligação entre a limitação da concorrência e a necessidade de preservação do mercado, que encontra contraste na visão do consumidor, o qual, por sua vez, preza pela necessidade de concorrência para auferir sempre do melhor serviço e do melhor produto. Lado outro, existe o pensamento das empresas e principalmente das franquias, que se pautam na ideia de manutenção do mercado – próprio e individualizado – sendo imperioso compreender o propósito de referida limitação para a conservação do próprio mercado.

3.3 O PROPÓSITO DE LIMITAÇÃO À CONCORRÊNCIA PARA PRESERVAÇÃO DO MERCADO

A limitação da concorrência, tem o propósito basilar de restringir a quantidade de oferta no mesmo nicho de mercado, preservando a clientela. Neste sentido, cabe enaltecer que o mercado inadmite, na teoria, que a clientela seja conquistada por meio de práticas desleais; desta feita há também a repressão por parte do ordenamento jurídico, tudo isto para que sejam preservados os princípios corolários outrora citados.

Ressalta-se que manter a clientela é possibilitar a manutenção das atividades empresariais, de modo que, a necessidade desta limitação encontra legitima relação com a conservação do mercado. Dessa forma, para que exista a empresa é necessário que exista o cliente, portanto, o mercado. Nesse diapasão, verificar a relação das franquias e franqueadas com seus nichos é de extrema importância para a análise da clausula de *non compete* no âmbito das franquias.

Lado outro, cabe destacar que ao fazer restrições e limitações à concorrência se preserva o mercado, justamente por manter aberta a necessidade, ou seja, por alimentar o ciclo empresarial, que depende da existência do consumidor; tudo isto, tendo em vista que não há necessidade de qualquer atividade empresária se esta não guardar relação com determinado público, e ao seu final não ensejar lucro.

Relacionada com as balizas da lealdade e da boa-fé, se torna imprescindível discutir e analisar a necessidade de implementação das cláusulas de *non compete* em contratos de relação de franquia, haja vista que esta possui uma estrutura particular em que o público-alvo da franqueada e da franqueadora coincidem. Desta forma, com a intenção de dirimir de forma mais ampla sobre a cláusula de *non compete* nos casos das franquias é que se faz necessário rememorar alguns dos conceitos básicos, que serão discutidos a frente.

4. A CLÁUSULA DE *NON COMPETE*

Diante de todo o exposto fica evidente que há uma intrínseca relação entre o mercado, o setor empresarial e a cláusula de não competição, como rememora André Santa Cruz em seu Manual de Direito Empresarial (2023, p.159), referida cláusula acaba fazendo menção à um *Leading case* que ficou amplamente conhecido na seara.

Referida lide se tratava justamente de um litígio da Companhia de Tecidos Juta contra o Conde Álvares Penteado e a Companhia Paulista de Aniagem, em que se discutia se a cessão de clientela seria considerada algo inerente do próprio contrato de transferência do estabelecimento, haja vista que o Conde havia alienado a sua participação na Companhia de Tecidos Juta, e em ato contínuo havia instituído nova sociedade com mesmo nicho e perfil comercial, causando insatisfação aos adquirentes.

Cabe destacar que, ao contrário do entendimento majoritário dos tribunais na atualidade, ao tempo dos fatos acima narrados, compreendeu-se que a cláusula de não concorrência não poderia ser considerada implícita ao negócio jurídico firmado, ao passo que a tese atual pacificada, entende que há sim uma implicação contratual implícita de não fazer concorrência ao adquirente do estabelecimento empresarial, ou da franquia rescindida, o que se ampara no princípio da boa-fé objetiva.

Assim, deve existir limitações à incidência desta cláusula, haja vista que é temerário permitir que ela incida de forma discricionária e ilimitada, o que prejudicaria a livre concorrência e a ampliação dos mercados. Por isso, há uma limitação legal disposta no art. 1.147 do Código Civil, que limita, nos casos em que não houver disposição contratual própria, a durabilidade da não competição a 05 (cinco) anos.

Ressalta-se que referida limitação do art. supracitado já foi ponto controvertido na doutrina, visto que parte dos doutrinadores, a exemplo de Oscar Barreto, entendiam que referido prazo não deveria ser superior a 05 (cinco) anos, vez que a aplicação de referida regra deveria encontrar uma maior limitação ao tempo e ao espaço para não ferir outros princípios das empresas e do setor comercial.

Entretanto, com o tempo, passou-se a admitir que havendo previsão contratual entre os envolvidos no que tange à limitação temporal, seria aplicada a *boa-fé*, bem como o *pacta sun servanda,* de modo que o período convencionado pelas partes, mesmo que superior a 05 (cinco) anos, seria válido, desde que não ferisse o princípio da preservação das empresas, sendo vedada apenas a extensão da aplicabilidade de referida causa por tempo indeterminado.

5. A FRANQUIA EMPRESARIAL E SUA RELAÇÃO COM A CLÁUSULA DE NÃO CONCORRÊNCIA

Antes de adentrar, propriamente, na relação entre a cláusula de *non compete* e as franquias empresariais, faz-se necessário realizar, de forma breve, uma explanação quanto ao instituto jurídico da franquia, tudo isso para aclarar a necessidade e aplicabilidade da limitação à concorrência nesses casos.

5.1. INSTITUTO JURÍDICO DA FRANQUIA EMPRESARIAL

Inicialmente, cabe destacar que os contratos de franquia possuem natureza mercantil e são regulados pela Lei 13.966 de 2019, que traz um conceito basilar já em seu artigo 01º, quanto aos contratos de franquia, dispondo noutras palavras que o franqueador autoriza ao franqueado a usar marcas e outros objetos de sua propriedade intelectual, mediante remuneração direta ou indireta, sem que se caracterize aos contratantes uma relação de consumo.

Desta, nos contratos de franquia há uma autorização de uso de marcas e outros objetos de propriedade intelectual, assim, fica evidente que aquele que busca celebrar um contrato de franquia procura alcançar desde logo um mercado já consolidado, usufruindo de todo o histórico pregresso da franqueadora.

Lado outro, cabe enaltecer que a franqueada busca também ter um repasse do que se convenciona chamar de *know how,* termo que versa, em tradução literal, sobre *o saber-fazer* determinado serviço, produto ou atividade, tratando-se, portanto, de um conjunto de métodos, técnicas e organização de determinada atividade. Destacamos o conceito de contrato de *know how* adotado por Maria Helena Diniz:

> [...] é aquele que uma pessoa, natural ou jurídica, se obriga a transmitir ao outro contratante, para que este os aproveite, os conhecimentos que têm de processo especial de fabricação, de fórmulas secretas, de técnicas ou de práticas originais, durante certo tempo, mediante o pagamento de determinadas quantias chamada royalty, estipulada livremente pelos contraentes. (DINIZ, 2011, p.767).

Importante compreender sobre o funcionamento das franquias, que se dão mediante a licença para o uso da marca já consolidada, nesses termos, faz-se necessário a remuneração por meio do pagamento de royalties, que normalmente tem como quantia o percentual sobre o faturamento da franqueada.

Assim, resta evidente, que a franquia empresarial tem por finalidade a instauração de relações de colaboração dentre diversas empresas, todas independentes e com finalidade econômica, mas que partilham de uma mesma técnica, haja vista que o franqueador dispõe do modelo de negócio já totalmente estruturado e o repassa aos franqueados, que possuem os meios materiais para operar o negócio, de modo a gerar uma integração parcial dentre as atividades da franqueadora e da franqueada.

Destaca-se que apesar de o referido conceito parecer simplório, a atividade das franquias é complexa e possui diversas vertentes, desta feita, existe uma série de subdivisões e classificações que não são pertinentes no momento, sendo necessário ao debate, apenas, depreender o conceito principal e a funcionalidade das franquias no ambiente empresarial sob a ótica da clausula do *non compete*.

5.2. DA CLÁUSULA DE *NON COMPETE* NOS CONTRATOS DE FRANQUIA

A cláusula de não concorrência é um dos recursos usualmente utilizados nos contratos de franquia, tendo em vista que prevê que o franqueado fica vedado de exercer atividade concorrencial frente ao franqueador, tanto pelo período em que estiver vigente o contrato, quanto após a sua extinção e neste caso, pode-se aplicar um interregno temporal para tal vedação.

Ressalta-se que referida cláusula percebe sentido nos casos em que há uma deturpação do interesse em participar da franquia, isto pois o franqueado apenas pleiteia conhecer da sistemática do franqueador e obter acesso ao *know-how*, para utilizar do conhecimento adquirido e concorrer com a antiga franqueadora, agindo, portanto, de forma ilícita e desleal.

Nota-se que para as empresas, no geral, se manterem competitivas no mercado existe uma série de fatores econômicos, sociais, mercadológicos e políticos que devem ser considerados. Assim, participar de uma franquia, por si só, garante ao franqueado uma série de vantagens substanciais, principalmente, o alcance de clientela, a técnica agregada e o reconhecimento de nome da marca.

A partir do exposto, é possível auferir que existem direitos e deveres, tanto do franqueado quanto do franqueador, sendo a cláusula de *non compete,* nos contratos de franquia, um direito do franqueador e um dever do franqueado. Neste aspecto, cabe esclarecer que existem momentos em que referida cláusula não poderá ser aplicada sob pena de ser percebida como abusiva, o que pode ensejar a nulidade do próprio contrato.

Destaca-se, portanto, que referidas cláusulas, embasada no disposto no Código Civil, possuem caráter protetivo, visto que aufere certas salvaguardas ao próprio franqueador que, dentre outras garantias busca o sigilo sobre o *know how* que transmite aos franqueados.

Desta forma, resta evidente a importância que a cláusula de *non compete* possui na seara empresarial, haja vista que assume reflexos pós-contratuais, vez que havendo a rescisão do contrato de franquia, independentemente do motivo, referido dispositivo é capaz de limitar a atuação do outrora franqueado, o impedindo de desenvolver as mesmas atividades de seu franqueador por certo interregno temporal, em determinado território; o que evita que este usurpe da clientela que fora adquirida com os meios disponíveis em decorrência do contrato de franquia.

Este impedimento se funda no fato de ter o franqueado auferido conhecimentos diversos sobre o produto, as técnicas e o nicho de mercado, de modo que se ao encerrar o contrato de franquia passasse a atuar utilizando de todo o conhecimento agregado para promover atividade igual ou similar à da franqueada, estaria, portanto, incorrendo em ato de concorrência desleal.

Portanto, a finalidade principal da cláusula de não concorrência, é garantir que haja um mercado livre; bem como, que sejam estabelecidas formas de garantia e segurança ao setor empresarial, vez que se faz altamente necessário reduzir os riscos vivenciados neste setor, que sofre abalos políticos e econômicos.

Desta feita, depreende-se que a cláusula de *non compete* se trata de um meio de redução de riscos ao empresário – franqueador – vez que, se expõe ao perigo de lesão ao seu patrimônio por fornecer informações vitais do seu modelo de negócio, e, em decorrência das limitações impostas a concorrência o franqueador tem seu mercado e sua clientela resguardados.

Ressalta-se que, apesar de admitido a incidência de referida cláusula nos contratos de franquias, há discordância entre os entendimentos dos tribunais. Nesta seara, existe o entendimento de que é nula referida cláusula contratual, sob o argumento de não preenchimento dos requisitos para a imposição desta, quais sejam as questões materiais, temporais e territoriais que devem ser expressas.

Nota-se que houve casos em que os tribunais verificaram a existência de outras condutas ou omissões da franqueadora que ensejaram a nulidade da clausula de *non compete*, vez que, compreenderam que apesar de haver uma franquia instituída, não fora ofertado ao franqueado todos os subsídios necessários para o exercício da atividade. Desse modo, não haveria a possibilidade de incidência de cláusula de não concorrência, quando sequer o contrato de franquia fora cumprido dentro das suas expectativas, como fica evidente pelo entendimento do Tribunal de Justiça de São Paulo, no julgamento do Agravo de Instrumento nº 2209647-06.2020.8.26.0000[1].

Lado outro restam claros também os casos em que a clausula é admitida de

---

1   Agravo de Instrumento contra decisão que deferiu tutela de urgência destinada a suspender os efeitos de cláusula de não concorrência avençada pelas partes em ação de rescisão de contrato de franquia. Decisão mantida, pois presentes, "in casu", os requisitos do art. 300 do CPC para concessão da tutela de urgência, haja vista ter sido demonstrada a probabilidade do direito da autora, ora agravada, e o perigo de dano ou risco ao resultado útil do processo. Cláusula de não concorrência que carece de específica limitação territorial. Referência, tão somente, aos limites territoriais para a venda/distribuição de produtos da franqueadora agravante, pela agravada, durante a execução do contrato. Inadmissibilidade de exegese extensiva da cláusula de não concorrência. A interpretação pretendida pela franqueadora resultaria na proibição ampla e genérica da atuação mercantil da agravada em todo o território nacional, ultrapassando, assim, lindes constitucionais e legais. Jurisprudência do Superior Tribunal de Justiça e deste Tribunal no sentido de serem válidas as cláusulas contratuais de não concorrência, desde que limitadas espacial e territorialmente. As cláusulas de não concorrência têm também por escopo resguardar o "know-how", conhecimentos e técnicas especificas empregados no negócio empresarial. A relação da franqueada com a franqueadora se limitava à compra e revenda pela agravada de produtos da franqueadora agravante, em atividade mais propriamente de distribuidora, na medida em que não se verifica a alegada transferência de "know-how" e segredo comercial ou industrial que justifique a incidência da indigitada cláusula de barreira. Decisão mantida. Agravo de instrumento desprovido. (TJ-SP - AI: 22355114620208260000 SP 2235511-46.2020.8.26.0000, Relator: Cesar Ciampolini, Data de Julgamento: 16/12/2020, 1ª Câmara Reservada de Direito Empresarial, Data de Publicação: 08/01/2021).

forma ampla, como se vê pelo entendimento, também do Tribunal de Justiça do Estado de São Paulo, no julgamento da Apelação Cível nº 1026795-14.2019.8.26.0114, no qual foi negado provimento a apelação, tendo em vista que não foi caracterizando nenhuma hipótese que viabilizasse ignorar a cláusula de não concorrência, e, portando, o ex-franqueado não poderia montar um modelo de negócio similar, se aproveitando de todo o conhecimento adquirido nos 15 (quinze) anos que gozou das vantagens da franqueadora.

Desta feita, é que é de suma importância verificar caso a caso, destrinchando toda relação existente entre a franqueadora e o franqueado, para que seja analisada a situação fático-jurídica sempre respeitando os parâmetros do Código Civil e do contrato de Franquia firmado. É nessa senda que se faz importante tecer comentários sobre a licitude e os limites da aplicação desta disposição, bem como, dirimir em que parâmetro ela se torna uma real exceção à livre iniciativa.

6. DA CLÁUSULA DE NÃO CONCORRÊNCIA, COMO EXCEÇÃO À LIVRE INICIATIVA

6.1 DA LICITUDE E LIMITES

Diante de todo exposto, é possível auferir que a cláusula de não competição, é uma importante ferramenta para frear a concorrência desleal e tornar mais justa as relações de mercado, tendo em vista que impede que o franqueado use o conhecimento adquirido do modelo de negócio da franqueadora.

Lado outro, do ponto de vista concorrencial, existem críticas plausíveis sob sua aplicação. Nesta seara, o Conselho Administrativo de Defesa Econômica – CADE, entende a importância das cláusulas, porém, estabelece algumas prerrogativas para sua eficácia, sendo elas:

(i) Que estas sejam medidas acessórias às principais;

(ii) Que sirvam como instrumento, isto é, garantia da viabilidade negocial;

(iii) Que tenham parâmetros mínimos de limite material, territorial e temporal fixados pelo Conselho.

Assim, cumpre ressaltar, que tal órgão, analisa, julga e decide sobre a existência de infrações à ordem econômica, instaurando processos administrativos e penalidades conforme cabível e, conforme já explicado anteriormente. No âmbito da cláusula de non-compete, depreende-se dos julgados da CADE que seu entendimento é consolidado, no sentido de que a simples previsão da cláusula não basta para a sua efetiva aplicabilidade, tendo em vista ser necessário sua acessoriedade, instrumentalidade e que obedeça a limites temporais, materiais e territoriais, conforme supramencionado.

Assim, conforme jurisprudência colacionada abaixo, nota- se que, a previsão da cláusula de *non compete* fora dos limites estabelecidos, não tem eficácia, como fora do espaço geográfico de um mercado específico relevante, não sendo a cláusula acessória a operação ou fora de um limite temporal razoável, como por exemplo: se é referente a uma operação referente a tecnologia, seu prazo não deveria ser superior ao tempo necessário a essa transferência.

AC 08012.004757/2005-68

Relator: Conselheiro Ricardo Villas Bôas Cueva

Data do acórdão: 06.10.2005

Decisão: verifico que no aspecto espacial a cláusula abrange todo o território nacional enquanto, conforme entendimento já consolidado deste Conselho, a cláusula deve se limitar tão somente ao mercado relevante geográfico da operação. Isso porque, a cláusula de não concorrência tem o objetivo de proteger o investimento especificamente, fazendo com que o alienante não possa, aproveitando de sua experiência, desviar a clientela "adquirida" pelo comprador naquele mercado, pois esta clientela certamente foi fator determinante na escolha do investimento. A ampliação pretendida pelo adquirente consistiria, mais uma vez, em uma limitação injustificada da concorrência em mercados distintos dos envolvidos na presente operação.

Depreende-se do julgado acima, que a cláusula de *non compete* é de extrema relevância para impor certos limites nas relações empresariais. Analogicamente a jurisprudência citada, aplicando para a relações de franquia, utilizar-se da experiencia adquirida por fazer parte de uma franquia e, ao rescindir o contrato criar modelo de negócio semelhante ou idêntico, tornaria a concorrência desleal, e, ainda, a clientela adquirida com, não só o modelo de negócio, como também com o nome da franqueadora, seria desviada, sendo que, nesse caso, a cláusula de *non compete* é imprescindível.

Lado outro, vultoso respeitar, dentro da relação entre franqueador e franqueado, os limites regulatórios, uma vez que há a hipótese de um franqueado rescindir de boa-fé, desejando montar um modelo de negócio no mesmo ramo, caso a franquia não esteja cumprindo as expectativas do franqueado, por exemplo, ou este ser um profissional da área.

Razão esta, a cláusula de *non compete* deve ser bem elaboradora, com todas as previsões e regulamentações, instituindo os limites materiais, temporais e geográficos, bem como, prevendo as hipóteses em que seja necessário utilizar-se desta, e, assim, garantir a segurança jurídica do negócio para ambas as partes.

Importante destacar sobre a interferência da CADE nestas relações privadas, tendo em vista que, nesse âmbito surge uma grande discussão sobre a legitimidade desse órgão para determinar a alteração de cláusulas, vez que, o ato poderia lesar o princípio da autonomia de vontade, ascendendo assim um embate entre este princípio e o da livre concorrência, que, por mais contraditório que soe, garante ao Estado o direito de intervir em relações particulares a fim de garantir a aplicação da livre concorrência, justificando, em tese, o poder de interferência da CADE.

Desse modo, independente da discussão acerca do tema, fato é que o CADE, à luz do ordenamento jurídico vigente, tem o poder/dever de intervir nos contratos que instrumentalizam atos de concentração empresarial submetidos ao seu julgamento, sendo esta intervenção legítima, vez que é justamente a defesa da livre concorrência que legitima a limitação da autonomia da vontade das partes.

7. CONCLUSÃO

Diante de todo o exposto, evidencia-se que a *cláusula de non compete* é de fundamental importância no que tange à elaboração dos contratos de franquia, encontrando aparato jurídico no princípio do *pacta sunt servanda*, e na análise do art. 1.147. Assim, referida cláusula permite aos franqueadores e franqueados que seja estabelecida uma restrição ao princípio da livre iniciativa e da livre concorrência, desta forma a partir da aplicabilidade da cláusula se consagra uma exceção aos referidos institutos, considerados basilares no direito empresarial.

Destaca-se desta forma que elementar é a importância da incidência da norma de não competição, justamente para garantir direitos à franqueadora, preservando os setores comerciais relacionados ao contrato, sobrepujando seu risco e ampliando a garantia jurídica.

Verifica-se, portanto, que por se tratar de uma exceção à princípios constitucionais, apesar do entendimento de que se a instituição de referida cláusula gera obrigação entre as partes e, em que pese, também, haver dispositivo legal no Código Civil, a incidência de referida normativa deve ser sempre analisada caso a caso, ponderando a validade do próprio contrato de franquia e verificando, os termos da disposição, bem como o os limites trabalhados, quais sejam o material, temporal e geográfico.

Nesta senda, é imperioso que referida exceção seja aplicada como medida excepcional, apenas para garantir tanto uma maior segurança aos contratos de franquia, quanto gerar uma redução de riscos no mercado. Ressalta-se que recorrer ao uso desta cláusula é garantir maior proteção ao franqueador e estimular que esta forma de contratação seja mais comum e mais resguardada, vez que como já enaltecido, há uma exposição do *know how* por parte do franqueador o qual é de suma importância para a existência e manutenção da empresa franqueadora.

Por fim, resta evidente que há uma necessidade de que os contratos no geral disponham de referida cláusula, isto admitindo o caráter preventiva da disposição, haja vista a necessidade de proteção e regulação da atuação das franquias, haja vista a necessidade de gerar maior segurança aos contraentes. Nesta senda, importante que sejam analisados caso a caso os aspectos da cláusula em cada contrato de franquia, realizando a ponderação jurídica necessária e esclarecendo sempre os pontos sensíveis da franquia.

REFERÊNCIAS

SILVA, José Afonso da. *Curso de direito constitucional positivo.* 16 ed. São Paulo: Malheiros, 1999.

CERQUEIRA, João da Gama. *Tratado da propriedade industrial.* Rio de Janeiro: Forense, 1956, v. 2, tomo 2, parte 3.

ANDRADE, Jorge Pereira. *Contratos de franquia e leasing.* 3. Ed. São Paulo: Atlas, 1998.

DINIZ, Maria Helena. *Curso de Direito Civil Brasileiro.* 28. Ed. São Paulo: Saraiva, 2011.

CRUZ, André Santa. Manual de Direito Empresarial. Volume único. 13 Ed., ver., atual. e ampl. – São Paulo: Editora JusPodivm, 2023.

ALMEIDA, Lorena Silva; CASTEJON, Tatiana Borges Vieira. A cláusula de *non compete* aplicada aos contratos de franquia: a mitigação e a manutenção à livre concorrência. *In:* CERIZZE, Rosiris; CALAZA, Tales (Coord.). *Controvérsias e soluções jurídicas empresariais.* Uberlândia: Marco Teórico, 2024. pp. 173-191.

PROTAGONISMO DA EXCEÇÃO DE PRÉ-EXECUTIVIDADE COMO MEIO HÁBIL DE DEFESA NA EXECUÇÃO FISCAL

9

Maria Laura Montans Sallum

1. INTRODUÇÃO

A execução fiscal é o procedimento especial pelo qual a Fazenda Pública visa satisfazer obrigação não adimplida, estabelecendo medidas necessárias para cobrar, judicialmente, valores integrantes de sua dívida ativa. Assim, tem como finalidade a satisfação forçada de crédito, previamente, constituído e declarado, uma vez ausente o adimplemento voluntário, mediante invasão da esfera patrimonial do executado por meio de atos constritivo e expropriatórios.

Não é raro, especialmente em se tratando de execução fiscal, a ocorrência de defeitos na formação do título executivo e na sua cobrança, visto que a Certidão de Dívida Ativa (CDA) é formada unilateralmente pelo Poder Tributante. Nesse sentido, é imprescindível dar ao executado a oportunidade de se manifestar, sob pena de completa ineficácia de diversas garantias constitucionais relacionadas ao processo civil.

Isso porque, em razão dos atos constritivos e expropriatórios praticados, o trâmite de uma execução fiscal viciada e a supressão dos direitos à ampla defesa e contraditório certamente ensejará danos irreversíveis para o devedor executado.

Com efeito, em virtude do procedimento da execução fiscal e da presunção de certeza e liquidez do título executivo, é inevitável que os meios de defesa do executado sejam limitados, porém, tal limitação não pode inviabilizar, por completo, a defesa do devedor, o qual também deve ter o direito de se manifestar.

Nesse contexto, o presente artigo tem por escopo o estudo da exceção de pré-executividade, que é um meio de defesa do executado não previsto, expressamente, em lei[1], mas, recorrentemente, utilizado com resultados concretos em benefício do executado e da própria prestação jurisdicional, uma vez que garante o direito de defesa quando não presentes as condições para a oposição dos famigerados embargos à execução fiscal.

Para o referido estudo, em primeiro lugar, é necessário entender em que consiste o processo de execução fiscal e os meios pelos quais o executado pode se defender e, após, deve-se passar pelos princípios constitucionais que guiam o processo civil, para, enfim, investigar e discorrer sobre a exceção de pré-executividade e o que ela representa no feito executivo.

Neste ponto, urge salientar que o estudo da exceção de pré-executividade e, por conseguinte, o desenvolvimento do presente artigo, tornam-se mais relevantes quando se tem em mente que, no Brasil, segundo dados do Conselho Nacional de Justiça (CNJ), "os processos de execução fiscal representam 39% do total de casos pendentes e 70% das execuções pendentes no Poder Judiciário" (Brasil, 2020)[2].

Inclusive, dada a elevada quantidade de execuções fiscais em trâmite, tem-se,

---

1 O Código de Processo Civil de 2015 trouxe significativa evolução legal ao prever que a nulidade da execução "será pronunciada pelo juiz, de ofício ou a requerimento da parte, independentemente de embargos à execução" (art. 803, parágrafo único) (Brasil, 2015). Contudo, como veremos adiante, atualmente a exceção de pré-executividade não se limita a informar nulidade no curso da execução, razão pela qual o referido dispositivo não pode ser considerado regulação legal deste meio de defesa do executado.

2 Dados do Relatório Justiça em Números 2020 (ano-base 2019). Disponível em <https://www.cnj.jus.br/wp-content/uploads/2020/08/WEB-V3-Justi%C3%A7a-em-

fatalmente, uma perda na qualidade tanto da prestação Jurisdicional quanto da administração fazendária, o que eleva a importância das manifestações dos executados que apontem eventuais vícios e nulidades relacionados à execução fiscal.

Isso porque, a Certidão de Dívida Ativa é título executivo constituído unilateralmente pela Fazenda Pública e, em razão disso, há inevitável desequilíbrio na formação do título, o que gera um prejuízo à certeza da obrigação corporificada no documento.

Dessa forma, são milhares os casos de supostos devedores que se submetem à cobrança judicial dos créditos fazendários e que devem ter a oportunidade de se manifestar para defender seus interesses, com a finalidade de evitar constrição indevida de seu patrimônio, bem como garantir a efetiva aplicação dos princípios constitucionais.

Portanto, é clarividente a relevância de aprofundar pesquisas e estudos sobre o instrumento da exceção de pré-executividade, a fim de tornar o processo de execução fiscal cada vez mais justo e adequado, com a devida observância e preservação das disposições constitucionais, que, sem dúvida alguma, garantem que o direito de defesa seja para todos.

2. O PROCESSO DE EXECUÇÃO FISCAL

Para compreender a função jurídica do processo de execução e a sua razão de existir, primeiramente, deve-se distinguir "direito a uma prestação" de "direito potestativo". Para diferenciar os referidos institutos, o professor Freddie Didier (Didier, 2017, página 45) leciona que o *direito a uma prestação* diz respeito a uma aptidão do sujeito para exigir uma conduta de outrem (dar, fazer ou não fazer), a qual deve ser realizada no mundo fático (mundo real). Por outro lado, o *direto potestativo* se refere a um direito de criar, modificar ou extinguir relações jurídicas, para tanto basta uma decisão judicial.

Quando a declaração do direito não é suficiente para satisfazer, efetivamente, o interessado na tutela jurisdicional - direito a uma prestação, portanto - é que

---

N%C3%BA meros-2020-atualizado-em-25-08-2020.pdf>. Acesso em: 20/out/2020.

se faz necessário um procedimento a fim de modificar a realidade, e cumprir, de forma forçada, o direito previamente declarado. A este procedimento dá-se o *nomen juris* de execução.

Dessa forma, o processo de execução possui a finalidade de modificar a realidade fática, de forma a satisfazer uma pretensão resistida em favor do interessado, denominado exequente. Em razão desta finalidade, o processo de execução se limita à atividade satisfativa, não se prestando a realizar atividade cognitiva, ou seja, o *direito a uma prestação* que se pretenda ver satisfeito precisa ter sido previamente declarado, seja por meio de um processo de conhecimento (meio judicial) ou mediante atividade não jurisdicional, mas prevista em lei (meio extrajudicial).

E mais: como todo processo, tende à produção de tutela jurisdicional apta a compor o correlato estado de conflituosidade, efeito obtido, no caso dessa modalidade, por meio de norma individual e concreta constitutiva de modo de realização, no plano da facticidade social, da obrigação tributária inadimplida. (Conrado, 2012).

A função cognitiva é predominante no dito *processo de conhecimento*, no qual prevalece a natureza declaratória. Isso ocorre justamente em razão da incerteza com que os fatos e o direito chegam à apreciação judicial, com a finalidade de se obter uma certeza que coloque um fim ao conflito.

É importante chamar atenção para o fato de que, muitas vezes, a mera "certeza" da obrigação pouco satisfaz o interessado, sendo imprescindível o efetivo cumprimento da obrigação já declarada.

Assim, em razão da necessidade de modificação no mundo fático, a função executiva serve para invadir a esfera patrimonial do devedor com a finalidade de satisfazer a pretensão do credor, frente à ausência do adimplemento voluntário.

Para um procedimento tão invasivo, é indispensável elevado grau de certeza jurídica do direito a uma prestação, a que se busca satisfação. Em nosso ordenamento jurídico, tal certeza seria encontrada nos títulos executivos.

Toda execução deve ser fundada em um título executivo que corporifique uma obrigação líquida, certa e exigível[3]. E, como outrora mencionado, existem os títulos executivos judiciais (formado, em regra, por meio de atuação jurisdicional) e os títulos executivos extrajudiciais (aos quais são, em regra, decorrente da vontade das partes).

Daniel Amorim Assumpção Neves (Neves, 2018) destaca a extrema importância da distinção exposta, a qual é determinante para o procedimento a ser adotado. Os títulos judiciais, em regra, são executados por meio do cumprimento de sentença; enquanto os títulos extrajudiciais são executados por ação autônoma de execução.

O título executivo que embasa a execução fiscal é a Certidão de Dívida Ativa (CDA)[4]. Os valores devidos à Fazenda Pública, de natureza tributária ou não tributária, devem ser inscritos em dívida ativa, por meio de um procedimento administrativo que apura a liquidez e certeza do crédito. Trata-se de título executivo extrajudicial, com previsão no art. 784 do Código de Processo Civil de 2015:

> Art. 784. São títulos executivos extrajudiciais: (...)
> X - a certidão de dívida ativa da Fazenda Pública da União, dos Estados, do Distrito Federal e dos Municípios, correspondente aos créditos inscritos na forma da lei; (...) (Brasil, 2015)

Por se tratar de título executivo extrajudicial, a CDA é executada por ação autônoma de execução (e não cumprimento de sentença). No entanto, em razão da relevância do crédito pertencente às Fazendas Públicas, há um procedimento especial para a cobrança da Dívida Ativa da União, dos Estados, do Distrito Federal, dos Municípios e respectivas autarquias, caso em que o Código de

---

3 Neste sentido, prevê o art. 783 do Código de Processo Civil: "A execução para cobrança de crédito fundar-se-á sempre em título de obrigação certa, líquida e exigível." (Brasil, 2015)

4 Nesse sentido, prevê o art. 201 do CTN: "Constitui dívida ativa tributária a proveniente de crédito dessa natureza, regularmente inscrita na repartição administrativa competente, depois de esgotado o prazo fixado, para pagamento, pela lei ou por decisão final proferida em processo regular." (Brasil, 1966).

Processo Civil será aplicado apenas subsidiariamente.

O referido procedimento está previsto na Lei 6.830/80, a conhecida Lei de Execuções Fiscais (LEF), cuja transcrição de seu art. 1º se mostra pertinente:

> Art. 1º - A execução judicial para cobrança da Dívida Ativa da União, dos Estados, do Distrito Federal, dos Municípios e respectivas autarquias será regida por esta Lei e, subsidiariamente, pelo Código de Processo Civil (Brasil, 1980).

Cumpre salientar que o título executivo em análise não surge de declaração de vontade das partes, como é a regra quando se fala de títulos extrajudiciais, mas sim de um procedimento administrativo que apura o débito. A CDA é, portanto, título extrajudicial formado unilateralmente pela Fazenda Pública.

Ainda que sem declaração de vontade do devedor, o processo administrativo fiscal é instrumento hábil a produzir título executivo (a Certidão de Dívida Ativa), uma vez que, há o pressuposto de que são observados o contraditório e a ampla defesa para a constituição de um débito que não se origina da vontade, mas da lei.

Quanto às garantias no âmbito do processo administrativo, Marilei Fortuna Godoi, na obra Execução Fiscal Aplicada, faz a seguinte observação:

> O processo administrativo fiscal deve obedecer, além dos princípios comuns aplicáveis à Administração Pública, contidos no art. 37 da Constituição Federal, bem como aqueles definidos no art. 5º da CF, inúmeros outros, dos quais se destacam os princípios da duração razoável do processo, da motivação, do devido processo legal, da segurança jurídica da proteção da confiança e do duplo grau de cognição (Godoi, 2017, p.59).

Mesmo com a devida observância das mencionadas garantias, como consequência da formação unilateral do título executivo, fato é que há maior chance de equívocos quando da atividade administrativa fazendária, sendo ainda mais relevante as manifestações do executado, ainda que no âmbito do feito executivo.

Portanto, a execução fiscal, que possui justamente a finalidade de um adimplemento forçado de obrigação líquida, certa e exigível corporificada em uma certidão de dívida ativa, deve ser obtida após o devido trâmite de um processo administrativo fiscal, mas, diante da possibilidade de equívocos e/ou falhas na constituição desta "CDA", torna-se indubitável a necessidade de oportunizar a manifestação do contribuinte executado.

3. OS MEIOS DE DEFESA DO DEVEDOR NA EXECUÇÃO FISCAL

Como já exposto, o procedimento especial da execução fiscal não compreende atividade cognitiva plena a ser realizada pelo Juízo, uma vez que, na realidade, essa função já foi exercida previamente, quando da constituição do débito. Os títulos executivos possuem tal *status* justamente por possuírem elevado grau de certeza e liquidez do crédito que se presta a declarar.

No caso da CDA, temos dispositivos específicos que tratam desse *status* jurídico de certeza. O art. 3º da Lei 6.830/80 prevê que "a Dívida Ativa regularmente inscrita goza da presunção de certeza e liquidez" (Brasil, 1980). Nesse mesmo sentido dispõe o art. 204 do Código Tributário Nacional: "A dívida regularmente inscrita goza da presunção de certeza e liquidez e tem o efeito de prova pré-constituída" (Brasil, 1966).

Cumpre ressaltar que se trata de presunção *juris tantum* (presunção relativa), uma vez que é admitida prova em contrário. Os parágrafos únicos dos artigos mencionados revelam a natureza jurídica da presunção, já que, em síntese, dispõem que ela "pode ser ilidida por prova inequívoca" (Brasil, 1980), obviamente, a cargo de quem alega[5].

Nesse sentido, diante do pressuposto de elevado grau de certeza jurídica da Certidão de Dívida Ativa e da relevância social do referido título, é natural que os meios de defesa do devedor em sede de execução fiscal sejam limitados, visto que o débito se encontra em fase executiva, ultrapassada a fase cognitiva.

---

5   O parágrafo único do art. 3º da LEF dispõe: "A presunção a que se refere este artigo é relativa e pode ser ilidida por prova inequívoca, a cargo do executado ou de terceiro, a quem aproveite". Nesse mesmo sentido, o Código Tributário Nacional prevê no parágrafo único de seu art. 202: "A presunção a que se refere este artigo é relativa e pode ser ilidida por prova inequívoca, a cargo do sujeito passivo ou do terceiro a que aproveite" (Brasil, 1980).

São por essas razões que a Lei de Execuções Fiscais prevê, em seu art. 16[6], que o principal meio de defesa do executado são os embargos à execução fiscal. Estes, conforme bem explica Marcelo Pacheco Machado, "antes de tudo, serve como instrumento de contraposição, direta ou indireta, à pretensão do exequente, no sentido de ver satisfeita a obrigação exigida em juízo ou, em outras palavras, de ver concretizada a norma jurídica (que o exequente afirma ser representada pelo título executivo). (Machado, 2007, p. 341)."

Trata-se então de ação de conhecimento autônoma cujo objetivo único é atacar o título executivo que deu causa à execução fiscal (CDA), a fim de que seja determinado, por meio de decisão judicial, sua invalidação total ou parcial.

Nesse sentido, os embargos à execução possuem natureza de ação independente do feito executivo, possuindo natureza de demanda do processo de conhecimento, onde se é permitido utilizar-se da ampla defesa e do contraditório em suas formas plenas. No entanto, é necessário ressaltar a impossibilidade de se "afastar a discussão iniciada pelos embargos da existência da execução, vez que não haveria motivos para os embargos se não fosse a existência da execução iniciada" (Chucri, 2017, p. 767).

Em oposição ao procedimento da execução fiscal, o qual possui atividade cognitiva bastante limitada, os embargos à execução permitem o contraditório e a ampla defesa plenos para se discutir questões relacionadas ao título executivo, o que resulta na amplitude máxima de discussão oportunizada pelos embargos.

Assim, através do referido meio de defesa, as garantias constitucionais do contraditório e da ampla defesa estariam sendo asseguradas no âmbito da execução fiscal. Ocorre que, para a oposição dos referidos embargos à execução, a Lei de Execuções Fiscais exige uma condição muito limitante: a prévia garantia da execução (art. 16, §1º).

Dessa forma, segundo a referida lei, não seria possível que o executado se defenda por meio de embargos em uma execução fiscal ainda não garantida em sua

---

6   Art. 16 – O executado oferecerá embargos, no prazo de 30 (trinta) dias, contados: (...) (Brasil, 1980).

totalidade.

Quanto a este ponto, cabe a análise, do art. 1º da referida Lei de Execuções Fiscais. Isso porque, o artigo primeiro desta lei, traz que a execução judicial para cobrança de dívida ativa da fazenda pública será regida pela LEF e, subsidiariamente, pelo Código de Processo Civil.

Assim sendo, a diferença substancial entre a execução fiscal e a execução cível está na exigência de garantia do juízo como requisito para oposição de embargos (art. 16, §1º da LEF e art. 914, Novo CPC). Nesse sentido, em face do Princípio da Especialidade (sobreposição da lei especial – LEF – sobre a geral – CPC), tem-se que o art. 914 do Novo CPC não pode ser aplicado no âmbito das execuções fiscais e, por isso, a garantia da execução fiscal seria imprescindível para impedir atos expropriatórios contra o executado devedor.

Ocorre que, não obstante tal entendimento, fato é que a exigência da garantia para oposição de embargos à execução ainda é muito debatida. Existem jurisprudências que, com o intuito de garantir a finalidade política e social do processo, visando efetivar a prestação jurisdicional, assim como ao contraditório, a ampla defesa e a economia processual entendem que, para fins de admissão dos embargos à execução fiscal, não seria necessário a garantia integral do débito.

Ocorre que, a mera existência condição de garantia do débito para propositura de defesa, ainda que parcial – o que, repisa-se, ainda é muito debatido jurisprudencialmente – já é suficiente para tornar este meio de defesa extremamente limitante, notadamente porque há inúmeros requisitos e/ou restrições no que tange as garantias aceitas pelo exequente.

Ademais, cabe pontuar que nada impede que o executado ajuíze ação autônoma para discutir débito com a Fazenda Pública, seja antes ou depois do ajuizamento da execução fiscal. A referida hipótese encontra, inclusive, respaldo legal no art. 38 da LEF, que prevê o seguinte:

> Art. 38 - A discussão judicial da Dívida Ativa da Fazenda Pública só é admissível em execução, na forma desta Lei, salvo as hipóteses de mandado de segurança, ação de repetição do indébito ou ação anulatória do ato declarativo da dívida, esta precedida do depósito preparatório do valor do débito, monetariamente corrigido e acrescido dos juros e multa de mora e demais encargos

(Brasil, 1980).

O depósito prévio a que se refere o dispositivo não constitui pressuposto obrigatório para o ajuizamento de ação autônoma. No entanto, quando feito antes da execução fiscal, impede a sua propositura, hipótese em que a discussão acerca da dívida ocorrerá no âmbito da ação autônoma.

Quanto ao que pode ser realizado após o ajuizamento da execução, é importante ressaltar que o depósito do montante integral, bem como a concessão de medida liminar ou de tutela antecipada em sede de ação autônoma constituem hipóteses de suspensão do crédito tributário[7], situações que ensejam a suspensão da execução fiscal. Caso contrário, o crédito continua exigível durante todo o trâmite processual, sendo possível, neste ínterim, a realização de atos expropriatórios contra o executado.

Assim, em que pese a possibilidade de suspensão do crédito tributário por meio de tutela antecipada, a garantia integral do débito ainda é o principal meio garantidor para que atos expropriatórios não ocorram até eventual provimento da defesa do executado, seja em sede de embargos ou ação autônoma ordinária.

Além disso, não é apenas a necessidade de garantia que pode inviabilizar a oposição de embargos. Humberto Theodoro Júnior (2016b, n. p.) salienta que "seria intolerável submeter o executado a sofrer irremediavelmente uma execução ilegítima, apenas porque perdeu o prazo legal para embargar o executivo fiscal".

Diante de todo esse contexto, é que se destaca a importância do instrumento da exceção de pré-executividade, que também é um meio de defesa oportunizado

---

7   As hipóteses de suspensão do crédito tributário estão previstas no art. 151 do CTN: "Suspendem a exigibilidade do crédito tributário: I - moratória; II - o depósito do seu montante integral; III - as reclamações e os recursos, nos termos das leis reguladoras do processo tributário administrativo; IV - a concessão de medida liminar em mandado de segurança; V - a concessão de medida liminar ou de tutela antecipada, em outras espécies de ação judicial; VI - o parcelamento (Brasil, 1966)."

ao executado e que dispensa a necessidade de apresentação de garantia.

Boa parte da doutrina considera o ilustre jurista Pontes de Miranda o precursor da exceção de pré-executividade no direito brasileiro, no famoso parecer solicitado pela Siderúrgica Manesmann, em 1966. Sobre o tema, José Vilaço da Silva (2011, p.393), na obra *Doutrinas Essenciais: Direito Tributário*, leciona:

> Quem primeiro efetivamente manejou com sucesso o novel instituto foi o insigne jurista Pontes de Miranda, em parecer solicitado pela Cia. Siderúrgica Manesmann, em 1966, quando a mesma sujeitou-se a várias execuções no Rio de Janeiro, São Paulo e Belo Horizonte, além de pedidos de falência, por supostos débitos, suportados, em títulos com assinatura falsificada de um de seus diretores, engendrados com a finalidade de liquidar com a empresa.

Posteriormente, em que pese a ausência de previsão legal expressa no ordenamento jurídico brasileiro, a doutrina e a jurisprudência acolheram a tese concebida pelo jurista. Assim, tornou-se predominante o entendimento pela possibilidade de defesa do executado no bojo do feito executivo, mesmo sem garantia, quando tal defesa seja compatível com o procedimento da execução fiscal.

Historicamente, a exceção de pré-executividade seria o meio pelo qual o executado informaria ao Juízo a existência de óbice ao prosseguimento da execução, quando se tratasse de matéria de ordem pública. O seguinte trecho retirado da obra Execução Fiscal Aplicada explica bem essa condição histórica:

> Inicialmente, convencionou-se que as matérias objetos desta comunicação seriam apenas aquelas que poderiam ser reconhecidas de ofício pelo magistrado. O fundamento para tanto era justamente o fato de o magistrado ter esse poder-dever: o reconhecimento das matérias sem provocação das partes. Amparava-se a construção, inclusive, na previsão constante no Código de Processo Civil, mais precisamente no §3º do art.485. (Bajerski, 2017, p.966)

Com o passar do tempo e com o surgimento de novas perspectivas processuais, a quantidade de matérias arguíveis em sede de exceção de pré-executividade foram sendo ampliadas e passaram a englobar aquelas que não poderiam ser conhecidas de ofício pelo Juízo.

O crescimento desse rol se deu em observância aos princípios da instrumentalidade, da efetividade e da economia processual. Isso porque, seria uma formalidade excessiva impedir manifestação do executado, mesmo quando compatível com o procedimento, ao argumento de que não se trata de matéria que poderia ser conhecida de ofício.

Nesse sentido, Marcelo Machado Pacheco leciona: "a marca dessa sorte de defesa, portanto, é a informalidade. Não existem requisitos legais a serem preenchidos. Não há prazos ou formas a serem obedecidas no seu oferecimento, nem, ademais, procedimento legal a ser seguido pelo juiz" (Pacheco, 2007, p. 350).

Não obstante, ainda temos a posição de Leonardo Munareto Bajerski, na obra "Execução Fiscal Aplicada" de que, atualmente, "existindo prova pré-constituída, qualquer matéria pode ser veiculada pela via de exceção (Bajerski 2017, p. 969)".

É nesse sentido, além de tantas outras nuances, que a exceção de pré-executividade tem ganhado espaço no mundo jurídico. É que, não há sentido em não utilizar a exceção da pré-executividade e com ela obter a suspensão do processo executivo, quando o objetivo primordial é defender-se sem sofrer o ônus da contrição patrimonial, porquanto tal instrumento de defesa possui como principal vantagem a informalidade, tornando-se mais oportuna para tutelar determinadas situações.

Portanto, a existência de um instrumento mais simplificado, distante de burocracia e da lentidão dos embargos à execução, permite um cenário mais harmônico com os princípios constitucionais do direito processual, uma vez que eleva o devido processo legal substancial, o contraditório, a ampla defesa e economia processual acima de certo formalismo excessivo, buscando um processo mais justo e efetivo.

4. A CONSTITUCIONALIZAÇÃO DO PROCESSO DE EXECUÇÃO

O ordenamento jurídico impõe interação e coerência entre todas as fontes normativas, sendo que a Constituição Federal se encontra no topo dessa hierarquia, servindo de fundamento de validade para todas as outras normas.

Assim, não podem as normas de direito processual se contrapor ao texto constitucional. Deve haver estrutura sistêmica que possibilite, às questões processuais, vinculação a critérios constitucionalmente adequados.

Diante de uma Constituição principiológica como a nossa, a interpretação das regras deve ser realizada em conformidade com os princípios. E, no âmbito do direito processual, tais princípios também devem nortear a interpretação das normas que regem a relação entre o exequente/credor e o executado/devedor, de forma a manter o equilíbrio na relação processual.

Celso Antônio Bandeira de Mello leciona:

> O princípio é um mandamento nuclear de um sistema, verdadeiro alicerce dele, disposição fundamental que se irradia sobre diferentes normas compondo-lhes o espírito e servindo de critério para a sua exata compreensão e inteligência, exatamente para definir a lógica e racionalidade do sistema normativo, no que lhe confere a tônica de lhe dá sentido harmônico (Mello, 2004, p. 451).

É evidente que a Lei de Execuções Fiscais confere uma posição mais favorável às Fazendas Públicas quando da execução de seus créditos. Isso se justifica pela importância social dos referidos créditos, que deveriam servir para custear a atividade estatal em benefício de toda a sociedade.

Contudo, é importante lembrar que a LEF foi editada em 1980, e, portanto, é anterior à vigência da Constituição Federal de 1988. Sendo assim, é inevitável a necessidade de reinterpretação da referida lei para adequar sua aplicação ao texto constitucional, a fim de se respeitar os direitos e garantias fundamentais, bem como os princípios processuais constitucionais.

No entanto, cumpre ressaltar que não se trata do fenômeno da revogação por não recepção, uma vez que não há incompatibilidade entre o procedimento previsto na Lei 6.830 e a Constituição Federal. O que de fato existe é uma necessidade de adequação interpretativa da referida lei ao ordenamento jurídico inaugurado em 1988, em prol da unidade e da coerência do sistema normativo, razão pela qual devem ser afastadas interpretações que afrontam o texto constitucional.

Dessa forma, alguns princípios constitucionais devem ser observados quando da aplicação da Lei de Execuções Fiscais, a fim de se ver respeitada a supremacia da Constituição. Nesse sentido, deve-se observar, primeiramente, o devido processo legal, previsto no art. 5º, LIV, da CF[8], e consagrado pela doutrina como um supra-princípio, que deve nortear todos os demais princípios processuais.

Assim, o devido processo legal não é mais entendido como a simples regularidade formal do processo, ou o mero respeito às leis processuais. Atualmente, o referido princípio está muito ligado à ideia de um processo justo e adequado a realizar o melhor resultado concreto, conforme as particularidades do direito material em questão. É justamente por isso que a doutrina majoritária tanto salienta o aspecto substancial do princípio do devido processo legal.

Portanto, é imprescindível a observância deste princípio-base no processo de execução fiscal, principalmente em seu aspecto substancial. Afinal, a Constituição Federal prevê, em seu art. 5º, LIV, que "ninguém será privado da liberdade ou de seus bens sem o devido processo legal".

Dessa forma, para alcançar um processo justo e adequado, deve-se observar inúmeros outros princípios do direito processual civil, dos quais se destacam o contraditório e a ampla defesa.

Em razão da atividade satisfativa que é exercida no processo de execução fiscal, que já conta com a prévia atividade cognitiva realizada quando da formação do título executivo, é certo que o poder de resistência do executado será limitado. No entanto, a defesa do executado não pode ser completamente inviabilizada, uma vez que não se pode ignorar os princípios em análise. Assim o processo deve ser efetivo e adequado, mas também justo, sendo garantido aos litigantes, inclusive ao executado, o contraditório e a ampla defesa, "com os meios e recursos a ela inerentes", nos termos do art. 5º, LV, da CF.

A doutrina tradicional entende que o contraditório é formado pelo binômio informação e possibilidade de reação. Neste sentido, "as partes devem ser devidamente comunicadas de todos os atos processuais, abrindo-se a elas a

---

8   O art. 5º, LIV, prevê que "ninguém será privado da liberdade ou de seus bens sem o devido processo legal (Brasil, 1988)".

oportunidade de reação como forma de garantir a sua participação na defesa de seus interesses em juízo" (Neves, 2018, p.175).

Assim, respeitando a natural limitação procedimental do feito executivo, deve ser dado ao executado ciência e poder de reação em relação aos atos ocorridos no processo. Além disso, é preciso que a reação possua, efetivamente, o poder de influenciar a decisão do Juízo.

Já a ampla defesa se trata de um direito fundamental do demandado, que está diretamente ligado ao direito à resistência no processo e corresponde ao direito em utilizar de todos os meios a seu dispor para alcançar seu direito.

Assim, embora não seja aplicado plenamente no processo de execução (nenhum direito fundamental é absoluto), o *núcleo duro* do direito à ampla defesa não pode ser violado. Assim, deve o demandado ter a possibilidade de se defender mesmo quando já em fase de execução do crédito público.

Muito relevante ao presente estudo, tem-se também o princípio da economia processual. O referido princípio nos traz um ideal de uma Justiça barata e rápida, que busca a efetividade e evita atos onerosos e desnecessários.

Nesse sentido, a economia processual deve orientar toda a atividade jurisdicional, a fim de que se mantenha o foco nesta prestação jurisdicional, não se prendendo a formalidades excessivas que afastam a efetividade do processo. Afinal, o processo deve ter sempre a sua finalidade respeitada.

Nesse sentido, é importante salientar as fases históricas pelas quais o direito processual passou até o entendimento atual de que a função primordial do processo é a efetivação do direito material, e que esta é a sua finalidade.

Na primeira fase, conhecida como praxismo ou sincretismo, não havia distinção clara entre direito material e direito processual. Nesta fase, havia uma preocupação meramente prática do processo, sem muita autonomia científica.

A segunda fase, chamada de processualismo, foi marcada pela distinção entre o direito processual e o direito material, com o desenvolvimento da autonomia da ciência processual.

Com a superação da fase autonomista (ou processualista), tem-se a fase instrumentalista. Nesta fase, a distinção entre direito material e direito processual é reconhecida, mas é estabelecida uma conexão de interdependência: "O direito processual concretiza e efetiva o direito material, que confere ao primeiro o seu sentido" (Didier Junior, 2017, p. 52).

Nesta fase do direito processual, o processo se mostra como um instrumento do direito material, o foco está no resultado. Com esta nova visão, não mais se isola o direito processual, mas sim, o vê conectado com o direito material relacionado, tendo em vista sempre a sua finalidade precípua: dar efetividade ao direito material.

A partir desta nova visão da ciência processual, ocorreu também o fenômeno da constitucionalização do processo, uma vez que seus princípios básicos foram inseridos no rol dos direitos e garantias individuais. Com essa nova visão da ciência processual, vimos, por exemplo, uma tendência a evolução do devido processo legal para o que pode ser denominado de processo "justo", em que se coloca em realce o cumprimento dos comandos procedimentais envolvendo a efetividade, acessibilidade, segurança jurídica, etc.

Este contexto da evolução histórica do direito processual, em conjunto com os diversos princípios que o regem, foram essenciais para a aceitação doutrinária e jurisprudencial do instituto da exceção de pré-executividade.

Nesse sentido, cumpre pontuar que, até o Código de Processo Civil de 2015, não havia dispositivo legal que autorizasse o meio de defesa em análise, de modo que uma interpretação literal da Lei de Execuções Fiscais poderia levar o jurista a um entendimento exageradamente restritivo dos meios de defesa do executado.

Com efeito, de acordo com o procedimento legal, o executado somente poderia se defender após dispor de seu patrimônio para garantir a execução. A referida condição legal não foi prevista apenas para a oposição de embargos à execução, uma vez que a LEF também condicionou ação autônoma que vise discutir dívida ativa a depósito prévio[9].

Assim, uma interpretação literal, descolada das considerações realizadas

---

9   O art. 38 da LEF prevê a necessidade de depósito preparatório para ações que visem discutir dívida Ativa da Fazenda Pública. Já é pacífico na doutrina e jurisprudência o

neste tópico, poderia induzir ao errôneo entendimento de que a garantia da dívida seria imprescindível para viabilizar o direito de defesa do executado.

Portanto, é evidente a necessidade de se afastar qualquer interpretação da Lei 6.830/80 que venha a conflitar com disposições constitucionais, a fim de garantir a unidade do direito e a supremacia da Constituição Federal.

5. NATUREZA JURÍDICA DA EXCEÇÃO DE PRÉ-EXECUTIVIDADE

Conforme já foi demonstrado, o procedimento de execução fiscal, em perspectiva legalista, não comporta defesa interna, tendo em vista que os embargos assumem a forma de demanda de conhecimento, em processo novo e autônomo.

Entre a maioria doutrinária, dentre eles os renomados autores Daniel Amorim Assumpção Neves, Freddie Didier Jr. e Mizael Montenegro, o entendimento é de que a exceção de pré-executividade ganhou notoriedade, de fato, após o trabalho do autor Pontes de Miranda, em 1966, onde este elaborou um parecer jurídico para à Companhia Siderúrgica Mennesman. Na oportunidade, o jurista afirmou que devido ao grande número de ações de execução ajuizadas contra a companhia — ações essas fundadas em títulos executivos notavelmente falsos como valores astronômicos — não seria justo primeiro o executado sofrer a constrição patrimonial, para tão somente depois afastar a validade do título por meio dos embargos, pois o dano a executada já teria sido causado.

Nesse sentido, a doutrina e a jurisprudência admitem, desde a vigência do CPC/73, "a possibilidade de o executado, nos próprios autos da execução, apresentar simples petição, com questionamentos à execução, desde que comprovados documentalmente". Assim, trata-se de defesa atípica, já que não prevista na

---

afastamento desta condição, com entendimento inclusive sumulado pelo STF: "É inconstitucional a exigência de depósito prévio como requisito de admissibilidade de ação judicial na qual se pretenda discutir a exigibilidade de crédito tributário" (Súmula Vinculante 28 - Brasil, ano?). No entanto, a condição legal em análise é pedagógica para se entender a necessidade de reinterpretação da Lei 6.830 à luz dos princípios constitucionais.

legislação processual (Didier Junior, 2017, p. 790).

Dessa forma, quando o executado possui defesa capaz de impedir o prosseguimento do feito executivo e a matéria pode ser comprovada de plano, não é necessário a oposição de embargos à execução fiscal, de modo que bastaria uma simples petição, sem excesso de formalidades, ou ainda, sem necessidade de garantia, nos próprios autos da execução fiscal.

Assim, o mencionado instrumento, conforme ensina Marcelo Pacheco Machado, "nada mais representa que o próprio direito constitucional de petição, na medida em que o executado, por intermédio de petição simples, pleiteia a extinção do processo executivo, sob a alegação deste não contar com um (ou mais) de seus requisitos essenciais (Machado, 2007, p. 344)."

Em relevante evolução da legislação processual, o art. 803 do Código de Processo Civil de 2015 prevê o seguinte:

> Art. 803. É nula a execução se:
> I - o título executivo extrajudicial não corresponder a obrigação certa, líquida e exigível;
> II - o executado não for regularmente citado;
> III - for instaurada antes de se verificar a condição ou de ocorrer o termo.
> Parágrafo único. A nulidade de que cuida este artigo será pronunciada pelo juiz, de ofício ou a requerimento da parte, independentemente de embargos à execução (Brasil, 2015).

Antes de tal previsão legal, o entendimento predominante já permitia que simples petição alegasse a nulidade da execução, uma vez que se a matéria pode ser reconhecida de ofício pelo juízo, não há razão para impedir que o executado a alegue, ainda mais diante da inércia do Poder Judiciário.

Seria uma violação do devido processo legal submeter o executado a atos expropriatórios no bojo de uma execução viciada, e ainda assim, não permitir sua manifestação para que o vício seja reconhecido.

Fica claro, portanto, que a exceção de pré-executividade, na verdade, trata-se de uma mera petição nos autos da execução que alega algum vício no feito executivo, não se submetendo a prazo ou preparo.

Assim aponta Sergio Cabral dos Reis (2012, p.342):

> "Trata-se de uma petição simples no âmbito interno da própria relação jurídica de execução, diferentemente dos embargos e da impugnação ao cumprimento de sentença [...]. A defesa endoprocessual executiva, portanto, é um mero incidente cognitivo na execução, evidenciando neste procedimento o exercício do contraditório e da ampla defesa."

Portanto, considerando que tal instrumento de defesa teve seu surgimento estritamente relacionado a uma jurisprudência provocada, acabou por criar uma norma para resolver casos específicos, que a própria lei não previa, podendo então, ser conceituado como um avanço no campo jurídico, surgido da metamorfose judicial que avança conforme a necessidade da sociedade.

6. REQUISITOS PARA A EXCEÇÃO DE PRÉ-EXECUTIVIDADE

Quando se estuda um meio de defesa em sede de execução é de extrema importância averiguar o seu cabimento, isto é, em quais hipóteses pode ser utilizado e quais os requisitos para o seu conhecimento. Fixados estes limites, o executado será capaz de apresentar defesa efetiva.

O cabimento da exceção de pré-executividade é muito controvertido quando se trata das matérias arguíveis por este meio. Como já exposto anteriormente, a princípio somente era aceito a veiculação de matérias de ordem pública, em que o Juízo deveria conhecer de ofício, caso em que o executado supriria eventual inércia judicial.

Com a predominância deste entendimento foi editada a Súmula 393 do Superior Tribunal de Justiça, que prevê:

> A exceção de pré-executividade é admissível na execução fiscal relativamente às matérias conhecíveis de ofício que não demandem dilação probatória (Brasil, ano 2009).

Nesse sentido, a jurisprudência pátria firmou o entendimento de que a matéria deve ser de ordem pública e não demandar dilação probatória para que seja veiculada por meio de uma exceção de pré-executividade.

O requisito da ausência de necessidade de dilação probatória permanece inalterado, uma vez que se trata de uma limitação procedimental da execução fiscal. Não é cabível a produção de provas no feito executivo, qualquer alegação neste âmbito deve ser feita com provas pré-constituídas, e caso necessário, o executado deve manejar os devidos embargos à execução.

A discussão mais profunda reside no requisito de que se trate de matéria de ordem pública, e, portanto, cognoscível de ofício pelo Juízo. No mesmo sentido da Súmula editada pelo STJ, o novo Código de Processo Civil positivou a possibilidade de se alegar nulidades no próprio feito executivo, sem a necessidade de embargos à execução[10].

Dessa forma, é permitido ao executado alegar matérias de ordem pública no curso do feito executivo. Um exemplo recorrente, porém, de extrema relevância, é a ausência do título executivo, uma vez que não pode existir execução fiscal sem título executivo que a embase. Trata-se de princípio consagrado na famosa expressão *nulla executio sine titulo*.

Não obstante, é importante destacar os casos de nulidade previstos no Código de Processo Civil (art. 803): a não correspondência do título a obrigação líquida, certa e exigível; a ausência de citação regular do executado; e a instauração do feito executivo antes de verificada a condição ou da ocorrência do termo. São hipóteses em que o Juízo pode reconhecer a nulidade de ofício, sendo, portanto, matérias de ordem pública.

Assim, casos como os acima mencionados são exemplos de matérias arguíveis em sede de exceção de pré-executividade, especialmente, se adotado o entendimento mais limitador de que tal instrumento estaria restrito, apenas, aos assuntos de ordem pública em que o magistrado deve apreciar de ofício –

---

10 O CPC/15 prevê, expressamente, a dispensabilidade dos embargos para alegar nulidade da execução. Contudo, a doutrina e a jurisprudência caminharam além, sendo que, em observância aos mesmos princípios que fundamentaram o surgimento da exceção de pré-executividade, atualmente, justifica a ampliação das matérias arguíveis por este meio.

exceções processuais.

Contudo, considerando a ausência de regulamentação específica sobre a matéria, o referido requisito tem sido flexibilizado pela doutrina e jurisprudência. Dessa forma, tem ocorrido uma abrangência da aplicabilidade da exceção de pré-executividade para compreender toda matéria puramente de direito ou comprovada documentalmente, como por exemplo, a prescrição, a decadência ou o pagamento (Theodoro Junior, 2016a).

Sobre o tema e pela utilização mais abrangente do meio de defesa em análise, Heleno Taveira Torres (2015, p. 549) leciona:

> Caracterizando-se como verdadeiro mecanismo de consagração do ideal de justiça na ação executiva, a exceção de pré-executividade encontra-se totalmente comprometida com os pressupostos constitucionais de formação da relação processual, na medida em que privilegia a interpretação sistemática do fenômeno jurídico, com o relevante dever de assegurar a obediência a diversos princípios: proporcionalidade, devido processo legal, ampla defesa e contraditório, direito de ação e acesso à justiça ao proteger o patrimônio do executado contra interferências manifestamente ilegítimas, restando, assim configurada a hipótese de utilização extensiva deste instrumento de defesa para atacar também o mérito do título executivo (exceções substanciais), não se restringindo apenas aos seus aspectos formais (temas de ordem pública/causas de nulidade da execução) (Torres, 2015, p. 549).

Assim, o executado pode utilizar do meio em estudo para alegar matérias que não poderiam ser conhecidas de ofício, como exemplo: excesso de execução, penhoras inconstitucionais, avaliações equivocadas, etc.

Em verdade, até mesmo questões relativas ao mérito do débito exequendo podem ser sustentadas. Como exemplo, poderíamos considerar uma situação em que estaria sendo exigido, em sede de execução fiscal, créditos relativos ao regime do Simples Nacional, no entanto há ato administrativo excluindo o contribuinte do referido sistema de tributação, de modo que bastaria a apresentação de prova documental e pré-constituída para evidenciar erro no lançamento tributário e afastar a presunção de certeza e liquidez de que reveste a CDA. Assim, no exemplo descrito, seria possível atacar o mérito do título executivo com a mera apresentação de exceção de pré-executividade.

Portanto, em observância à efetividade processual e diversos outros princípios, parece razoável o entendimento de que, quanto à matéria, a exceção de pré-executividade, em regra, possui apenas uma limitação: a produção de provas.

Desdobrando o raciocínio, toda e qualquer matéria, processual ou substancial, poderá ser utilizada como meio de defesa na exceção de pré-executividade, para dar cumprimento aos seus desígnios, ficando a cargo do livre conhecimento do juiz, se os fatos apresentados podem ser comprovados de forma incontestável, certa, no processo executivo. (Torres, 2015, p. 551)

É necessário ressaltar, contudo, uma exceção à grande abrangência material do meio em estudo: o art. 16, § 3º, da LEF prevê que em sede de embargos à execução "não será admitida reconvenção, nem compensação". Em que pese tal proibição se refira aos embargos, deve também ser respeitada na exceção de pré-executividade, uma vez que se trata "de via mais estreita que a ação típica de defesa do executado" (Bajerski, 2017, p. 969).

Além disso, matérias já decididas, no âmbito de embargos à execução, não podem ser rediscutidas por meio de exceção, como consequência da coisa julgada.

Outro requisito relevante para o cabimento de qualquer meio de defesa é o prazo processual. No entanto, a exceção de pré-executividade não possui prazo, uma vez que sua natureza é de mera petição nos autos da execução. Qualquer imposição de prazo seria incompatível com a função do incidente, que é garantir um processo de execução justo e adequado em que o devedor possa ser ouvido acerca de eventuais vícios, sem as amarras de um formalismo excessivo.

Assim, não sendo caso de preclusão, o executado pode se valer da objeção de pré-executividade a qualquer momento da execução fiscal. A ressalva feita aos casos de preclusão é necessária, já que atualmente é prescindível que a matéria seja de ordem pública para ser veiculada pelo meio em análise, sendo assim, matérias sujeitas à preclusão encontram limite temporal.

Seguindo esse raciocínio, da mais simples análise em relação ao instrumento da exceção de pré-executividade, conclui-se, portanto, que sua finalidade é a mesma dos embargos à execução: atacar a pretensão executiva.

Nesse sentido, Marcelo Pacheco Machado dispõe: "Os fundamentos da defesa do executado, em ambos os casos, acabarão por se confundir, tendo em vista questões relativas ao direito material (adimplemento, prescrição, eficácia do negócio jurídico, etc) e ao direito processual (condições e pressupostos processuais da demanda executiva) (Machado, 2017, p. 347)."

Diante da ideia da instrumentalidade das formas, parece plenamente possível que, quando oposto intempestivamente ou mesmo sem estar garantida a execução, os embargos à execução sejam convertidos em exceção de pré-executividade. Para tanto, basta que as matérias veiculadas sejam compatíveis com a forma em que a defesa será recebida.

Quanto à legitimidade também não existem maiores formalidades, apenas a lógica processual. Nesse sentido os principais legitimados são os executados, contudo não se restringe a eles. Araken de Assis se posiciona no sentido de que até mesmo terceiros são legítimos para apresentar exceção de pré-executividade, desde que com o devido interesse jurídico (Assis, 2016).

A mencionada posição parece assertiva, visto que, além de defender seus próprios interesses, as manifestações de terceiros interessados podem ser muito úteis para a efetividade do processo.

Basta imaginar uma constrição patrimonial indevida sofrida por um terceiro, caso em que poderia opor embargos de terceiro. No entanto, bastaria mera petição no feito para que a situação fosse regularizada de forma efetiva e célere, sem a necessidade de ação nova e autônoma, sendo benéfico ao interesse do próprio exequente, que verá seu crédito satisfeito em menor tempo.

Em síntese, cabe exceção de pré-executividade a qualquer tempo – desde que não preclusa a matéria – para alegação que não demande dilação probatória e possa ser apresentada pelo executado ou terceiro interessado.

7. O PROCEDIMENTO DA EXCEÇÃO DE PRÉ-EXECUTIVIDADE

Como já exposto, não há regramento legal sobre o procedimento a ser adotado para a exceção de pré-executividade. Formulará o executado uma petição endereçada ao Juízo em que tramita a execução fiscal originária, com exposição das razões com que infirma a pretensão do exequente. Nesse sentido, consequência lógica, é o suprimento da citação incorrida, ou seja, trata-se do comparecimento espontâneo do executado.

Neste sentido Darlan Barroso (2007, p. 334) conceitua:

> [...] a objeção ou exceção de pré-executividade é um meio de defesa incidental, em que o executado, munido de prova documental e sem a necessidade de dilação probatória, provoca o julgador dentro do processo de execução para argüir questão de ordem pública relativa às condições da ação ou a pressupostos processuais, isso sem necessidade de embargos.

Desta forma, em que pese a ausência de rigor normativo, algumas considerações sobre o procedimento se fazem relevantes.

A primeira questão diz respeito à suspensão da execução em razão da apresentação de objeção de pré-executividade. Via de regra, a mera apresentação de exceção de pré-executividade não possui o condão de suspender o processo, notadamente considerando que os casos de suspensão do processo estão previstos taxativamente[11] e a disposição do art. 921, I, do CPC, confere efeito suspensivo somente aos embargos à execução, quando garantido.

Ocorre que, apesar da inexistência de previsão legislativa neste sentido, existem casos em que a suspensão em comento, com base no poder geral de cautela, revela-se imprescindível, a fim de evitar-se a constrição dos bens de titularidade da executada e, por consequente, a indevida lesão ao seu patrimônio.

O poder geral de cautela é aquele que detém o magistrado, em razão da aptidão jurídica da qual se investe e por meio do qual concede tutela provisória se presente a probabilidade do direito e o perigo de dano ou o risco ao resultado. Em razão disso, o magistrado, ao se valer desse atributo próprio da jurisdição, poderá determinar as medidas que considerar adequadas para efetivação da

---

11 Os casos de suspensão dos processos em geral estão previstos no art. 313 do Código de Processo Civil, enquanto as hipóteses específicas do processo de execução se encontram no art. 921 do mesmo Código.

tutela provisória, nos termos do artigo 297 do Código de Processo Civil ("CPC").

Assim, estando presente o requisito autorizador de tutela provisória, que objetiva garantir a efetividade no direito proposto em causa, ainda que de forma provisória, por mais razão deve-se entender que também se encontram presentes os requisitos para concessão do efeito suspensivo ainda que em sede de exceção de pré-executividade, justamente em razão do citado poder geral de cautela que possui o magistrado.

Inclusive, há autores que entendem perfeitamente possível que a exceção de pré-executividade acarrete suspensão do feito. É o que afirma Didier (2012, p.399):

> [...] Entende-se que deve haver a suspensão da execução, e, igualmente, do prazo para embargos, sob pena de sujeitar o executado a privação de bens sem o devido processo legal, num feito executivo sem condições ou requisitos de ser admitido, esvaziando-se o objeto e a finalidade da exceção de não-executividade. Neste sentido, assim como as exceções de incompetência, de impedimento e de suspeição causam suspensão de o processo, a execução de não-executividade, de igual modo, causaria a suspensão do procedimento da execução.

Além disso, em observância ao contraditório e à ampla defesa, após a oposição de exceção de pré-executividade, deve ser oportunizado ao exequente se manifestar nos autos. Necessário ressaltar que, na seara das execuções fiscais, estamos tratando de direitos indisponíveis, razão pela qual não se operam os efeitos da revelia contra a Fazenda Pública, nos termos do art. 345, II, do CPC.

Por último, quando o julgamento da exceção enseja a extinção da execução fiscal, trata-se de sentença, sendo cabível, portanto, recurso de apelação. Por outro lado, quando não há extinção total do feito, ou mesmo a rejeição da objeção, é uma decisão interlocutória, que desafia recurso de agravo de instrumento.

Assim, dentre os efeitos da decisão que julga a exceção de pré-executividade, cumpre ressaltar que está o preclusivo, ou seja, as matérias trazidas no incidente não podem ser rediscutidas.

8. CONCLUSÃO

A exceção de pré-executividade é um importantíssimo instituto do Direito Processual Civil que garante ao executado uma forma de defesa nos próprios autos da execução. Tal relevância torna-se ainda mais evidenciada quando se trata de execução fiscal, visto que pelo procedimento previsto na Lei 6.830/80, o executado somente poderia se defender mediante embargos à execução condicionados à garantia da execução.

Com a evolução da ciência processual, passou-se a buscar um processo mais adequado e efetivo, evitando um formalismo excessivo para buscar a verdadeira finalidade do processo: a devida prestação jurisdicional.

Nesse contexto, também temos os direitos fundamentais e os princípios constitucionais relacionados ao direito processual, que garantem o contraditório, a ampla defesa, o devido processo legal e a celeridade. Assim, atualmente é garantida a efetiva participação dos litigantes no processo.

Conforme já exposto ao longo deste artigo, não seria razoável e justo impedir manifestação do executado, que alega vícios na execução, apenas e tão somente por não terem sido cumpridas as formalidades necessárias para a oposição dos embargos do devedor. Assim, com base nestes fundamentos e neste contexto da ciência processual, é que surgiu a construção doutrinária e jurisprudencial da exceção de pré-executividade, também chamada de objeção de pré-executividade.

A princípio, tratava-se de um meio de defesa com a finalidade de apresentar matéria de ordem pública que não demande produção de provas, entendimento consolidado, inclusive, na súmula 393 do STJ[12]. Ocorre que, com a contínua evolução do Direito Processual, o nicho de matérias que poderiam ser veiculadas

---

12 Como já exposto anteriormente, neste trabalho, a Súmula 393 do STJ prevê que "a exceção de pré-executividade é admissível na execução fiscal relativamente às matérias conhecíveis de ofício que não demandem dilação probatória" (Brasil, 2009).

pelo referido meio em estudo, foi tornando-se cada vez maior.

Nesse sentido, atualmente, é possível alegar nos próprios autos da execução fiscal qualquer matéria que não demande dilação probatória e que, portanto, seja compatível com o procedimento executivo, sendo possível a conclusão de que os embargos à execução poderiam, inclusive, cair em verdadeiro desuso, considerando todas as suas particularidades de certa forma desfavoráveis à parte embargante.

Por fim, é importa salientar que o instrumento da exceção de pré-executividade é um passo na busca por um processo célere, adequado e efetivo, que respeite os direitos e princípios previstos na Constituição Federal e garanta ao executado, tido como parte mais prejudicada de um processo, certo equilíbrio processual.

REFERÊNCIAS

ASSIS, Araken de. Processo Civil Brasileiro: Manual da Execução. São Paulo: Ed. Revista dos Tribunais, 2016.

BRASIL. Código de Processo Civil. Lei 13.105, de 16 de março de 2015. Disponível em: <http://www.planalto.gov.br/ccivil_03/_ato2015-2018/2015/lei/l13105.htm>. Acesso em: 03 out. 2020.

BARROSO, Darlan. Manual de direito processual civil: Execução. São Paulo: Manole, 2007.

BUENO, Cassio Scarpinella. Curso sistematizado de direito processual civil: teoria geral do direito processual civil, vol. 1. 8. ed. rev. e atual. São Paulo: Saraiva, 2014.

CALIENDO, Paulo. Curso de Direito Tributário. São Paulo: Saraiva, 2017.

CARVALHO, Paulo de Barros. Curso de Direito Tributário. 28ª ed. São Paulo: Saraiva, 2017.

CHUCRI, Augusto Newton (Org.). Execução Fiscal Aplicada: análise pragmática do processo de execução fiscal. 6 ed. ver. Ampl. e atual. Salvador:

Juspodivm, 2017.

CNJ. Justiça em Números 2020: ano-base 2019/Conselho Nacional de Justiça. Brasília: CNJ, 2020.

_____. Código Tributário Nacional. Lei 5.172, de 25 de outubro de 1966. Disponível em: < http://www.planalto.gov.br/ccivil_03/leis/l5172compilado.htm>. Acesso em: 03 out. 2020.

CONRADO, Paulo Cesar. Processo Tributário. 3ª ed. São Paulo: Quartier Latin, 2012.

_____. Constituição da República Federativa do Brasil de 1988. Disponível em: <http://www.planalto.gov.br/ccivil_03/Constituicao/Constituicao.htm>. Acesso em: 03 out. 2020.

CUNHA, Leonardo Carneiro da. A Fazenda Pública em juízo. 15. ed. rev., atual e ampl. – Rio de Janeiro: Forense, 2018.

_____. Curso de Direito Processual Civil – Teoria geral do direito processual civil, processo de conhecimento e procedimento comum – vol. III. 47. ed. rev., atual. e ampl. – Rio de Janeiro: Forense, 2016a.

DIDIER JR., Fredie, at all. Curso de direito processual civil: Execução. Bahia: JusPodivum, 2012.

DIDIER JUNIOR, Fredie et al. Curso de direito processual civil: execução. 7. ed. rev., ampl. e atual. Salvador: Ed. JusPodivm, 2017a.

DIDIER JUNIOR, Fredie. Curso de direito processual civil: introdução ao direito processual civil, parte geral e processo de conhecimento. 19. ed. Salvador: Ed. Jus Podivm, 2017b.

_____. Lei de execução fiscal: comentários e jurisprudência. 13. ed. – São Paulo: Saraiva, 2016b.

LACOMBE, Américo Masset. Princípios Constitucionais Tributários. 1. ed. São Paulo: Malheiros, 1996.

LENZA, Pedro. Direito constitucional esquematizado. 23. ed. São Paulo:

Saraiva Educação, 2019.

MACHADO, Marcelo Pacheco. Os novos embargos à execução: técnicas processuais de defesa do executado na nova sistemática do processo de execução de títulos extrajudiciais. São Paulo: Quartier Latin, 2007.

MARTINS, Ives Gandra da Silva; BRITO Edvaldo. Doutrinas Essenciais - Direito Tributário. Direito processual administrativo e judicial. Vol. VII. São Paulo: Editora Revista dos Tribunais, 2011.

MELLO, Celso Antônio Bandeira de. Curso de Direito Administrativo. 17. ed. São Paulo: Malheiros, 2004.

NEVES, Daniel Amorim Assumpção. Manual de direito processual civil – Volume único – 10 ed. – Salvador: Ed. Juspodivm, 2018.

REIS, Sergio Cabral. Sinopse de Direito Processual Civil: Tomo II. São Paulo: CL EDIJUR, 2012.

SABBAG, Eduardo de Moraes. Direito Tributário – Elementos do Direito, v. 3, 12. ed. São Paulo: Revista dos Tribunais, 2010.

SARLET, Ingo Wolfgang. Curso de direito constitucional / Ingo Wolfgang Sarlet, Luiz Guilherme Marinoni e Daniel Mitidiero. – 6. ed. – São Paulo: Saraiva, 2017.

SEGUNDO, Hugo de Brito Machado. Processo tributário. – 10. ed. rev e atual. – São Paulo: Atlas, 2018.

THEODORO JÚNIOR, Humberto. Curso de Direito Processual Civil – Teoria geral do direito processual civil, processo de conhecimento e procedimento comum – vol. I. 56. ed. rev., atual. e ampl. – Rio de Janeiro: Forense, 2015.

TORRES. Heleno Taveira. Direito processual tributário: processo judicial tributário. Vol. 1. São Paulo: Editora Revista dos Tribunais, 2015.

SALLUM, Maria Laura Montans. Protagonismo da exceção de pré-executividade como meio hábil de defesa na execução fiscal. *In:* CERIZZE, Rosiris; CALAZA, Tales (Coord.). *Controvérsias e soluções jurídicas empresariais.* Uberlândia: Marco Teórico, 2024. pp. 193-222.

O FUTURO DA PROTEÇÃO DO DIREITO AUTORAL NO BRASIL: NOVOS DESAFIOS INAUGURADOS PELO USO DA INTELIGÊNCIA ARTIFICIAL NA PRODUÇÃO DE OBRAS INTELECTUAIS NO CONTEXTO NACIONAL

10

Tales Calaza
João Victor Vieira Doreto

1. INTRODUÇÃO

O direito autoral é um dos ramos jurídicos mais sensíveis, pois tem como finalidade buscar a proteção da criação de espírito de determinado autor, garantindo que possa explorar e obter proveito econômico a partir de um trabalho intelectual sobre o qual dedicou esforços físicos, mentais e financeiros.

Desde a sua publicação em 1998, a legislação nacional que versa sobre os direitos de autor[1] se mostrou suficiente para resguardar os interesses dos envolvidos neste meio, principalmente durante o período de crescimento exponencial

---

1   Lei nº 9.610/98 ("Lei de Direitos Autorais").

das mídias digitais, momento em que tal norma se revelou essencial para evitar o uso e o compartilhamento indevido de obras protegidas.

Ocorre que, com o uso da inteligência artificial para a produção de obras intelectuais, são inaugurados novos desafios para os envolvidos neste meio, vez que são iniciadas novas discussões sobre a titularidade e a responsabilidade sobre essas obras e a possibilidade de sua exploração.

O presente capítulo tem por finalidade explorar qual o grau de proteção atualmente conferido às obras provenientes do uso de inteligência artificial no contexto nacional, assim como explorar quais os desafios existentes no contexto contemporâneo que justificam a atualização dos normativos existentes sobre o tema.

2. HISTÓRICO DO USO DA IA PARA A COMPOSIÇÃO DE OBRAS INTELECTUAIS

David Cope é professor emérito de música na Universidade da Califórnia. Antes de atingir tal grau acadêmico, David iniciou sua carreira como músico e compositor de diferentes gêneros musicais, tornando-se um dos primeiros nomes no mundo a utilizar um programa de composição musical hoje conhecido como *EMI – Experiments In Music Intelligence*[2].

O *EMI* se tratava de um programa que analisava determinadas músicas inseridas em seu banco de dados e gerava novas composições com estilos similares, em outras palavras, vislumbrava-se o início uso da inteligência artificial (IA) na indústria da música. Cope já utilizava essa tecnologia na década de 90[3].

Com o uso dessa ferramenta no processo de composição musical, David

---

2   PREDOTA, Georg. AI Composes Classical Music David Cope. Interlude, 2023. Disponível em: https://interlude.hk/ai-composes-classical-music-david-cope/. Acesso em: 14 mai 2023.

3   A título de curiosidade, veja uma obra produzida por David Cope, utilizando da inteligência artificial indicada, no seguinte link: https://www.youtube.com/watch?v=2kuY3BrmTfQ.

conta que foi fácil superar o desafio que havia lhe sido imposto de produzir um álbum de música clássica. Entretanto, se deparou com dificuldades no momento de lançar esse álbum, visto que as gravadoras encaminhavam respostas negativas alegando que "somente publicavam música contemporânea, e aquilo não seria música contemporânea" – pelo fato de ser gerada a partir de dados de músicas clássicas antiquadas – ou então alegavam que "somente publicavam música clássica, e aquilo não seria música clássica" – pelo fato de ser produzida na contemporaneidade, com artifícios de inteligência artificial[4].

Eventualmente, o álbum foi publicado. Entretanto, surgiu uma nova dificuldade: encontrar um artista disposto a executar a música composta pela IA. Dessa forma, para reproduzir suas composições, David optou por fazer o uso do *Disklavier* – forma de piano que utiliza sensores para reproduzir a performance de um piano real. O resultado foi um dos primeiros álbuns produzidos sem que nenhum humano tivesse composto ou executado a música[5].

Publicado o álbum executado, começaram a surgir críticas negativas principalmente quanto a forma como as músicas foram executadas, e não necessariamente quanto a forma como foram compostas. Os críticos apontavam principalmente que a execução da música soaria rígida e, portanto, que seria fácil um ouvinte detectar que aquela obra não estaria sendo reproduzida por um humano.

Diante disso, Douglas Hofstadter, professor da Universidade de Oregon, organizou um Teste de Turing[6], de modo a avaliar a fidelidade dessas críticas

---

4   Idem.

5   GARCIA, Chris. Algorithmic music – David Cope and EMI. Computer History Museum, 2015. Disponível em: https://computerhistory.org/blog/algorithmic-music-david-cope-and-emi/?key=algorithmic-music-david-cope-and-emi. Acesso em: 15 mai 2023.

6   O Teste de Turing nasce em 1950 com a publicação do artigo "Computing Machinery and Intelligence" (TURING, Alan. 1950). No texto, Turing apresentou previsões precisas sobre os requisitos necessários para um computador se passar por um ser humano em uma conversa, estabelecendo os fundamentos da Inteligência Artificial. Em vez de questionar se as máquinas poderiam pensar, Turing sugeriu que a pergunta correta seria se elas poderiam passar em um teste comportamental de inteligência. Esse teste consiste

recebidas por Cope. Para a realização do teste, a pianista Winifred Kerner executou três obras no piano no estilo de Bach: uma composta pelo *EMI*, uma composta por Steve Larson – influente musicista na área da música clássica – e uma composta pelo próprio Bach. Como resultado, a audiência participante do Teste indicou que a obra composta pelo *EMI* seria a verdadeira obra de Bach, enquanto a obra composta por Steve Larson seria a composta por uma inteligência artificial[7].

Esse cenário cria um desafio até então inédito no universo do direito autoral, vez que, para indicar qual obra seria a "verdadeira de Bach", composta por um humano, a audiência escolheu a composição que mais tocou seus sentimentos. No momento em que a música que mais emocionou a audiência foi uma composta por uma inteligência artificial, isso afronta um dos pilares do direito autoral, que seria o reconhecimento da obra como a exteriorização da própria personalidade do autor, revestida de originalidade e de traços característicos que aquele determinado autor imprime em suas obras. Afinal, caso uma inteligência artificial consiga reproduzir tais traços característicos e originalidade a qualquer obra inédita, como justificar a proteção conferida pelo direito autoral?

3. A PROTEÇÃO CONFERIDA AO AUTOR NO ORDENAMENTO JURÍDICO NACIONAL

No Brasil, os direitos autorais são tutelados por Lei própria (Lei nº 9.610/98), a qual indica expressamente quem pode ser considerado um autor de obra

essencialmente em desafiar um ser humano, sem contato visual, a determinar se as respostas fornecidas por um interlocutor - que são inseridas por meio de um teclado - vêm de outra pessoa ou de uma máquina. A máquina será considerada aprovada no teste se suas respostas forem indistinguíveis das de um ser humano, tornando impossível para alguém discernir qual interlocutor é a máquina e qual é a pessoa. (Inteligência Artificial no Mercado de Capitais: de CARVALHO, Angelo Gamba Prata. In: INTELIGÊNCA ARTIFICIAL E DIREITO: FRAZÃO, Ana. MULHOLLAND, Caitlin. (org.), p 607 – 631, RT, 2019).

7   GARCIA, op cit.

intelectual:

> Artigo 11, da Lei nº 9.610/98 – Autor é a pessoa física criadora de obra literária, artística ou científica.
>
> Parágrafo único – A proteção concedida ao autor poderá aplicar-se às pessoas jurídicas nos casos previstos nesta Lei.

A partir deste primeiro conceito, já é possível identificar um empecilho para que obras criadas por inteligências artificiais sejam consideradas objeto de proteção no escopo desta norma, vez que a legislação indica que o autor deve ser obrigatoriamente um sujeito dotado de personalidade (física ou jurídica). As tecnologias de inteligência artificial não possuem personalidade ou capacidade de resposta ou responsabilização perante terceiros[8], motivo pelo é apresentado o primeiro entrave para o reconhecimento da proteção de eventuais obras por ela criadas.

O direito autoral é repleto de binômios, dentre eles o que versa sobre o seu aspecto moral x patrimonial. O aspecto moral proveniente da proteção do direito de autor advém da teoria de que somente a pessoa física é capaz de criar uma obra intelectual, de modo que este aspecto visa assegurar a "criação de espírito" envolvida naquela obra. Já o aspecto patrimonial busca assegurar a exploração econômica daquela obra, seja por meio de sua reprodução, publicação, licenciamento, dentre outras formas permitidas (ou não vedadas) pela legislação. Neste sentido:

> Depreende-se desse elenco que os direitos morais do autor consubstanciam-se, basicamente, na paternidade da obra e na sua integralidade, e têm por principais características a pessoalidade e a perpetualidade, pois a lei diz que são direitos inalienáveis e irrenunciáveis (art. 27).
>
> Só a pessoa física pode ser titular do direito moral de autor porque só o ser humano é capaz de criar uma obra intelectual. A Lei Autoral, em seu artigo

---

8   TOMASEVICIUS FILHO, E. Inteligência artificial e direitos da personalidade: uma contradição em termos? Revista da Faculdade de Direito, Universidade de São Paulo, [S. l.], v. 113, p. 133-149, 2018. DOI: 10.11606/issn.2318-8235.v113i0p133-149. Disponível em: https://www.revistas.usp.br/rfdusp/article/view/156553. Acesso em: 16 maio. 2023.

11, ao dizer que "autor é a pessoa física criadora de obra literária, artística ou científica", afastou definitivamente a discussão ensejada pelo parágrafo único do artigo 15 da Lei anterior sobre a possibilidade de ser a pessoa jurídica considerada autora. Pode ser ela titular de direito patrimonial do autor, mas do direito moral nunca, simplesmente porque a pessoa jurídica não é capaz de criar nada; não tem talento, não tem espírito, não tem imaginação.

O direito patrimonial do autor tem por conteúdo o aproveitamento econômico da obra, que se opera através de sua reprodução, publicação, apresentação ou utilização remunerada. Esse direito, embora a lei o atribua com exclusividade ao autor (art. 28), pode ser por ele transferido a terceiros, total ou parcialmente, temporária ou definitivamente, por meio de autorização, concessão, cessão e outros meios jurídicos (arts. 49 e 50). Cede-se a obra, ou a sua exploração econômica, mas a autoria nunca.[9]

Dessa forma, reforça-se o empecilho para que a IA seja eventualmente reconhecida como titular de um direito autoral, vez que a ela não é possível atribuir um direito moral, já que não pode preencher o requisito de "criação de espírito", qualidade esta de exclusividade dos autores pessoas naturais.

Um segundo empecilho é proveniente de outro binômio existente no ramo da propriedade intelectual: titularidade x responsabilidade. Este segundo binômio ensina que somente é possível determinada pessoa ser responsabilizada pelos efeitos de sua obra caso ela seja seu titular, portanto, quem afere proveitos econômicos sobre ela. Explica-se: se uma pessoa física cria uma obra utilizando traços de outras obras que não se enquadram em domínio público e não obtém as correspondentes autorizações de seus respectivos titulares, ela incorrerá em plágio[10], de modo que será responsabilizada pelos danos advindos desta nova obra que criar. No ano de publicação deste capítulo, ocorreu um caso notório em âmbito nacional neste sentido, no que tange a música "Lovezinho" da artista

---

9   CAVALIERI FILHO, Sérgio. Direito autoral e responsabilidade civil. Revista da EMERJ, v. 4, n. 13, p. 43-50, 2001.

10 Artigo 33, da Lei nº 9.610/1998 (Lei dos Direitos Autorais): Ninguém pode reproduzir obra que não pertença ao domínio público, a pretexto de anotá-la, comentá-la ou melhorá-la, sem permissão do autor.

Treyce, que foi notificada pela Sony ao entender que o *hit* contém trechos de outra obra que está sob sua exploração econômica, qual seja, a música *Say It Right*, da artista Nelly Furtado[11].

Entretanto, caso essa obra que contenha traços de plágio seja criada por uma inteligência artificial, ela poderia ser responsabilizada neste sentido[12]? Na atual conjuntura do ordenamento jurídico nacional, não. Isso porque a IA não possui nem personalidade para aferir os resultados econômicos provenientes da publicação da obra, nem para ser responsabilizada por eventuais ilícitos dela provenientes, nos termos da Lei Civil vigente. O inverso também é aplicável, ou seja, da mesma forma que a IA não poderia ser responsabilizada por eventual obra por ela criada, suas obras também não seriam protegidas pelo direito de autor, de modo que, a uma primeira vista, poderiam ser consideradas, inclusive, obras em domínio público. Entretanto, uma discussão acessória seria sobre os limites da responsabilidade do criador desta inteligência artificial, ou mesmo do usuário que a utilizou para cometer o plágio, discussão esta que demanda aprofundamento em normas específicas, que fogem ao escopo do presente capítulo, motivo pelo qual será objeto de estudo em oportunidade diversa.

Em que pese os empecilhos acima apontarem para uma possível vedação do reconhecimento da IA como autora, surge um questionamento mais profundo: poderiam os resultados por ela criados serem consideradas obras intelectuais, tendo a sua autoria imputada a uma pessoa física?

---

11 O GLOBO. Sem acordo com Nelly Furtado, 'Lovezinho', de Treyce e WK, é retirada do ar. 2013. Disponível em: https://oglobo.globo.com/cultura/musica/noticia/2023/05/sem-acordo-com-nelly-furtado-lovezinho-de-treyce-e-wk-e-retirada-do-ar.ghtml. Acesso em: 19 mai 2023.

12 Neste sentido, verifica-se que milhares de músicas provenientes do uso da inteligência artificial já foram publicadas em notórias plataformas internacionais de música, como o Spotify, mas contendo o uso não autorizado de vozes, samples, trechos de músicas, dentre outros. Veja: SANTOS, Emanoelle. Spotify remove milhares de músicas feitas por inteligência artificial; entenda. O GLOBO, 2023. Disponível em: https://oglobo.globo.com/cultura/noticia/2023/05/spotify-remove-milhares-de-musicas-feitas-por-inteligencia-artificial-entenda.ghtml. Acesso em: 19 mai 2023.

4. A PROTEÇÃO CONFERIDA ÀS OBRAS AUTORAIS NO ORDENAMENTO JURÍDICO NACIONAL

Além do reconhecimento expresso das características do autor da obra intelectual pela legislação brasileira, conforme trabalhado no tópico anterior, a Lei de Direitos Autorais também indica expressamente quais serão os trabalhos por ele produzidos que serão consideradas obras sujeitas à proteção autoral. Nesse sentido:

> Artigo 7º, da Lei nº 9.610/98 – São obras intelectuais protegidas as criações do espírito, expressas por qualquer meio ou fixadas em qualquer suporte, tangível ou intangível, conhecido ou que se invente no futuro, tais como:[13]

São apresentados, portanto, três requisitos para que seja garantida a proteção à obra produzida pelo autor no ordenamento nacional: primeiramente, é necessário que o objeto de proteção seja efetivamente uma obra, ou seja, meras ideias não podem ser protegidas pelo escopo desta Lei. Em seguida, o trabalho deve ser uma criação de espírito, ou seja, não pode ser uma mera cópia de um trabalho anterior pré-existente, mas deve haver efetivamente uma criação, o surgimento de algo novo – neste contexto, a doutrina apresenta o conceito de "contributo mínimo", ou seja, a obra deve possuir um mínimo de grau criativo e/ou

---

13 O artigo indicado apresenta o seguinte rol exemplificativo: I - os textos de obras literárias, artísticas ou científicas; II - as conferências, alocuções, sermões e outras obras da mesma natureza; III - as obras dramáticas e dramático-musicais; IV - as obras coreográficas e pantomímicas, cuja execução cênica se fixe por escrito ou por outra qualquer forma; V - as composições musicais, tenham ou não letra; VI - as obras audiovisuais, sonorizadas ou não, inclusive as cinematográficas; VII - as obras fotográficas e as produzidas por qualquer processo análogo ao da fotografia; VIII - as obras de desenho, pintura, gravura, escultura, litografia e arte cinética; IX - as ilustrações, cartas geográficas e outras obras da mesma natureza; X - os projetos, esboços e obras plásticas concernentes à geografia, engenharia, topografia, arquitetura, paisagismo, cenografia e ciência; XI - as adaptações, traduções e outras transformações de obras originais, apresentadas como criação intelectual nova; XII - os programas de computador; XIII - as coletâneas ou compilações, antologias, enciclopédias, dicionários, bases de dados e outras obras, que, por sua seleção, organização ou disposição de seu conteúdo, constituam uma criação intelectual.

originalidade para que possa ser objeto de proteção de direitos autorais[14]. Por fim, a obra deve ser expressa em algum meio ou suporte, ou seja, não pode restar somente no plano das ideias, mas deve ser exteriorizada ao mundo.

Ao analisar estes requisitos, identifica-se que o trabalho produzido por uma inteligência artificial se enquadraria perfeitamente neste conceito, de modo que mereceria a aludida proteção. Veja o exemplo da plataforma DALL·E 2[15] – plataforma de inteligência artificial que cria imagens realistas e arte a partir de descrições de linguagem natural. Nessa plataforma, o usuário preenche um texto no campo apropriado e, a partir de dados pré-existentes na rede mundial de computadores, ela cria uma imagem única. Neste sentido, ao se digitar, por exemplo, "uma pintura de uma escultura de Michelangelo no estilo de Van Gogh", é possível se obter, dentre outros, o possível resultado: https://labs.openai.com/s/DQfwt6PIsJv4aAm5yrqNRPvY.

Veja que, em teoria, o resultado gerado por esta plataforma preenche os três requisitos apontados anteriormente: 1) é efetivamente uma obra (não se trata de uma mera ideia); 2) possui a característica de "contributo mínimo" por não se tratar da cópia de um trabalho anterior, mas da criação de algo novo, vez que utiliza de *inputs* anteriores para a criação de uma obra nova (assim como os humanos se inspiram em dados prévios para realizarem novas criações); e 3) é exteriorizada ao mundo, expressa em suporte diverso do plano das ideias.

Uma vez identificado que a obra criada por meio de plataforma de inteligência artificial poderia ser objeto de proteção de direitos autorais, restaria em aberto somente definir quem seria o titular dos direitos autorais. Afinal, a própria IA não poderia ser considerada a autora daquela obra, conforme explicitado

---

14 RAMOS, Carolina Tinoco. Contributo mínimo em direito de autor: o mínimo grau criativo necessário para que uma obra seja protegida; contornos e tratamento jurídico no direito internacional e no direito brasileiro. 2010. 213 f. Dissertação (Mestrado em Direito Civil Constitucional; Direito da Cidade; Direito Internacional e Integração Econômica; Direi) - Universidade do Estado do Rio de Janeiro, Rio de Janeiro, 2010.

15 DALL·E 2. OpenAI, 2023. Disponível em: https://openai.com/product/dall-e-2. Acesso em: 20 mai 2023.

no tópico anterior.

Nos Termos de Uso de plataformas como a DALL·E 2, é indicado expressamente que o usuário será titular de todos os *inputs* que nela inserir, ou seja, você é considerado titular das próprias informações que preencher na plataforma. Entretanto, a empresa detentora da plataforma se considera titular dos resultados por ela produzidos. Isso é verificado ao passo em que, em seus Termos de Uso, a empresa responsável pela IA estaria autorizando o usuário a fazer uso dos resultados por ela produzidos:

> (a) Your Content. You may provide input to the Services ("Input"), and receive output generated and returned by the Services based on the Input ("Output"). Input and Output are collectively "Content." As between the parties and to the extent permitted by applicable law, you own all Input. Subject to your compliance with these Terms, OpenAI hereby assigns to you all its right, title and interest in and to Output. This means you can use Content for any purpose, including commercial purposes such as sale or publication, if you comply with these Terms. OpenAI may use Content to provide and maintain the Services, comply with applicable law, and enforce our policies. You are responsible for Content, including for ensuring that it does not violate any applicable law or these Terms.[16]

Dessa forma, uma vez que o usuário aceitou os Termos de Uso para utilizar a plataforma, a questão estaria resolvida: a empresa responsável pela plataforma seria considerada a autora daquela obra, sendo ao usuário, em casos como o indicado acima, autorizados a utilizá-la, mas a propriedade permaneceria sendo da empresa.

Entretanto, a questão não é tão simples, vez que a originalidade e o contributo mínimo são pressupostos para a configuração do direito autoral. O autor de determinada obra é quem possui o seu controle criativo, ou seja, quem foi o responsável por levar a sua criatividade (criação de espírito) para a plataforma e nela registrar o resultado original. A título exemplificativo, uma pessoa que tira

---

16 Terms of Use. OpenAI. Disponível em: https://openai.com/policies/terms-of-use/. Acesso em: 20 mai 2023.

uma foto em seu *smartphone* detém o direito autoral daquela imagem. Entretanto, caso o indivíduo "A" peça ao indivíduo "B" que tire uma determinada foto, mas passe a ele todas as instruções (posição, ajustes de câmera, ângulo, iluminação, dentre outros), em que pese o indivíduo "B" ter tirado a foto, o direito autoral sobre ela caberá ao indivíduo "A", vez que aquele não teve qualquer controle sobre a produção intelectual sobre a obra. Reforça-se: para que a pessoa seja considerada autora, ela não necessariamente deve ter controle sobre o resultado final, mas sim sobre o processo criativo.

Com isso em mente, surge o seguinte questionamento: caso a obra seja criada por determinada inteligência artificial, mas os *inputs* para que se chegasse a determinado resultado fossem inseridos pelo usuário, seria o usuário o titular dos direitos autorais sobre a obra e a IA considerada mera ferramenta?

Para avançar nessa discussão, nos parece que, no estado atual da legislação, a inteligência artificial seria tratada como uma mera ferramenta para que o autor alcançasse determinado resultado. Veja: quando um fotógrafo registra determinado resultado, a fabricante da câmera fotográfica é considerada autora da obra? Quando um escritor publica um livro, a empresa responsável pela ferramenta onde ele escreveu seus textos (Word ou similar) é considerada autora da obra? Quando um artista plástico finaliza suas pinturas, o fabricante do pincel, da tela ou das tintas é considerado autor da obra? Por óbvio, a resposta para todas as perguntas é negativa, vez que a câmera fotográfica, a ferramenta de escrita, o pincel, a tela e as tintas se trata de meras ferramentas que aguardavam sua exploração pelo humano que contribuiria com sua criatividade para então gerar a obra intelectual, motivo pelo qual o humano é considerado autor.

Da mesma forma, no contexto atual da legislação autoral, verifica-se que a ferramenta de inteligência artificial está inerte, aguardando o humano inserir *inputs* para que ela gere resultados. Em outras palavras, no contexto contemporâneo, a IA poderia ser considerada como mera ferramenta para que o autor produza suas obras.

Toda a discussão sobre a possibilidade de conferir o *status* de autor à IA ou ao seu desenvolvedor decore do fato de que os *inputs* realizados pelo humano ao utilizar esta ferramenta são extremamente mais simples do que o trabalho intelectual e técnico exigido por outras ferramentas. Explica-se: para realizar uma pintura ou escultura, o artista plástico depende de estudos prévios, prática com diversas tentativas e erros e dias/meses/anos de trabalho para alcançar seu resultado. Por outro lado, ao utilizar da inteligência artificial, o usuário praticamente não necessita de qualquer esforço físico ou intelectual, sendo ainda o resultado gerado em segundos. De fato, pode até ser exigido esforço intelectual para inserir *inputs* interessantes para gerar resultados relevantes naquela ferramenta, entretanto, conforme já explicitado nos termos de uso estudados anteriormente, os *inputs* já são considerados bens de propriedade intelectual do próprio usuário.

Diante disso, identifica-se que, em um primeiro momento, a legislação autoral nacional vigente aparenta ter respostas prontas para os questionamentos levantados pelo presente capítulo. Entretanto, em um estudo aprofundado, verifica-se que tais respostas não são condizentes com o nível de complexidade inaugurado pelo uso de ferramentas de inteligência artificial na produção de obras autorais, de modo pode não ser razoável que o legislador permita que as próprias plataformas sejam autorreguladas pelos seus próprios Termos e Políticas, mas seria a solução o desenvolvimento de novas legislações para abarcar estes novos cenários?

5. CONCLUSÃO

São muitos os desafios trazidos para o Direito em decorrência da constante atualização de tecnologias, não sendo o intuito aqui esgotar o tema, mas trazer à baila a necessária discussão sobre quais as possível soluções.

O desafio não é só no Brasil e também não há consenso internacional. Ao analisar se obras produzidas por Inteligência Artificial são protegidas por direitos autorais, a autoridade estadunidense USCO (*United States Copyright Office*), entendendo que a "autoria humana" é um elemento essencial, para além da originalidade da obra, no reconhecimento do direito de autor, rejeitando assim o pedido de proteção de direitos autorais de obras que foram criadas por IA[17].

Em uma outra perspectiva, há regulamentação aplicável ao Reino Unido e à Nova Zelândia no sentido de que há um processo criativo no desenvolvimento dos *inputs* fornecidos à ferramenta de IA para que esta gere uma obra, seja esta literária, musical ou artística. O *UK Copyright, Designs and Patent Act* de 1988[18] prevê, no caso acima, os diretos autorais serão do indivíduo responsável por alimentar o programa com os comandos necessários para alcançar determinado resultado.

É certo que este cenário traz grande insegurança jurídica para artistas contemporâneos, criadores de conteúdo digital, mas principalmente para as empresas responsáveis pelo desenvolvimento de tais plataformas, as quais têm altíssimo custo e apenas formas indiretas de monetização de seu uso.

Nesse sentido, enquanto não há uma definição consistente, o mais recomendado para tais empresas é, no mesmo sentido de várias outras tecnologias, adotar cautela tendo como base interpretação análoga às regulamentações já existentes, que deverão balizar a autorregulação das plataformas através de seus Termos de Uso.

REFERÊNCIAS

BRASIL. Lei nº 9.610, de 19 de fevereiro de 1998. Altera, atualiza e consolida a legislação sobre direitos autorais e dá outras providências.

CAVALIERI FILHO, Sérgio. Direito autoral e responsabilidade civil. Revista da EMERJ, v. 4, n. 13, p. 43-50, 2001.

DALL·E 2. OpenAI, 2023. Disponível em: https://openai.com/product/dall-e-2. Acesso em: 20 mai 2023.

DE CARVALHO, Angelo Gamba Prata. Inteligência Artificial no Mercado de

---

17 Disponível em: https://www.theregister.com/2023/03/16/ai_art_copyright_usco/. Acesso em 21/05/2023.

18 Disponível em: https://www.legislation.gov.uk/ukpga/1988/48/part/I/chapter/I/cross-sheading/authorship-and-ownership-of-copyright?view=plain. Acesso em 21/05/2023

Capitais. In: INTELIGÊNCA ARTIFICIAL E DIREITO: FRAZÃO, Ana. MULHOLLAND, Caitlin. (org.), p 607 – 631, RT, 2019

GARCIA, Chris. Algorithmic music – David Cope and EMI. Computer History Museum, 2015. Disponível em: https://computerhistory.org/blog/algorithmic-music-david-cope-and-emi/?key=algorithmic-music-david-cope-and-emi. Acesso em: 15 mai 2023.

O GLOBO. Sem acordo com Nelly Furtado, 'Lovezinho', de Treyce e WK, é retirada do ar. 2013. Disponível em: https://oglobo.globo.com/cultura/musica/noticia/2023/05/sem-acordo-com-nelly-furtado-lovezinho-de-treyce-e-wk-e-retirada-do-ar.ghtml. Acesso em: 19 mai 2023.

PREDOTA, Georg. AI Composes Classical Music David Cope. Interlude, 2023. Disponível em: https://interlude.hk/ai-composes-classical-music-david-cope/. Acesso em: 14 mai 2023.

QUACH, Katyanna. AI-generated art can be copyrighted, say US officials – with a catch. The Register, 2023. Disponível em: https://www.theregister.com/2023/03/16/ai_art_copyright_usco/. Acesso em 21/05/2023.

RAMOS, Carolina Tinoco. Contributo mínimo em direito de autor: o mínimo grau criativo necessário para que uma obra seja protegida; contornos e tratamento jurídico no direito internacional e no direito brasileiro. 2010. 213 f. Dissertação (Mestrado em Direito Civil Constitucional; Direito da Cidade; Direito Internacional e Integração Econômica; Direi) - Universidade do Estado do Rio de Janeiro, Rio de Janeiro, 2010.

SANTOS, Emanoelle. Spotify remove milhares de músicas feitas por inteligência artificial; entenda. O GLOBO, 2023. Disponível em: https://oglobo.globo.com/cultura/noticia/2023/05/spotify-remove-milhares-de-musicas-feitas-por-inteligencia-artificial-entenda.ghtml. Acesso em: 19 mai 2023.

Terms of Use. OpenAI. Disponível em: https://openai.com/policies/terms-of-use/. Acesso em: 20 mai 2023.

TOMASEVICIUS FILHO, E. Inteligência artificial e direitos da personalidade: uma contradição em termos? Revista da Faculdade de Direito, Universidade de São Paulo, [S. l.], v. 113, p. 133-149, 2018. DOI: 10.11606/issn.2318-8235.v113i0p133-149. Disponível em: https://www.revistas.usp.br/rfdusp/article/view/156553. Acesso em: 16 maio. 2023.

UNITED KINGDOM. Copyright, Designs and Patents Act 1988.

CALAZA, Tales; DORETO, João Victor Vieira. O futuro da proteção do direito autoral no Brasil: novos desafios inaugurados pelo uso da inteligência artificial na produção de obras intelectuais no contexto nacional. *In:* CERIZZE, Rosiris; CALAZA, Tales (Coord.). *Controvérsias e soluções jurídicas empresariais.* Uberlândia: Marco Teórico, 2024. pp. 223-237.

ANÁLISE DOS IMPACTOS JURÍDICOS DECORRENTES DA PRORROGAÇÃO DO PRAZO DE *VACATIO LEGIS* DA LEI FEDERAL N.º 8.666/93 PARA A LEI FEDERAL N.º 14.133/21

11

Ana Luísa Pimentel Resende Côrtes
Raíza Teixeira Malta

1. INTRODUÇÃO

A principal lei brasileira relativa à matéria de licitações e contratos administrativos é a Lei nº 8.666, de 21 de junho de 1993, cujo objeto é a instituição de normas gerais de licitações e contratos da Administração Pública brasileira em todos os níveis da federação.

Com o passar dos anos, referida legislação ficou desatualizada e anacrônica, não atendendo mais aos interesses da Administração Pública, fato este que motivou a elaboração de um projeto de lei que tramitou por mais de 10 (dez) anos no Congresso Nacional, passando por inúmeras comissões, várias audiências públicas, considerado, de fato, um projeto de lei muito debatido, um verdadeiro consenso social, que contou com a participação de vários especialistas membros dos tribunais de contas e sociedade civil.

Superadas todas essas fases, em 01 de abril de 2021 foi publicada a nova Lei Geral de Licitações (Lei 14.133/2021) com prazo de *vacatio legis* de 2 (dois) anos, a fim de possibilitar a transição e adaptação da Administração Pública e dos licitantes ao novo regramento de compras públicas no País, diploma legal que trouxe inovações excelentes para dinamizar as compras públicas e torná-las ainda mais baratas e mais seguras, sendo uma lei completamente repaginada, atual e com instrumentos mais ágeis e intuitivos.

Entretanto, às vésperas de sua entrada em vigor surgiram sinalizações de que tanto o setor público como o setor privado não se prepararam internamente para atuar e participar dos certames de acordo com o novo regramento disposto na Lei 14.133/2021.

Diante dessa situação, houve uma mobilização da Frente Nacional de Prefeitos e licitantes que foram até Brasília solicitar uma flexibilização ainda maior referente aos marcos temporais para utilização da Lei 14.133/2021, a Nova Lei de Licitações.

A priori, o Tribunal de Contas da União – TCU apreciou a necessidade de tal dilação de prazo e sinalizou uma grande possibilidade de flexibilização no que se refere a "opção por licitar ou contratar" e, logo em seguida, foi anunciado pelo presidente da Câmara dos Deputados que, em contato com o Ministério da Gestão e da Inovação, acordaram que tal medida seria formalizada por meio de uma portaria, qual seja, Portaria 720/2023.

Entretanto, como é absolutamente ilegal alterar uma Lei Federal por intermédio de uma simples portaria, em 31/03/2023 foi publicada a Medida Provisória 1.167/2023 que tratou o tema e formalizou a concessão da dilação do prazo de *vacatio legis*.

Logo, prorrogou-se a possibilidade de realização de certames nos termos da Lei 8.666/93, adiando até 31 de dezembro de 2023 a entrada em vigor plena da nova lei de licitações, concedendo aos órgãos públicos e às empresas licitantes um intervalo de tempo ainda maior para se adequarem às novas regras.

Contudo, conforme demonstrado, resta evidente que mesmo diante do prazo de 02 (dois) anos, tanto o setor público quanto o privado não foram capazes de organizar suas estruturas e planejar as contratações segundo a Nova Lei e, a partir disso, surgem diversos questionamentos, tendo em vista a possibilidade de se prorrogar o prazo até a data de 31 de dezembro de 2023 e, quando vencido, a Administração Pública ainda se encontrar sem o planejamento e adaptações necessárias.

Portanto, com fundamento em pesquisa bibliográfica, busca e análise de artigos, e da legislação pertinente ao tema, o presente trabalho pretende refletir e abordar o tema de forma crítica, explorando de que forma a prorrogação do prazo de *vacatio legis* da Lei n.º 14.122/21 era medida efetivamente necessária, expondo os mecanismos legais previstos, assim como a relação entre a publicação da Medida Provisória 1.167/2023 e o cenário das novas contratações públicas.

Para isso, o trabalho se estruturou em três partes, além desta introdução. Na primeira, far-se-á uma breve contextualização histórica da Lei n.º 8.666/93 e principais alterações e benefícios com o surgimento da Nova Lei, assim como as barreiras enfrentadas. Em seguida, será apresentado o instituto da *vacatio legis*, seu conceito, aplicação na Lei 14.133/2021 e a sua relação com o princípio da segurança jurídica. Na terceira parte, analisa-se o fim do período de convivência referente aos dois diplomas legais, expondo as dificuldades inerentes ao período de transição e a publicação da Medida Provisória nº 1.167/2023, de modo a verificar o cenário das contratações públicas após referida publicação. Por fim, na última parte, têm-se as considerações finais.

2. A LEI FEDERAL N.º 8.666/93

2.1. BREVE ANÁLISE HISTÓRICA

Inicialmente, verifica-se que as regras referentes ao processo licitatório e contratos administrativos têm histórico anterior à Constituição Federal de 1988, dentre elas, cumpre destacar o Decreto-Lei Nº 200, publicado em 25 de fevereiro de 1967, que tratava da organização da Administração Federal, estabelecia diretrizes para a Reforma Administrativa, dentre outras providências, e continha no

Título XII - Das normas relativas a licitações para compras, obras, serviços e alienações - normas gerais relativas às licitações.

Posteriormente, foi publicado o Decreto-Lei n.º 2.300 de 21 de novembro de 1986, que estabelecia tratativas especificamente para licitações e contratos da Administração Pública, regulando o processo licitatório no âmbito federal.

Após a promulgação da nova Constituição Federal, em 05 de outubro de 1988, deu-se início a uma nova etapa na história do País, representando a esperança do povo brasileiro.

Pela primeira vez, falou-se em licitações e contratos públicos em uma Constituição Federal no Brasil, definindo, no artigo 22, inciso XXVII, que a União teria competência para legislar sobre as normas gerais de todos os entes da federação:

> Art. 22. Compete privativamente à União legislar sobre: XXVII – normas gerais de licitação e contratação, em todas as modalidades, para as administrações públicas diretas, autárquicas e fundacionais da União, Estados, Distrito Federal e Municípios, obedecido o disposto no art. 37, XXI, e para as empresas públicas e sociedades de economia mista, nos termos do art. 173, § 1º, III; (...)
>
> Art. 37 A administração pública direta e indireta de qualquer dos Poderes da União, dos Estados, do Distrito Federal e dos Municípios obedecerá aos princípios de legalidade, impessoalidade, moralidade, publicidade e eficiência e, também, ao seguinte: XXI – ressalvados os casos especificados na legislação, as obras, serviços, compras e alienações serão contratados mediante processo de licitação pública que assegure igualdade de condições a todos os concorrentes, com cláusulas que estabeleçam obrigações de pagamento, mantidas as condições efetivas da proposta, nos termos da lei, o qual somente permitirá as exigências de qualificação técnica e econômica indispensáveis à garantia do cumprimento das obrigações. (Brasil, 1988).

Posteriormente, em 21 de junho de 1993, baseada no Decreto-Lei n.º 2.300/1986, foi publicada a Lei nº 8.666/1993, com a perspectiva de ser um firme instrumento para combater os problemas enfrentados pela Administração

Pública brasileira até aquele momento e, então, surgiu a Lei Geral de Licitações.

Visando combater a corrupção e garantir maior segurança às contratações, a Lei Geral de Licitações regulamentou o processo licitatório em âmbito federal, podendo constituir objeto de normatização pelos Estados, Distrito Federal e Municípios, desde que respeitadas as normas gerais de licitação e os princípios fixados por lei, garantindo, portanto, aos entes federativos, discricionariedade para legislar de acordo com suas realidades, mas sempre respeitando a lei federal.

Referido diploma tem como principal objetivo assegurar a legalidade, igualdade de condições e competitividade nos processos licitatórios, além de regular a execução dos contratos administrativos, assim, a legislação visa promover a seleção da proposta mais vantajosa para a Administração.

Dito isso, verifica-se que Lei n.º 8.666/93 é uma importante ferramenta para a promoção da transparência e eficiência nas contratações e, inobstante ter passado por alterações e atualizações ao longo dos anos, visando a adequação às necessidades e demandas, permaneceu, até o ano de 2021, como a principal referência para as licitações e contratos no Brasil.

3. NOVA LEI DE LICITAÇÕES N.º 14.133/2021

3.1. PRINCIPAIS MUDANÇAS E IMPACTOS NO ORDENAMENTO JURÍDICO BRASILEIRO

Em 10 de dezembro de 2020 o Senado aprovou o projeto de lei 4.253 de 2020 criando um marco legal para substituir a lei de licitações e contratos administrativos (Lei 8.666/93), a Lei do Pregão (Lei 10.520/02) e a Lei do Regime Diferenciado de Contratações - RDC (Lei 12.462/11), qual seja, a Nova Lei de Licitações n.º 14.133/2021.

Referido diploma estabelece normas gerais de licitações e contratos e é aplicável aos órgãos da Administração Pública Direta, Autarquias e Fundações Públicas, tanto da União como dos Estados, Municípios e Distrito Federal, inaugurando, portanto, uma nova era de contratações públicas no ordenamento jurídico brasileiro.

Além disso, consolida algumas práticas adotadas nas contratações públicas e traz importantes inovações, como, por exemplo, a criação de novos princípios, entre eles, o princípio da segregação de funções, planejamento, equilíbrio econômico-financeiro, princípios que já são consolidados na doutrina e jurisprudência e agora fazem parte na nova lei.

Outra novidade é a implementação de uma nova modalidade licitatória, qual seja, o diálogo competitivo e também a extinção de outras modalidades de licitação, como foi o caso do convite e da tomada de preços.

Esta Lei, além de restabelecer normas gerais de licitação e contratação para as Administrações Públicas Diretas, Autárquicas e Fundacionais da União, dos Estados, do Distrito Federal e dos Municípios, abrange também os órgãos dos Poderes Legislativo e Judiciário da União, dos Estados e do Distrito Federal e os órgãos do Poder Legislativo dos Municípios, quando no desempenho de função administrativa, bem como os fundos especiais e as demais entidades controladas direta ou indiretamente pela Administração Pública.

Destaca-se que não são abrangidas por esta Lei as Empresas Públicas, as Sociedades de Economia Mista e as suas subsidiárias, que são regidas pela Lei nº 13.303, de 30 de junho de 2016, ressalvado o disposto no art. 178 desta Lei.

Nota-se que nova Lei Geral de Licitações contém disposições muito mais atuais, modernas e que trazem mais lisura e transparência aos procedimentos de contratação com o Poder Público.

Dentre as novidades da nova legislação, destaca-se a previsão da obrigatoriedade de Programas de Integridade para Licitações, tendo em vista que a ampliação e efetividade desta cultura são alguns dos principais objetivos da nova lei, pois, mais do que nunca, é imprescindível fomentar referida conduta nas relações entre os entes da Administração Pública.

Esta Lei também se aplica para a alienação e concessão de direito real de uso de bens, compra, por encomenda, locação, concessão e permissão de uso de bens públicos, prestação de serviços, inclusive os técnico-profissionais especializados, obras e serviços de arquitetura e engenharia, contratações de tecnologia da informação e de comunicação.

Outro ponto importante é o artigo 5º, que aduz, na aplicação desta Lei, que serão observados os princípios da legalidade, impessoalidade, moralidade, publicidade, eficiência, interesse público, probidade administrativa, igualdade, planejamento, transparência, eficácia, segregação de funções, motivação, vinculação ao edital, julgamento objetivo, segurança jurídica, razoabilidade, competitividade, proporcionalidade, celeridade, economicidade e do desenvolvimento nacional sustentável, assim como as disposições do Decreto-Lei nº 4.657, de 4 de setembro de 1942 (Lei de Introdução às Normas do Direito Brasileiro).

Por fim, vale destacar que não se subordinam ao regime da mencionada Lei os contratos que tenham por objeto operação de crédito, interno ou externo, e gestão de dívida pública, incluídas as contratações de agente financeiro e a concessão de garantia relacionadas a esses contratos, bem como as contratações sujeitas a normas previstas em legislação própria.

3.2. BENEFÍCIOS E BARREIRAS DA NOVA LEI

A Lei 14.133/2021 entrou no seu terceiro ano de vigência e, após o final do ano de 2023, será a única lei de licitações aplicável para a Administração Pública Direta, Autárquica e Fundacional.

A nova norma apresenta mudanças significativas e o seu texto é imensamente mais técnico do que o anterior, com o objetivo de tornar as compras e aquisições de bens e serviços mais eficientes entre os órgãos públicos e as empresas licitantes.

É importante ressaltar que a referida legislação atualizou os processos licitatórios, estabelecendo que eles agora serão feitos, majoritariamente, por procedimentos eletrônicos, ou seja, os certames presenciais são, agora, exceção. Além de agilidade, busca-se também maior transparência em todos os processos de compras e aquisições de bens e serviços.

Contudo, insta salientar que a nova Lei apresenta uma dificuldade considerável para sua implementação integral, tanto pela resistência da Administração Pública e demais afetados por ela, quanto pelos diversos artigos que precisam de regulamentações específicas para entrarem em vigor.

Para que a nova lei tenha uma eficácia plena, faz-se necessário não só a criação de regulamentação, por intermédio de atos normativos infralegais, como também o ajuste no sistema de tecnologia da informação, nos quais darão suporte para as novas contratações eletrônicas.

Portanto, enquanto essas regulamentações estiverem pendentes, é certo que, infelizmente, a nova lei de licitações não poderá ser utilizada em sua plenitude, mesmo tendo tido o prazo de *vacatio legis* suficiente para implementar todas as inovações que foram criadas.

4. O INSTITUTO DA *VACATIO LEGIS*

4.1. O CONCEITO

É sabido que, no direito pátrio, exige-se que, após a criação da lei, ela seja publicada pelos meios oficiais dos órgãos. Tal medida justifica-se para que ela possa adquirir reconhecimento social e fé pública, de modo que, em caso de descumprimento, não seja possível alegar o seu desconhecimento.

Para que a norma entre em vigor, é necessário delinear um lapso temporal que seja adequado e suficiente para permitir que cidadãos, empresas e órgãos públicos afetados pela nova lei tenham tempo de se adaptar às nova regras e de se preparar para cumprir as suas obrigações.

No entendimento de Celso Bandeira de Mello (Mello, 2005, p. 9), o instituto da *vacatio legis* diz respeito justamente ao período que decorre entre a data da publicação de uma lei e o instante em que ela começa a produzir seus efeitos jurídicos. A expressão latina refere-se ao prazo de vacância da norma e tem por finalidade principal conceder tempo para assimilação da temática da nova lei que entrará em vigor.

No ordenamento jurídico brasileiro, a *vacatio legis* encontra regulamentação na Lei Complementar n.º 95/1998 em seu artigo 8º, que preceitua:

> A vigência da lei será indicada de forma expressa e de modo a contemplar prazo razoável para que dela se tenha amplo conhecimento, reservada a cláusula "entra em vigor na data de sua publicação" para as leis de pequena

repercussão.

§ 1º A contagem do prazo para entrada em vigor das leis que estabeleçam período de vacância far-se-á com a inclusão da data da publicação e do último dia do prazo, entrando em vigor no dia subsequente à sua consumação integral.

§ 2º As leis que estabeleçam período de vacância deverão utilizar a cláusula 'esta lei entra em vigor após decorridos (o número de) dias de sua publicação oficial (Brasil, 1998).

Ainda, a Lei de Introdução ao Direito Brasileiro (LINDB), Decreto-Lei nº 4.657, de 4 de setembro de 1942 determina, em seu artigo 1º, que, "salvo disposição contrária, a lei começa a vigorar em todo o país quarenta e cinco dias depois de oficialmente publicada" (Brasil, 1942).

À vista disso, o tempo necessário para que a norma entre em vigor e comece a ser aplicada no ordenamento jurídico dependerá de sua complexidade e extensão, considerando as mudanças que serão instituídas, assim, utiliza-se do prazo estipulado de 45 (quarenta e cinco) dias quando a própria lei não dispõe de prazo diverso.

Importante ressaltar que, durante a vacância da lei nova, a lei anterior permanece em vigor, é o que preceitua a LINDB, em seu artigo 2º: "não se destinando à vigência temporária, a lei terá vigor até que outra a modifique ou revogue" (Brasil, 1942).

Portanto, para a revogação da lei anterior, a lei posterior deve expressamente declarar, ou deve ser com ela incompatível, ou, por último, deve regular, inteiramente, a matéria de que tratava a lei anterior, nos termos do § 1º do artigo 2º supracitado.

4.2. A *VACATIO LEGIS* NA LEI 14.133/2021

No presente caso, conforme mencionado anteriormente, a Lei n.º 14.133/21 foi publicada em 1º de abril de 2021, e, apesar de entrar em vigor na data de sua publicação, estabeleceu uma espécie de "período de transição" com prazo de 02 (dois) anos para a completa revogação da Lei n.º 8.666/93, Lei nº 10.520/2002 e dos artigos 1° a 47° da Lei n° 12.462/2011 (Regime Diferenciado de Contratações Públicas):

> Art. 193. Revogam-se:
>
> (...)
>
> II - a Lei n° 8.666, de 21 de junho de 1993, a Lei n° 10.520, de 17 de julho de 2002, e os arts. 1° a 47-A da Lei n° 12.462, de 4 de agosto de 2011, após decorridos 2 (dois) anos da publicação oficial desta Lei (Brasil, 2011).

A partir da leitura desse dispositivo, verifica-se que o legislador optou pela manutenção dos diplomas legais, por isso, o ente público poderia optar, ao licitar, pela nova lei ou pelos diplomas que seriam revogados no prazo de 02 (dois) anos. Tal medida, se deu, justamente, considerando o tempo necessário para que os entes públicos e contratados pudessem assimilar e se adequar ao novo regramento.

Nota-se que, em verdade, inobstante o ente público tenha a faculdade de escolher o diploma legal aplicável, as Leis n.° 8.666/93 e n.° 14.133/21 não podem incidir no mesmo processo licitatório, devendo, o órgão, ao optar por determinado regramento, utilizá-lo desde a fase inicial até a execução do objeto contratado.

Contudo, assim como não se permite a aplicação combinada das legislações na mesma licitação, a troca do regime durante o curso da contratação também é vedada. Isso se dá para garantir a segurança jurídica, tanto para o ente contratante, quanto para as licitantes, pois é imprescindível que cada licitante saiba exatamente os termos da contratação, na medida em que qualquer alteração pode afetar diretamente o equilíbrio econômico-financeiro do contrato.

4.3 *VACATIO LEGIS* E O PRINCÍPIO DA SEGURANÇA JURÍDICA

Com fundamento no artigo 5°, inciso XXXIX, da Constituição Federal, que dispõe que "a lei não prejudicará o direito adquirido, o ato jurídico perfeito e a coisa julgada" (Brasil, 1988), o Princípio da Segurança Jurídica norteia todo o ordenamento jurídico e tem por finalidade principal, diante de situações instáveis como a constante mudança de leis e jurisprudência, garantir estabilidade da relação jurídica.

Referido princípio, segundo Alexy, "tem um papel central na garantia do Estado de Direito e na proteção dos direitos fundamentais" (Alexy, 2008, p. 109) e garante previsibilidade, fazendo com que as leis sejam claras e estáveis ao longo do tempo. Para a sociedade, isso faz com que as pessoas entendam as leis e respectivas sanções em caso de descumprimento, impedindo que elas sofram alterações constantemente, causando incerteza e arbitrariedade.

Nota-se, portanto, que o instituto da *vacatio legis* possui relação direta com o Princípio da Segurança Jurídica, tendo em vista que o período de vacância visa justamente garantir que determinada lei entre em vigor somente após decorrido um período razoável de tempo, para permitir que as pessoas e entidades afetadas por ela se organizem para as mudanças.

À vista disso, conclui-se que o "período de transição" é um importante instrumento na garantia da segurança jurídica e tende a evitar qualquer mudança abrupta na ordem jurídica, que poderia, por consequência, gerar insegurança e instabilidade.

5. FIM DO PERÍODO DE CONVIVÊNCIA ENTRE AS LEIS N.º 8.666/93 E LEI N.º 14.133/21 E AS DIFICULDADES DO PERÍODO DE TRANSIÇÃO

Inicialmente, a Lei 14.133/21 trazia o prazo de 2 (dois) anos para a transição e completa revogação da Lei n.º 8.666/93, Lei nº 10.520/2002 e dos artigos 1º a 47º da Lei nº 12.462/2011 (Regime Diferenciado de Contratações Públicas), estabelecendo, como prazo final de convivência, o dia 1º de abril de 2023.

É de conhecimento geral que, qualquer mudança de regime jurídico traz consigo diversas implicações, e, nesse caso, verifica-se a necessidade de organização, planejamento e capacitação de servidores por parte da Administração Pública. Contudo, no cenário atual, o que se tem é uma incerteza quanto ao preparo da Administração e demais afetados para a implementação da Nova Lei e o início das novas contratações, situação que deu azo a inúmeras discussões e questionamentos acerca da matéria.

Em sessão plenária no dia 22 de março de 2023, Acórdão n.º 507/2023, o Tribunal de Contas da União (TCU) firmou o entendimento, diante de representação referente aos marcos temporais de uso da Nova Lei de Licitações, de que:

> Os processos licitatórios e os de contratação direta nos quais houve a "opção por licitar ou contratar" pelo regime antigo (Lei 8.666/1993, Lei 10.520/2002 e arts. 1º a 47-A da Lei 12.462/2011) até a data de 31/3/2023 poderão ter seus procedimentos continuados com fulcro na legislação pretérita, desde que a publicação do Edital seja materializada até 31/12/2023 (Brasil, 2023).

Na sequência, às vésperas do dia 1º de abril de 2023, o Deputado Alberto Mourão apresentou o Projeto de Lei n.º 934/2023, visando a prorrogação da entrada em vigor da Lei 14.133/21 para o final de 2024, tendo como principal argumento a falta de preparo de muitos municípios e a dificuldade generalizada enfrentada pela falta de servidores que possam estar à frente dos contratos públicos, como a Nova Lei determina.

Então, em 31 de março de 2023 foi publicada a Medida Provisória n.º 1.167/2023 no Diário Oficial da União, contrariando as expectativas do marco temporal para a utilização da Lei 14.133/21 e adiando a resolução desse impasse legislativo.

6. PUBLICAÇÃO DA MEDIDA PROVISÓRIA N.º 1.167/2023 E ASPECTOS RELEVANTES

A pedido da Confederação Nacional dos Municípios e da Frente Nacional de Prefeitos, a Medida Provisória foi publicada com o objetivo de alterar a Lei n.º 14.133/21 para prorrogar a possibilidade de uso das Leis n.º 8.666/93 e 10.520/2002, e dos art. 1º a art. 47-A da Lei nº 12.462/2011, ante a alegação da dificuldade, em especial de municípios de menor porte em atender, integralmente, à nova legislação, pela complexidade das alterações.

A Medida Provisória determina que a Administração poderá optar por licitar ou contratar diretamente de acordo a lei nova ou antiga, conforme os critérios legais.

A Lei n.º 14.133/21, então, passou a vigorar com a seguinte redação:

> Art. 191. Até o decurso do prazo de que trata o inciso II do **caput** do art. 193, a Administração poderá optar por licitar ou contratar diretamente de acordo com esta Lei ou de acordo com as leis citadas no referido inciso, desde que:
>
> I - a publicação do edital ou do ato autorizativo da contratação direta ocorra até 29 de dezembro de 2023; e
>
> II - a opção escolhida seja expressamente indicada no edital ou no ato autorizativo da contratação direta.
>
> § 1º Na hipótese do **caput**, se a Administração optar por licitar de acordo com as leis citadas no inciso II do **caput** do art. 193, o respectivo contrato será regido pelas regras nelas previstas durante toda a sua vigência.
>
> § 2º É vedada a aplicação combinada desta Lei com as citadas no inciso II do **caput** do art. 193 (Brasil, 2021).

Assim, verifica-se que, com a edição de referida Medida, até a data de 31 de dezembro de 2023, os órgãos e entidades poderão optar por licitar ou contratar diretamente, seguindo, ainda, os trâmites da antiga Lei 8.666/93, devendo a opção escolhida constar no Edital publicado.

Cumpre destacar, ainda, que permanece vedada a aplicação combinada dos dois diplomas legais. Por isso, visando evitar qualquer tipo de insegurança jurídica, exige-se a publicação do Edital com a disposição expressa do diploma legal regente do certame.

Por todo o exposto, são diversos os questionamentos acerca do tema, pois é inegável que a Lei Nova trouxe diversas inovações visando facilitar e tornar o processo das contratações públicas mais eficiente. Entretanto, para que o procedimento ocorra na forma como está na Lei, a Administração, como um todo, depende de planejamento, treinamento, tecnologia compatível e servidores suficientes para desempenhar cada função, o que, em termos práticos, continua sendo um desafio.

7. CONSIDERAÇÕES FINAIS

A Medida Provisória veio como uma solução ao risco de paralisação nas contratações públicas, uma vez que as alterações trazidas são resposta ao pleito da Confederação Nacional dos Municípios e da Frente Nacional de Prefeitos, após a repercussão da Marcha dos Prefeitos ocorrida em março, em Brasília.

Diante de todo o exposto, em relação à transição entre os regimes gerais de licitação, cada órgão público poderá escolher e usar a norma que melhor entender até a data de 31 de dezembro de 2023, no entanto, até o término do presente estudo, verifica-se que a preferência dos órgãos públicos ainda tem sido licitar com respaldo legal na antiga Lei n.º 8.666/93.

Considerando que o cenário atual é de inadaptação de parte significativa da Administração Pública brasileira, especialmente dos entes que não possuem estrutura robusta, como os pequenos municípios, verifica-se que, no prazo inicialmente estipulado de 2 (dois) anos, pouco foi feito.

Mesmo para órgãos bem estruturados e com mão de obra qualificada, a transição segue sendo um desafio, indubitável, portanto, que não é razoável exigir que estados, Distrito Federal e, especialmente, os municípios suportem, pelo legislador, o mesmo regramento que é dado à União.

Por outro lado, nenhuma adaptação pode impedir o funcionamento da máquina administrativa, diante disso, não obstante as preocupações serem relevantes, tendo em vista as dificuldades inerentes à adaptação, somente a prorrogação não é a medida mais adequada e está longe de resolver os problemas gerados pela transição dos regimes.

É de conhecimento geral que a Lei n.º 14.133/21 deveria ser aplicada, na íntegra, a partir de abril de 2023. Contudo, com a publicação da Medida Provisória, a Administração obteve respaldo em adiar, mais uma vez, sua adaptação com a nova lei. Assim, é possível concluir que a prorrogação impactou negativamente as compras públicas no país, uma vez que possui natureza eminentemente protelatória, de forma que o mesmo problema será enfrentado, novamente, ao final do prazo estipulado, qual seja, 31 de dezembro de 2023.

Dito isso, apenas prorrogar o prazo de *vacatio legis* da Lei 14.133/21, como foi feito pela Medida Provisória, não será suficiente, uma vez que há o risco de se constatar novamente, ao final do novo prazo de vigência, o despreparo, inaptidão e inadequação da Administração perante as contratações regidas pela nova lei, podendo acarretar em mais prejuízos ao erário, seja em termos econômicos, seja em atrasos da concretização de políticas públicas em benefício da sociedade.

Portanto, pode-se concluir que toda a problemática envolvendo a transição de referidas legislações ainda não está solucionada, de modo que necessita de uma tratativa mais incisiva e eficiente, que poderia partir, inclusive, do próprio legislativo e órgãos reguladores, fixando prazos específicos para que os órgãos adaptassem seus regulamentos, assim como prazo para que o Tribunal de Contas da União estabeleça diretrizes para aplicação da nova lei.

REFERÊNCIAS

ALEXY, Robert. Teoria dos Direitos Fundamentais. Tradução de Virgílio Afonso da Silva. São Paulo: Malheiros, 2008.

Benefícios da Nova Lei de Licitações para Prefeituras e Empresas. Compras BR, 2023. Disponível em: <https://comprasbr.com.br/beneficios-nova-lei-de-licitacoes/> Acesso em: 30 de abril de 2023.

BRASIL. Comissão Mista da Medida Provisória nº 1167/2023. Emenda 3 à MP 1167/2023, de 4 de abril de 2023. Deputado Federal Paulinho Freire. União/RN. Disponível em <https://legis.senado.leg.br/sdleg-getter/documento?dm=9309774&ts=1681305070926&disposition=inline&ts=1681305070926> Acesso em 27 abril de 2023.

_____. Constituição (1988). Constituição da República Federativa do Brasil. Brasília, DF: Senado Federal: Centro Gráfico, 1988.

_____. Decreto-Lei nº 2.300, de 21 de novembro de 1986. Dispõe sobre a contratação de obras e serviços no âmbito dos Poderes da União, dos Estados, do Distrito Federal e dos Municípios, e dá outras providências. Diário Oficial da União, Brasília, DF: 25 nov. 1986. Disponível em: < https://www.planalto.gov.br/ccivil_03/Decreto-lei/Del2300-86.htm> Acesso em 13 de maio de 2023.

_____. Decreto-Lei nº 4.657, de 4 de setembro de 1942. Lei de Introdução às normas do Direito Brasileiro. Diário Oficial da União, Brasília, DF: 4 set. 1942. Disponível em:< https://www.planalto.gov.br/ccivil_03/decreto-lei/del4657.htm> Acesso em 05 de maio de 2023.

_____. Lei Complementar n.º 95 de 26 de fevereiro de 1998. Dispõe sobre a elaboração, a redação, a alteração e a consolidação das leis, conforme determina o parágrafo único do art. 59 da Constituição Federal, e estabelece normas para a consolidação dos atos normativos que menciona. Diário Oficial da União, Brasília, DF: 26 fev.1998. Disponível em:< https://www.planalto.gov.br/ccivil_03/leis/lcp/lcp95.htm> Acesso em 06 de maio de 2023.

_____. Lei nº 8.666, de 21 de junho de 1993. Regulamenta o art. 37, inciso XXI, da Constituição Federal, institui normas para licitações e contratos da Administração Pública e dá outras providências. Diário Oficial da República Federativa do Brasil, Brasília, DF: 22 jun. 1993. Disponível em: <www.planalto.gov.br/ccivil_03/leis/l8666cons.htm>. Acesso em: 13/05/2023.

_____. Lei nº 14.133, de 1º de abril de 2021. Lei de Licitações e Contratos Administrativos. Diário Oficial da União, Brasília, DF: 01 abr. 2021. Disponível em: <http://www.planalto.gov.br/ccivil_03/_ato2019-2022/2021/lei/L14133.htm> Acesso em 23 de abril de 2023.

_____. Tribunal de Contas da União - TCU. Acórdão nº. 507/2023, Plenário.

Disponível em: < https://pesquisa.apps.tcu.gov.br/#/documento/acordao-completo/507%252F2023/%2520/DTRELEVANCIA%2520desc%252C%2520NUMACORDAOINT%2520desc/0/%2520>. Acesso em: 25 de abril de 2023.

BUCCOLO, Maria Heloísa Pereira da Silva. Nova lei de licitações: Mesmo com a sua prorrogação, não há tempo a perder. Migalhas, 2023. Disponível em: <https://www.migalhas.com.br/depeso/384969/nova-lei-de-licitacoes-nao-ha-tempo-a-perder> Acesso em: 28 de abril de 2023.

MELLO, Celso Antônio Bandeira. Curso de Direito Administrativo. 22. ed. São

Paulo: Malheiros, 2005.

MOURA, Bruno. Prorrogação da Nova Lei. Uma nova era das compras públicas. Conlicitação, 2023. Disponível em: <https://conlicitacao.com.br/a-nova-era-das-compras-publicas/>Acesso em: 21 de abril de 2023.

NETO, F.A.M.; RODRIGUES, L.C.C. A nova lei de licitações e o dia da mentira. Migalhas, 2023. Disponível em: <https://www.migalhas.com.br/de-peso/383843/a-nova-lei-de-licitacoes-e-o-dia-da-mentira> Acesso em: 29 de abril de 2023.

Tribunal firma entendimento sobre prazos para utilização da nova Lei de Licitações. Portal TCU, 2023. Disponível em: <https://portal.tcu.gov.br/im-prensa/noticias/tcu-firma-entendimento-sobre-prazos-para-utilizacao-da-nova-lei-de-licitacoes.htm>Acesso em: 25 de abril de 2023.

CÔRTES, Ana Luísa Pimentel Resende; MALTA, Raíza Teixeira. Análise dos impactos jurídicos decorrentes da prorrogação do prazo de *vacatio legis* da Lei Federal n.º 8.666/93 para a Lei Federal n.º 14.133/21. *In:* CERIZZE, Rosiris; CALAZA, Tales (Coord.). *Controvérsias e soluções jurídicas empresariais.* Uberlândia: Marco Teórico, 2024. pp. 239-255.

OS ATLETAS DE E-SPORTS E AS POSSÍVEIS REPERCUSSÕES JURÍDICO-TRABALHISTAS

12

Breno Lenza Cardoso

1. *E-SPORTS* – BREVE HISTÓRICO

Em 1972, na Universidade de Stanford, foi realizado o primeiro torneio de videogames (Intergalatic Spacewar Olympics), onde vinte e quatro participantes competiram jogando o *game* Spacewar, sendo que o prêmio do vencedor foi a assinatura da revista *Rolling Stone*.

Posteriormente, em 1980, ocorreu uma grande competição de *games* organizada pela empresa Atari, o "Space Invaders Championship", atraindo mais de dez mil pessoas. A partir desse evento, o interesse social por e-Sports começou a ser intensificado e majorado.

Já na década de 90, o *game* de FPS (First Person Shooter) "Quake" foi a base da competição "Red Annihilation Tournament", onde duas mil pessoas competiram visando o notável prêmio: um carro da marca Ferrari. No mesmo período, foi criada a "Cyberathlete Professional League" (CPL), que ofereceu, em um torneio, o prêmio de 15 mil dólares.

A partir do novo milênio, anos 2000, diante da evolução exponencial da internet, ocorreu um grande avanço para os jogos eletrônicos, aproximando, assim, diversas pessoas interessadas ao redor do mundo.

É importante destacar que, no ano de 2002, surgiu uma das maiores e mais bem-sucedidas ligas de e-Sports, a "Major League Gaming" (MLG), que envolvia os mais diversos gêneros de *games*, desde os First Person Shooter (FPS) a RTS (estratégia em tempo real). Sua grandeza, para a época, era clara: em 2013, foi realizada uma competição com a premiação de, nada mais, nada menos, 170 mil dólares; com o jogo "Halo 2", foi realizado o primeiro torneio televisionado dos EUA, em 2006, transmitido pela USA Network. Entretanto, poucas pessoas conseguiram assistir ao torneio, fazendo com que a televisão não fosse considerada o meio mais atrativo e adequado para a transmissão. Então, a partir daí, surgiu uma grande ideia e revolução para o serviço de *streaming*.

A plataforma de *streaming* Twitch foi lançada no ano de 2011, com o desiderato de transmitir os campeonatos de e-Sports e horas de jogos ao vivo com os jogadores. Esse fato impulsionou consideravelmente o alcance e modificou a visão das pessoas sobre os *games* e competições. Cabe ressaltar que, atualmente, o site Twitch é uma das maiores redes de transmissão de jogos e torneios, competindo diretamente com Youtube e Facebook Gaming. Nessas plataformas, os usuários se sentem cada vez mais próximos dos jogadores profissionais, pois, ao acompanharem as suas "lives" (transmissões ao vivo), comentam e interagem com as suas referências do mundo dos *games*.

Atualmente, em sentido mundial, o mercado de jogos digitais está muito sólido e encontra-se em uma ascensão muito intensa. Isso é comprovado, por exemplo, pelo jogo League Of Legends (Lol), que, em 2014, atraiu cerca de 40 mil pessoas no Seul World Cup Stadium, na Coreia do Sul. Ademais, em 2016, cerca de 14,7 milhões de espectadores acompanharam a final de League Of Legends no mundo inteiro. Como se já não fosse suficiente para reconhecer o sucesso do setor, em 2017, na Polônia, cerca de 46 milhões de telespectadores acompanharam o Intel Extreme Masters Katowice, sendo que 173 mil pessoas assistiram a partida ao vivo na Spodek Arena[1].

Assim, nos salta aos olhos o fato de que o universo dos e-Sports está em forte

---

1   http://www.espn.com.br/noticia/679305_com-173-mil-presentes-iem-katowice-bate-recorde-de-publico. Acesso em: 20 de fevereiro. 2021.

ascensão, seja financeira, midiática ou popular. Outros *games*, fora os citados acima, possuem uma notoriedade clara, tais como Counter-Strike: CS GO, Call of Duty Warzone, Free Fire, Rainbow Six, Fortnite, FIFA, Battlefield, dentre outros.

2. *E-SPORTS* COMO MODALIDADE ESPORTIVA

Entende-se que esporte, por definição e com base na Lei n° 9.615/1998, conhecida como Lei Pelé, é a "prática metódica, individual ou coletiva, de jogo ou qualquer atividade que demande exercício físico e destreza, com fins de recreação, manutenção do condicionamento corporal e da saúde e/ou competição; desporte, desporto".

No âmbito dos jogos eletrônicos, não se verificaria, em tese, uma atividade que demandaria um exercício físico intenso igual ao que acontece com os jogadores de basquete, por exemplo. Todavia, o esforço mais perceptível nesse tipo de atividade é o mental, podendo influenciar consideravelmente o desgaste físico. Observando os jogadores profissionais (*pro players*) em sua rotina, resta evidente a rigidez dos treinamentos, sendo que estes podem ser tão rigorosos e intensos quanto os de atletas de outras modalidades, como futebol, basquete e vôlei, necessitando a demonstração e desenvolvimento de destreza, habilidade e reflexos.

Atualmente, um atleta de e-Sports possui acompanhamento de preparo físico, desenvolvimento intenso de concentração, habilidades motoras e manuais, além de horas dedicadas a treinos táticos e de estratégia diariamente. Toda essa dedicação acentuada se fundamenta nas constantes competições que demandam preparo físico e mental para longas horas em partidas, podendo passar de seis a oito horas cada. Dessa forma, resta evidente a existência e a exigência do esforço máximo do físico e psicológico de cada um dos jogadores.

Nesse sentido, cabe ressaltar que os atletas de e-Sports também possuem fatores extrínsecos e intrínsecos presentes em indivíduos participantes de qualquer competição esportiva, tais como: a própria vontade de competir, de demonstrar as habilidades próprias e coletivas, reconhecimento subjetivo e objetivo, recebimento de prêmios e classificação, dentre outros.

Não obstante, o Comitê Olímpico Internacional (COI) reconheceu os e-Sports como esporte ou atividade esportiva. Segundo o Comitê, os jogos eletrônicos são um esporte "já que os jogadores se preparam e treinam com uma intensidade que pode ser comparada a dos atletas nos esportes tradicionais"[2].

Assim, é insofismável o fato de que os e-Sports são considerados como esporte em igualdade a qualquer outra modalidade.

3. O *CYBER* ATLETA E A LEGISLAÇÃO

Diante do que foi explanado até aqui, não restam dúvidas das mudanças que as provas digitais vêm trazendo para instrução processual no âmbito trabalhista.

A Revolução 4.0, marcada por um conjunto de tecnologias desenvolvidas no contexto da revolução digital, veio ao encontro da necessidade de se buscar a verdade real através de meios probatórios mais confiáveis e seguros.

As decisões judiciais, na esfera trabalhista, por muitas das vezes, restaram refém da prova testemunhal, considerada uma prova frágil e tendenciosa.

As provas digitais vieram para complementar e ousa-se dizer, que num futuro próximo, para substituir a prova testemunhal no processo trabalhista, garantindo lisura e confiabilidade à instrução probatória, resultando, pois, em decisões mais justas e equânimes.

4. O *CYBER* ATLETA E A LEGISLAÇÃO

Conforme visto no capítulo anterior, os jogos eletrônicos são considerados sim uma modalidade esportiva. Dessa forma, as regras atinentes aos atletas em geral e as específicas (caso existentes), jurídicas ou não, devem ser aplicadas em sua realidade.

---

2   https://www.uol.com.br/esporte/colunas/lei-em-campo/2020/04/26/coi-reconhece-esport-como-esporte-mas-caminho-olimpico-segue-distante.htm. Acesso em: 20 de fevereiro. 2021.

Ressalta-se que, até o desenvolvimento do presente artigo, não há uma lei específica tratando dos direitos dos atletas de e-Sports. Todavia, já tramitaram perante o Congresso Nacional alguns projetos de lei nesse sentido.

Em uma das propostas legislativas, houve a tentativa de adequar o atleta de esporte eletrônico ao conceito daquele encontrado na Lei Pelé (Lei nº 9.615/98). Assim, seriam atribuídos ao "gamer" todos os direitos de um "atleta comum" reconhecido pela lei. Os competidores profissionais em meio eletrônicos seriam tratados da mesma forma que um competidor de futebol e basquete é tratado, por exemplo.

Ademais, ao analisar a Lei Pelé, observa-se que atleta de e-Sports pode ser enquadrado no inciso III do art. 3º da Lei:

> III - desporto de rendimento, praticado segundo normas gerais desta Lei e regras de prática desportiva, nacionais e internacionais, com a finalidade de obter resultados e integrar pessoas e comunidades do País e estas com as de outras nações.

Ora, ao estudar o dispositivo acima, é de fácil percepção a similitude entre a previsão e a realidade fática dos *cyber* atletas, sendo que as organizações de *games* celebram contratos com eles utilizando-se de cláusulas muito próximas àquelas dos contratos estabelecidos entre clubes de basquete e seus profissionais.

Não obstante, o projeto de Lei nº 3450/2015 tinha como escopo a adição do inciso V ao artigo 3º da Lei Pelé. Com essa previsão, haveria a previsão expressa do desporto virtual, ou seja, essa modalidade esportiva seria reconhecida por lei, facilitando, assim, o reconhecimento dos direitos trabalhistas.

Nesse mesmo sentido, o projeto de lei nº 7747/2017 buscou adicionar um dispositivo ao art. 3º da Lei Pelé. Contudo, os dois projetos acima citados foram rejeitados pelo Congresso Nacional, o que, em tese, dificultaria o reconhecimento da profissão do atleta de e-Sports.

Até o ano de 2022, havia o Projeto de Lei do Senado nº 383, de 2017, que dispunha sobre a regulamentação da prática esportiva eletrônica. O seu objetivo era reconhecer o esporte eletrônico como uma modalidade legítima, que, por consequência, introduziria o *cyber* atleta no rol do art. 3º da Lei 9.615/98 (Lei

Pelé).

Segundo a explicação da ementa no site do Senado tínhamos:

> Define como esporte as atividades que, fazendo uso de artefatos eletrônicos, caracteriza a competição de dois ou mais participantes, no sistema de ascenso e descenso misto de competição, com utilização do round-robin tournament systems, o *knockout* systems, ou outra tecnologia similar e com a mesma finalidade.

Esse PL está, estava aguardando inclusão na ordem do dia de requerimento e caso fosse aprovado, haveria maior segurança jurídica nas relações existentes organizações e profissionais de e-Sports e reconhecimento expresso dos direitos envolvidos nessas relações. Infelizmente, o PL foi arquivado no dia 22/12/2022.

5. BREVES CONSIDERAÇÕES SOBRE OS CONTRATOS DE *CYBER ATLETAS*

Viceja discussão teórica e prática qual seria a natureza jurídica da relação entre o profissional de e-Sports e a organização que o contrata. Seria um elo trabalhista? Ou melhor se encaixaria como uma negociação cível? Independentemente da resposta, necessário se faz analisar as peculiaridades do contrato especial desportivo constante no artigo 28 da Lei nº 9.615/98.

Essa modalidade é realizada por tempo determinado, podendo ser estabelecido entre três meses e cinco anos. Ademais, há necessidade de existir a previsão das obrigações dos atletas, cláusulas penais, condições de trabalho, cláusula indenizatória (podendo garantir indenização até o limite máximo de duas mil vezes o valor médio do salário contratual para transferências nacionais e sem limitação para transferências internacionais), cláusula expressa reguladora de sua prorrogação automática, dentre outras.

Ressalta-se que quando o contrato especial de trabalho desportivo for por prazo inferior a doze meses, o atleta profissional terá direito, por ocasião da rescisão contratual por culpa da entidade de prática desportiva empregadora, a tantos doze avos da remuneração mensal quantos forem os meses da vigência do contrato, referentes a férias, abono de férias e 13º salário.

Não se pode olvidar que, a partir de 2017, uma grande desenvolvedora e organizadora de eventos e torneios de League of Legends, a empresa Riot Games, juntamente da Associação Brasileira de Clubes de Esporte Eletrônicos (ABCDE), começou a exigir das equipes a formalização do vínculo empregatício com seus atletas profissionais nos moldes da Lei Pelé. Assim, para participarem das ligas norte-americanas e europeias de jogos, a regra de contratação deveria ser observada. Nesse ponto, destaca-se a fala da advogada Tarsila Machado Alves[3]:

> Por sua vez, o Brasil, de olho nas determinações internacionais da companhia, decidiu, por intermédio da Associação Brasileira de Clubes de eSports (ABCDE) firmar um acordo que estabelece que atletas e treinadores das equipes participantes do Campeonato Brasileiro de League of Legends (CBLoL) teriam registro na carteira profissional de trabalho, seguindo as diretrizes da Lei Pelé. Em vista disso, os atletas e treinadores de eSports passaram a ter o mesmo contrato que atletas da modalidade do futebol utilizam.
>
> Essa foi a decisão mais acertada, tendo em vista que na sistemática jurídica brasileira, se a relação do atleta se assemelhar a uma de emprego, por haver pessoalidade, controle de horários, subordinação, entre outros fatores, podemos estar diante de uma relação de trabalho. Havendo ou não contrato de trabalho, a Justiça Trabalhista fará o seu reconhecimento como tal, seguindo as diretrizes da CLT (Consolidação das Leis do Trabalho) ou apenas da Lei Pelé.

Mesmo diante da dúvida quanto a natureza jurídica da relação entre o profissional de e-Sports e a organização que o contrata, a sua formalização deve considerar certos cuidados, com o escopo de evitar discussões posteriores sobre os direitos abrangidos. Com o crescimento exponencial da modalidade, diversos atletas já "possuem um valor" considerável, como ocorreu, por exemplo, com o profissional Faker, da equipe SK Telecom T1, valendo aproximadamente 2,5 milhões de dólares[4]. Recentemente, o *cyber* atleta de Call of Duty Warzone, Ninext

---

3 http://www.espn.com.br/noticia/724367_carteira-de-trabalho-e-apenas-uma-das-formas-de-contrato-nos-esports-entenda. Acesso em: 21 de fevereiro. 2021.

4 https://dotesports.com/br/news/quanto-dinheiro-faker-league-of-legends-19195. Acesso em: 21 de fevereiro. 2021.

(Nino Pavolini), um dos maiores nomes em alcance mundial do esporte, jogou ao vivo com o ex-atleta de futebol Ronaldo, alcançando 13 mil telespectadores e, posteriormente, fechou contrato com a sua empresa de assessoria[5].

Não obstante, há diversas peculiaridades intrínsecas da carreira de um atleta de e-Sports que devem ser levadas em conta na fase de contratação e, posteriormente, na sua prática. Um grande exemplo são as lesões constantes que podem fazer com que os profissionais aposentem mais cedo. Diante da intensa e repetitiva movimentação dos pulsos realizada pelos jogadores que utilizam dos instrumentos teclado e mouse, há grande possibilidade de se adquirir uma doença nessa parte do corpo. Já para aqueles que jogam em consoles (Playstation, Xbox, dentre outros), é utilizado o controle, o que faz com que os dedos e os pulsos sejam demasiadamente utilizados, podendo causar também diversas lesões. Nesse sentido, pode-se destacar a aposentadoria do atleta Hai Du Lam, de 22 anos, diante de um problema em seu pulso[6].

Segundo Levi Harrison, médico americano especialista em tratar "gamers" profissionais, "dependendo da intensidade da lesão, dedos, pulso e cotovelo podem inchar muito. É assustador para quem não está acostumado"[7].

Apenas a título exemplificativo, com o escopo de demonstrar a importância de uma análise e desenvolvimento contratual detalhado, destaca-se o caso do *cyber* atleta Nappon contra a organização PaiN, sendo este uma grande referência de análise judicial envolvendo o tema.

O atleta profissional de e-Sports Carlos "Nappon" Rücker conseguiu, na justiça do trabalho e por meio de um acordo, a assinatura de sua carteira de trabalho pelo tempo em que esteve na paiN Gaming (bicampeã brasileira, que contava em seu elenco boa parte dos principais jogadores brasileiros, como Kami e brTT) e

---

5   https://globoesporte.globo.com/esports/noticia/ninext-assina-com-empresa-de-ro-naldo-que-comemora-vou-virar-um-monstro-no-cod.ghtml. Acesso em: 23 de fevereiro. 2021.

6   https://super.abril.com.br/comportamento/o-lado-sombrio-dos-esports/. Acesso em: 23 de fevereiro. 2021.

7   Idem.

o recebimento de R$ 60 mil à título de verbas rescisórias. O vínculo entre as partes durou entre maio de 2018 e abril de 2019, ou seja, aproximadamente onze meses.

Assim, diante dos fatos acima expostos, é aconselhável que os contratos envolvendo atletas de e-Sports contemplem a jornada de trabalho, o salário, condições quanto a patrocínio, seguro saúde, férias, informações quanto a lesões, remuneração diante de vitórias em campeonatos, existência (ou não) de cláusula de participação obrigatória em torneios, dentre outros pontos.

6. DIREITO DE IMAGEM DO *CYBER* ATLETA

Ao se utilizar a Lei Pelé para regulamentação da situação dos atletas de e-Sports, aplicando a CLT subsidiariamente, até que advenha uma lei específica tratando do assunto, diversas organizações utilizam a imagem dos profissionais para alavancarem as vendas de produtos e tornar a marca mais visível no mercado.

Assim, o direito de imagem desse profissional deve atender a regra geral aplicadas aos atletas de modalidades "comuns" e conhecidas pela sociedade, como ocorre, por exemplo, com os jogadores de basquete e futebol. Não obstante, diante da entrada em vigor da Lei 13.709/2018, conhecida como Lei Geral de Proteção de Dados (LGPD), algumas questões relevantes devem ser analisadas pormenorizadamente.

As organizações contratantes devem especificar no contrato do atleta, ou em contrato especifico de imagem, a finalidade e o período de utilização dos dados profissionais do indivíduo, indicando como estes serão tratados e/ou compartilhados. Essa é a previsão expressa no artigo 9º da referida lei:

Art. 9º O titular tem direito ao acesso facilitado às informações sobre o tratamento de seus dados, que deverão ser disponibilizadas de forma clara, adequada e ostensiva acerca de, entre outras características previstas em regulamentação para o atendimento do princípio do livre acesso:

I - finalidade específica do tratamento;

II - forma e duração do tratamento, observados os segredos comercial e industrial;

[...]

Dessa forma, percebe-se que é vedada a exploração da imagem do atleta de forma *ad eternum*, devendo ser especificada objetivamente no contrato a forma de utilização da imagem e o período correspondente.

Ademais, com base no parágrafo único do artigo 87-A da Lei Pelé, ressalta-se que o valor correspondente ao uso da imagem não poderá ultrapassar 40% da remuneração total paga ao atleta, composta pela soma do salário e dos valores pagos pelo direito ao uso da imagem. Tal fato fundamenta-se na tentativa de proteção dos direitos trabalhistas do *cyber* atleta, pois, algumas organizações, com o objetivo de fraudar a lei e reduzir encargos trabalhistas, pagam uma remuneração muito maior como direito de imagem e não como salário. Vejamos:

> Art. 87-A. O direito ao uso da imagem do atleta pode ser por ele cedido ou explorado, mediante ajuste contratual de natureza civil e com fixação de direitos, deveres e condições inconfundíveis com o contrato especial de trabalho desportivo. (Incluído pela Lei nº 12.395, de 2011).
>
> Parágrafo único. Quando houver, por parte do atleta, a cessão de direitos ao uso de sua imagem para a entidade de prática desportiva detentora do contrato especial de trabalho desportivo, o valor correspondente ao uso da imagem não poderá ultrapassar 40% (quarenta por cento) da remuneração total paga ao atleta, composta pela soma do salário e dos valores pagos pelo direito ao uso da imagem. (Incluído pela Lei nº 13.155, de 2015)

7. CONCLUSÃO

Resta insofismável que o mercado de *games* está em uma grande e intensa ascensão, podendo movimentar anualmente mais de cento e vinte bilhões de dólares (dado de 2019)[8]. Assim, é necessário que as relações entre os *cyber* atletas e suas organizações sejam devidamente regulamentadas para que não existam

---

8 https://www.tecmundo.com.br/cultura-geek/148956-industria-games-movimentou-us-120-bilhoes-2019.htm. Acesso em: 21 de fevereiro. 2021.

abusos entre as partes, partindo-se, *a priori*, das premissas estabelecidas pela Lei nº 9.615/98 (Lei Pelé).

Dessa forma, os profissionais ficam mais protegidos em suas relações, exercendo a sua profissão com dignidade e com todos os direitos trabalhistas garantidos.

REFERÊNCIAS

-http://www.espn.com.br/noticia/679305_com-173-mil-presentes-iem-katowice-bate-recorde-de-publico

-https://www.uol.com.br/esporte/colunas/lei-em-campo/2020/04/26/coi-reconhece-esport-como-esporte-mas-caminho-olimpico-segue-distante.htm

-http://www.espn.com.br/noticia/724367_carteira-de-trabalho-e-apenas-uma-das-formas-de-contrato-nos-esports-entenda

-https://dotesports.com/br/news/quanto-dinheiro-faker-league-of-legends-19195

-https://globoesporte.globo.com/esports/noticia/ninext-assina-com-empresa-de-ronaldo-que-comemora-vou-virar-um-monstro-no-cod.ghtml.

-https://super.abril.com.br/comportamento/o-lado-sombrio-dos-esports/

-https://www.tecmundo.com.br/cultura-geek/148956-industria-games-movimentou-us-120-bilhoes-2019.htm

CARDOSO, Breno Lenza. Os atletas de e-sports e as possíveis repercussões jurídico-trabalhistas. *In:* CERIZZE, Rosiris; CALAZA, Tales (Coord.). *Controvérsias e soluções jurídicas empresariais.* Uberlândia: Marco Teórico, 2024. pp. 257-267.

ADMINISTRAÇÃO DE EMPRESAS EM RECUPERAÇÃO JUDICIAL: INSTRUMENTOS PARA FISCALIZAÇÃO E VIABILIDADE

13

Isabela Borges Lima

1. INTRODUÇÃO

O comportamento empreendedor impulsiona o indivíduo e transforma o contexto econômico e social de um país. Contudo, toda atividade empreendedora gera riscos e incertezas. O Brasil possui instabilidade no âmbito macroeconômico, sujeitando as sociedades empresárias ao enfrentamento de crises periódicas. Retrações no Produto Interno Bruto, variações cambiais abruptas e a dificuldade de confiança no mercado de consumo elevam os perigos comparado com outros mercados mais estáveis.

Nos estudos apresentados por Julio Trecenti (Trecenti, 2022), que utilizou do pagamento de ICMS como base comparativa do nível de atividade da empresa, constatou-se que, após o deferimento da Recuperação Judicial, houve queda significativa no recolhimento dos tributos. Tal fator indica a possibilidade de empresas em crise e situação de inviabilidade estrutural estarem utilizando do mecanismo recuperacional, consumindo recursos escassos e promovendo esforços

269

dos credores e da própria sociedade de maneira ineficaz.

O Brasil, sendo um país dotado de incertezas e instabilidades econômicas, associado a empresários que sustentam suas crises até tornar a atividade empresarial inviável, dificultam a atuação efetiva do instituto da Recuperação Judicial. A ausência de requisitos no processo de verificação dos créditos e credores e durante o processo recuperacional gera dispêndio estatal e social, perda da confiança dos consumidores no mercado, além da redução dos investimentos nos setores econômicos em decorrência dos valores adstritos à empresa em crise.

Dessa forma, este artigo tem por escopo analisar a importância da viabilidade e da fiscalização das empresas sujeitas à Recuperação Judicial, compondo alguns dos elementos essenciais à administração efetiva de tais sujeitos, a fim de averiguar a possibilidade de eficácia de tais institutos no ambiente recuperacional. Para tanto, adotou-se entendimentos doutrinários e jurisprudenciais, observância aos preceitos legais e análises comparativas acerca dos índices quantitativos das empresas economicamente viáveis.

Assim, objetiva-se compreender de maneira ampla tais requisitos como possíveis alternativas de evitar a permanência de sociedades empresárias fadadas ao insucesso, proporcionando maior segurança no mercado consumidor e maior circulação de ativos.

2. ADMINISTRAÇÃO DE EMPRESA EM RECUPERAÇÃO JUDICIAL

Durante o procedimento de recuperação judicial, os administradores ou o próprio devedor serão mantidos na condução da atividade empresarial, todavia, sob fiscalização do Comitê de Credores e do Administrador Judicial. A Lei de Falências e Recuperação de Empresas (LFR), porém, elenca hipóteses que afastam o dirigente de suas funções, conforme dispõe o artigo 64 da Lei nº 11.101/2005.

Verificada a condição de afastamento, o juízo convocará assembleia geral de credores para deliberar sobre o nome do gestor judicial que passará a administrar as atividades do devedor. Percebe-se, portanto, um esforço do legislador de garantir os direitos e interesses da coletividade e dos credores durante o processo recuperacional, ao instituir atores processuais responsáveis pela verificação da viabilidade e pela fiscalização da empresa recuperanda, incumbindo destacar os principais agentes atuantes na Recuperação Judicial.

2.1. ADMINISTRADOR JUDICIAL

O Poder Judiciário detém o poder decisório acerca da concessão da Recuperação Judicial, além do dever de supervisão processual e de fiscalização do cumprimento da legislação. São inúmeras empresas em procedimento recuperacional, simultaneamente, e todas elas necessitam de atenção especializada para que sejam eficazes os meios aprovados nos planos de recuperação. Desse modo, o juízo nomeia um administrador judicial para auxiliá-lo em suas funções.

Ele atua como um gestor eficaz na condução procedimental para que sejam implementadas diretrizes administrativas que visem a reorganização e reestruturação da política interna e dos meios de gerenciamento da empresa para superação da crise econômico-financeira, objetivando liquidez, equilíbrio no fluxo de caixa, manutenção de empregos, geração de renda e ajustes nos compromissos de curto prazo. Esse agente exerce papel fundamental garantindo lisura ao processo.

Segundo Gladston Mamede (Mamede, 2020), o administrador judicial é o órgão responsável pela condução e supervisão dos atos necessários ao cumprimento do processo de Recuperação Judicial. Apesar de ser escolhido livremente pelo juiz, o administrador deve ser profissional idôneo, com preferência aos profissionais das áreas de advocacia, economia, administração de empresas ou ciências contábeis.

Ele atua sob fiscalização do juiz e do Comitê de Credores, sendo-lhe imposto fiscalizar as atividades do devedor e o cumprimento do plano de recuperação judicial, apresentar ao juiz relatório mensal das atividades do devedor, bem como, relatório sobre o plano apresentado pelo devedor e sobre a execução do plano aprovado e, ainda, requerer a falência do devedor em caso de descumprimento de obrigação assumida no plano de recuperação judicial. Compete também ao administrador presidir a Assembleia Geral de Credores, momento em que haverá votação do plano de recuperação pelos credores, cadastrar e credenciar os credores, além da verificação dos créditos e documentos imprescindíveis à comprovação da validade e viabilidade do plano.

Ademais, existem situações excepcionais que podem modificar a atuação do administrador. A primeira acontece em caso de afastamento do devedor ou de seus administradores, em que o administrador judicial assume temporariamente a gestão da empresa até que a Assembleia de Credores nomeie um gestor. A segunda hipótese, por fim, trata da destituição do administrador judicial em decorrência de descumprimento de deveres, omissão, negligência ou prática de ato lesivo às atividades do devedor ou de terceiros.

2.2. ASSEMBLEIA GERAL DE CREDORES

A Assembleia Geral de Credores é um órgão de deliberação coletiva fundada pelos credores da Recuperação Judicial. A sua convocação poderá ser feita de ofício pelo juiz ou a requerimento do administrador judicial, do Comitê de Credores ou dos credores que representem mínimo de 25% do valor total dos créditos de uma classe. Ademais, havendo objeção de qualquer credor ao plano de recuperação apresentado pelo devedor, é obrigatória a convocação da Assembleia Geral para deliberação, segundo artigo 26 da LFR. Além disso, em casos de afastamento do devedor ou dos administradores da empresa faz-se o chamamento desse agente para nomeação do gestor judicial que assumirá as responsabilidades da administração das atividades do devedor.

A Assembleia de Credores é soberana em suas decisões quanto aos planos de recuperação judicial, cabendo a ela aprovar, emendar ou recusar o plano de recuperação. Contudo, as deliberações desse plano estão sujeitas a parâmetros de validade dos atos praticados, em que o magistrado exercerá a devida fiscalização, conjuntamente com o administrador judicial para assegurar lisura, legalidade e formalismo dos procedimentos adotados.

Após convocação, os credores membros se reúnem em data estabelecida em edital, sendo incumbida as funções de analisar os argumentos do devedor, verificar os meios recuperacionais por ele proposto e determinar a sua viabilidade. Destaca-se a necessidade que os créditos dos credores membros da Assembleia estejam devidamente habilitados no quadro geral de credores.

É no momento da verificação de créditos realizada pelo administrador judicial que se abre prazo para que os credores apresentem divergências ou habilitações, em caso de não terem sido previamente incluídos na relação de credores fornecida pelo devedor. Só torna-se apto aos direitos da Recuperação, aqueles que estiverem constituídos e verificados pelo administrador judicial.

A Assembleia é presidida pelo Administrador Judicial e cada voto tem valor proporcional ao crédito que representa, com exceção dos créditos trabalhistas e de microempresas ou empresas de pequeno porte, que têm voto unitário. Após votação, aprova-se o plano judicial apenas se obtiver mais da metade do valor total dos créditos presentes na assembleia, com exceção às deliberações dispostas no artigo 42 da Lei nº 11.101/2005.

Apesar da autonomia conferida a esse agente, devido ao poder decisório do juízo, existe uma circunstância em caso de recusa do plano posto em deliberação, configurada pelo chamado *Cram Down*, que será abordado posteriormente. Esse fato revela que há limitações legais e procedimentais dos credores, tendo em vista a necessidade de cumprimento do dever do Estado de possibilitar o soerguimento de empresas viáveis.

2.3. COMITÊ DE CREDORES

O Comitê de Credores é um órgão de representação do juízo universal constituído por um representante indicado por cada uma das classes de credores, além de dois suplentes cada. Esse é um instituto facultativo, sendo substituído nas funções pelo administrador judicial na sua ausência, mas quando fundado exerce papel de extrema relevância no processo recuperacional, atendendo aos interesses dos credores.

É de competência do Comitê, em consonância com o artigo 27 da Lei nº 11.101/2005, fiscalizar as atividades e examinar as contas do administrador judicial, zelar pelo bom andamento do processo, informar ao juiz qualquer violação aos direitos dos interessados, emitir parecer acerca das reclamações dos interessados, requerer convocação de Assembleia Geral ao juiz, fiscalizar a execução do plano de recuperação e as atividades do devedor por meio de relatórios mensais.

3. INSTRUMENTOS DE VIABILIDADE E FISCALIZAÇÃO

3.1. VIABILIDADE

Como tratado previamente, a empresa é uma unidade fundamental para o equilíbrio econômico-social. Ela é fonte produtora de serviços e bens, geradora de empregos e arrecadadora de tributos que garantem desenvolvimento da economia, da tecnologia, da pesquisa e dos direitos básicos do país. Por isso, deve-se ao máximo buscar uma solução para a crise das atividades empresariais, por meio da ponderação entre os interesses privados e coletivos.

Contudo, nem toda empresa em crise é considerada apta para que valha os esforços dos credores e da sociedade no processo recuperacional. Para tanto, criou-se o mecanismo da viabilidade, que visa a análise da real possibilidade de soerguimento da empresa mediante atuação do administrador judicial na verificação dos créditos e da Assembleia Geral na aprovação ou recusa do plano recuperacional de acordo com a efetividade dos meios recuperatórios apresentados.

Nesse propósito destaca-se opinião de Waldo Fazzio Junior, que menciona:

> A LRE fixa uma dicotomia essencial entre as empresas economicamente viáveis e as inviáveis, de tal arte que o mecanismo da recuperação é indicado para as primeiras, enquanto o processo de falência apresenta-se como o mais eficiente para a solução judicial da situação econômica das empresas inviáveis.
>
> Viáveis, é claro, são aquelas empresas que reúnem condições de observar o plano de reorganização estipulado no art. 47 da LRE. A aferição dessa viabilidade está ligada a fatores endógenos (ativo e passivo, faturamento anual, nível de endividamento, tempo de constituição e outras características da empresa) e exógenos (relevância socioeconômica da atividade). (Fazzio Junior, 2005, pag. 31)

Com o intuito de oportunizar a Recuperação Judicial, por meio da reorganização administrativa e financeira da empresa, o devedor deve cumprir alguns critérios objetivos e pressupostos legais. Fábio Ulhoa Coelho (Coelho, 2011, pág. 413) denota quais seriam os requisitos a serem analisados, dentre eles a análise da importância social, a mão de obra e tecnologias adotadas, os elementos do passivo e ativo, o tempo da empresa e seu porte econômico.

A viabilidade, destarte, é um instrumento otimizador do processo de Recuperação Judicial com objetivo de permitir que apenas as empresas viáveis possam adentrar no procedimento recuperacional. Todavia, deve-se atentar para que abstrações normativas não privem atividades empresárias de adotarem o instituto recuperatório. As análises de praticabilidade devem seguir os parâmetros legais e o mecanismo de mercado.

3.1.1. MEDIAÇÃO E ARBITRAGEM

Neste espectro, o Conselho Nacional de Justiça consagrou o instituto da mediação pelas recomendações 58 e 71, de modo que as negociações por acordo conferissem maior celeridade e economia processual à Recuperação Judicial. Nessa forma de resolução de conflitos, um terceiro facilitador do diálogo, atua de forma imparcial e confidencial, valorando o caso para que as partes possam desenvolver uma solução que atenda aos interesses de ambos. A Recomendação nº 58, em seu artigo 2º, estabelece as hipóteses em que a mediação pode ser adotada nos casos do direito falimentar e recuperacional, como por exemplo, nos incidentes de verificação de crédito e na negociação do plano de recuperação.

Entretanto, vale ressaltar que o uso da mediação não dispensa a deliberação da Assembleia Geral de Credores nem afasta o controle de legalidade exercido pelo magistrado. Ademais, o mediador apto para atuar na Recuperação Judicial deve ter conhecimento específico e experiência na área e conhecer o procedimento legal, acompanhando todas as fases do processo, além de preencher os requisitos dos artigos 11 e 12 da Lei nº 13.140/2015.

Em adição à mediação, a Lei nº 11.101/2005 prevê o uso da arbitragem como método resolutivo alternativo de conflito, conforme artigo 6º, §9º. Nesse modelo de solução de conflitos, as partes, livremente, escolhem uma jurisdição privada para que o árbitro ou tribunal arbitral decida a divergência com imparcialidade, de forma definitiva e irrecorrível.

Seu uso recorrente no âmbito empresarial dá-se em razão da celeridade, confidencialidade do procedimento e liberdade de escolha pelas partes de árbitros com experiência. Contudo, o custo da arbitragem em relação aos demais mecanismos de viabilidade e solução de conflitos predispõe as empresas em crise a buscarem o Poder Judiciário como principal forma de dirimir suas questões.

Não obstante o crescimento do uso de métodos alternativos para resolução de conflitos, o Brasil ainda enfrenta dificuldades na sua implementação efetiva. Isso ocorre devido a dois fatores principais, o Direito Brasileiro que é regido pelo *Civil Law,* baseado num sistema legal de codificações dispostos de forma hierárquica, com natureza adversarial; e a própria formação dos advogados que aprendem como atuar em litígios, mas pouco são ensinados acerca da autocomposição pela via da negociação ou outros meios consensuais.

3.1.2. DOS INSTRUMENTOS PRESENTES NA LEI Nº 11.101/2005

A Lei de Falências e Recuperação de Empresas estabeleceu ao longo da sua redação alguns mecanismos que permitem não apenas a fiscalização acerca da viabilidade, tópico que será abordado a seguir, mas também possibilitam diferentes formas de promover a exequibilidade das empresas em demanda de Recuperação Judicial. Essa maneira eleita pelo legislador, sob fiscalização do Judiciário, permite que o devedor, os credores e o próprio mercado possam encontrar a melhor saída para a crise econômica, financeira ou patrimonial que passa a empresa. Nesse sentido, a I Jornada de Direito Comercial, realizada pelo Conselho Nacional de Justiça promulgou o Enunciado no seu artigo 46 que o juiz não detém competência para abster-se de conceder a Recuperação Judicial baseado na análise econômico-financeira apresentada pelos credores.

O Administrador Judicial, apesar de também exercer função fiscalizadora, atua como agente de verificação da viabilidade dos créditos apresentados pelo devedor e pelas possíveis habilitações ou divergências de créditos dos credores. É a partir dele que surge a relação de credores e se consolida o quadro-geral de credores, de modo que para ser inserido nesse rol, o dirigente tem a responsabilidade de averiguar se os valores e documentos demonstrados são passíveis de ingressar no procedimento recuperacional.

A verificação dos créditos tem por objetivo averiguar quais créditos estão sujeitos ao concurso de credores, sendo seu aperfeiçoamento executado assim que apresentada a petição inicial, de modo a tornar mais precisa a composição do passivo da empresa devedora, enquanto possibilita a participação dos credores em assembleia.

No mesmo sentido, atua a Assembleia Geral, que é responsável pela aprovação, recusa ou alteração no plano de recuperação exibido pelo devedor, tendo em vista que devem ser compatíveis os meios de soerguimento propostos em relação aos créditos devidos. Se houver discordância do plano inicial, abre-se prazo para que os credores possam desenvolver um planejamento distinto. Objetiva-se, desse modo, o consenso dos interesses das partes e uma forma alternativa de se alcançar a viabilidade da empresa.

A legislação vigente adotou inovações utilizadas nas jurisdições mais avançadas como direitos superprioritários a créditos prorrogados durante a Recuperação Judicial e a possibilidade de investidores terceirizados comprarem ramos ou unidades produtivas isoladas livres de quaisquer ônus e responsabilidades. A exceção ocorre se o comprador for acionista ou subsidiária controlada pela empresa em recuperação. Ademais, possibilitou-se o uso do CAC, que consiste no adiantamento sobre contratos de câmbio.

Por fim, instaurou-se, também, o instituto do Cram Down, que em tradução livre significa "descer goela abaixo", disposto no artigo 58, §1º da LFR. Não alcançando o quorum mínimo para aprovação do plano de recuperação judicial, existe uma situação excepcional que permite que o juiz conceda a Recuperação Judicial por quórum alternativo.

Amparado pelo princípio da preservação da empresa, nesse método de viabilidade recuperacional, é facultado ao juiz a imposição do plano em casos de não aprovação pelos requisitos do artigo 45 da Lei 11.101/2005, quando, cumulativamente, os votos favoráveis representem mais da metade do valor dos créditos presentes na assembleia, a aprovação por maioria contabilizando as classes e na classe em que houve rejeição haja votos favoráveis de mais de um terço dos credores computados.

A adoção do *Cram Down* no Brasil foi mais rigorosa que em outros países devido ao alicerce legislativo pouco evidente nos sistemas de *Common Law*, o que reduz os poderes do juízo de correção da decisão de contestação de recuperação deliberada pelos credores. Entretanto, o que se observa na prática é a perversão do princípio da preservação da empresa, na medida em que se tem utilizado como mecanismo de compra de apoio da maioria em detrimento da minoria.

3.2. FISCALIZAÇÃO

Além da viabilidade, mostra-se imprescindível o processo da fiscalização na Recuperação Judicial. É dever do Estado realizar o controle judicial para expurgar fraude, abuso de direito, violação da lei, da moral e dos bons costumes, da ordem pública e da boa-fé objetiva por parte de qualquer dos interessados. Nesse diapasão, a Lei nº 11.101/2005 criou mecanismos fiscalizatórios necessários ao cumprimento da legalidade e a satisfação devida dos interesses sociais e coletivos.

O Poder Judiciário não pode manter-se inerte diante da existência de ilegalidades ou abusos perpetrados pelos credores ou devedor na Recuperação Judicial. Assim, um órgão fundamental no auxílio à esfera jurisdicional é o Ministério Público. Esse órgão, dentre outras funções, desempenha atividade fiscalizatória. Cabe ao MP, de forma complementar aos demais institutos legais da LFR, requerer a exclusão ou modificação de créditos (artigo 19); averiguar o desempenho do administrador judicial e do Comitê de Credores (artigos 30, §2º e 31); propor ação revocatória contra atos praticados com a intenção de prejudicar credores por meios fraudulentos do devedor; além de poder propor ações penais contra crimes falimentares.

Com vista à celeridade, a economia e dinamicidade processuais, a legislação oferece maior autonomia ao credor para aprovar, recusar ou modificar o plano de recuperação, bem como permitiu uma participação mais efetiva no acompanhamento do cumprimento das obrigações decorrentes do plano. Ademais, para que essa postura fosse possível, a figura do Administrador Judicial torna-se fundamental.

Sendo pessoa de confiança nomeada pelo magistrado, cabe ao administrador a verificação e habilitação dos créditos. Apesar de exercer função de possibilitar a viabilidade empresarial, também detém papel fiscalizatório, conforme artigo 22, II da LFR. A verificação de créditos é utilizada não apenas à formação do quadro geral de credores, mas aos demais aspectos a serem investigados ao longo do processo recuperacional, como eventual prática de ato criminoso, sendo uma ferramenta eficaz para assegurar a função social do processo.

Após deferimento da inicial, o legitimado para confecção do plano de recuperação é o devedor, sendo esse planejamento a parte fulcral do procedimento recuperatório judicial, pois é dele que emana a preservação, o aferimento da viabilidade, do cumprimento da função social e da legalidade da empresa. Nesse sentido, a solidez e consistência do plano são essenciais para a efetiva recuperação da crise do devedor, para a inserção de crédito no mercado e manutenção da credibilidade do próprio instituto da Recuperação Judicial.

Foi aprovado na I Jornada de Direito Comercial do Conselho Nacional de Justiça, o Enunciado 44, "A homologação de plano de recuperação judicial aprovado pelos credores está sujeita ao controle judicial de legalidade" (Brasil, 2012). Esse controle é exercido pelo Comitê de Credores, deliberado pela Assembleia Geral de Credores, sendo ele o maior representante fiscalizatório na Recuperação Judicial. A fim de cumprir com a sua função social, é permitido acesso às dependências das empresas em recuperação, à escrituração e demais documentos relacionados à empresa em recuperação.

Averiguada qualquer irregularidade, o Comitê deve requerer nos autos da Recuperação Judicial que o juízo adote as medidas necessárias para sanar o vício, podendo culminar na convolação em falência, em caso de ilegalidade ou descumprimento do plano de recuperação. Em decorrência disso, tal instituto deve apresentar mensalmente relatório da situação tanto do administrador judicial quanto do devedor, segundo artigo 27 da Lei nº 11.101/2005.

Outra função importante desse agente é a possibilidade de requerer a exclusão ou modificação de classificação de qualquer crédito sujeito a fraude, simulação, dolo, erro, ausência de averiguação de certos documentos à época da constituição do quadro-geral de credores.

Contudo, tem-se observado que apenas uma pequena margem das empresas em recuperação tem efetivamente atingido o patamar de soerguimento e superação da crise econômico-financeira. Isso se deve ao fato de que o devedor ainda detém poderes superiores em relação aos termos e condições propostos no plano de recuperação, além de que muitas empresas têm ingressado com pedido de recuperação de forma tardia. Assim, Rosemarie Adalardo Filardi (Filardi, 2008), propõe a criação de um órgão, composto por profissionais especializados em gestão e recuperação de empresas, que possa assegurar a legalidade e viabilidade do plano e da atividade empresarial.

4. CONCLUSÃO

A atividade empresarial desempenha papel fundamental no contexto sócio-econômico regional e nacional, sendo de suma importância a tutela estatal para proteger esse setor, bem como todo o sistema. O Estado é dependente da geração de empregos, arrecadação de impostos, circulação de renda e crescimento do país. Assim, é primordial que o legislador preze pela preservação e soerguimento da empresa que atende aos requisitos da viabilidade e cumpre com sua função social.

Durante a vigência do Decreto-lei nº 7.661/45 e do instituto da concordata, o amparo estatal era insuficiente e o processo recuperacional era adotado como mero paliativo até a convolação em falência. Não havia incentivo nem da sociedade nem do Poder Judiciário para promover o soerguimento das empresas em crise. Somente com a constituição da Lei nº 11.101/2005, alterada pela Lei nº 14.112/2020, a atividade empresarial passou a ser vista como um instituto essencial na economia, da qual o Estado é dependente.

Assim, criou-se a Recuperação Judicial, que se tem mostrado um mecanismo eficaz para auxiliar as empresas em crise no soerguimento econômico-financeiro, baseado nos princípios da preservação da empresa e da função social. Associada à base principiológica, foram agregados critérios essenciais para deferimento do processo recuperacional, dentre eles, os instrumentos de viabilidade e de fiscalização.

Os meios de fiscalização, bem como os de viabilidade revelam que nem toda empresa deve ser vista como valorosa do ponto de vista jurídico ou social. As sociedades empresárias que não se enquadram nos requisitos e moldes determinados legalmente ou não demonstrarem possibilidade válida de superação da crise devem ser convoladas em falência para que não haja dispêndio da sociedade e que as demais empresas não se prejudiquem.

A partir da observância da atuação do Poder Judiciário, do administrador judicial, da Assembleia Geral de Credores e do Comitê de Credores, prevista pela Lei de Falências e Recuperação de Empresas, foi possível averiguar a evolução dos esforços sociais e estatais na tentativa de preservação da atividade empresarial, visando o fomento econômico e desenvolvimento da sociedade.

A análise de viabilidade distingue as empresas passíveis de superação da crise daquelas que se demonstram inviáveis e que continuarão a exercer sua função social através da liquidação de seus bens. A verificação deve realizar-se tanto antes quanto durante o processo recuperacional, minimizando a possibilidade de utilização fraudulenta da Recuperação Judicial. Já sob a égide da fiscalização, é de responsabilidade dos agentes e credores o policiamento para que os empresários não desviem do Plano de Recuperação e não cometam crimes falimentares, e, caso venham a consumar, o Judiciário promova a convolação em falência.

Contudo, é preciso reconhecer que ainda existem dificuldades a serem enfrentadas pelo legislador. A mediação e a conciliação devem ser incentivadas no meio jurídico e lecionadas nas universidades, além da devida instrução dos credores e do administrador judicial, para que os requisitos objetivos de verificação dos créditos e da viabilidade sejam cumpridos. Ademais, no âmbito da fiscalização, deve-se averiguar a autonomia concedida ao devedor no processo recuperacional, a fim de que o propósito de desenvolvimento socioeconômico e equiparação dos interesses individuais e coletivos sejam alcançados.

Portanto, por meio do estudo apresentado, pode-se aferir que a Recuperação Judicial tem exercido função de extrema importância no mercado atual, possibilitando que diversas empresas superem as crises existentes e se mantenham como fontes produtoras de renda e de desenvolvimento social. Os institutos da fiscalização e da viabilidade também são fundamentais no processo recuperacional e para o sistema econômico, ao selecionar de forma efetiva as empresas viáveis daquelas que não a são. Desse modo, as devedoras poderão se reinserir no mercado de forma competitiva, exercendo sua função social.

REFERÊNCIAS

BRASIL. Conselho Nacional de Justiça. Enunciado 44. I Jornada de Direito Civil, 2012. Disponível em: https://www.cjf.jus.br/enunciados/enunciado/69.

BRASIL. Constituição (1988). Constituição da República Federativa do Brasil de 1988. Brasília, DF: Senado Federal: Centro Gráfico, 1988. Disponível em: https://www.planalto.gov.br/ccivil_03/constituicao/constituicao.htm .

BRASIL. Lei n° 11.101, de 09 de fevereiro de 2005. Regula a recuperação judicial, a extrajudicial e a falência do empresário e da sociedade empresária. Diário Oficial da União, Brasília, DF. Disponível em: https://www.planalto.gov.br/ccivil_03/_ato2004-2006/2005/lei/l11101.htm .

CARDOSO, Renata Michele; e STANGORLINI, Aline Regina Alves. A Importância da Recuperação Judicial na Reestruturação de uma Empresa: uma análise a partir da Lei no 11.101/2005. Universidade Metodista de São Paulo, 2021. Disponível em: https://www.metodista.br/revistas/revistas-metodista/index.php/RFD/article/view/1036356.

MAMEDE, Gladston. Falência e Recuperação de Empresas. 11 ed. São Paulo: Atlas, 2020.

NEGRÃO, Ricardo. Curso de Direito Comercial e de Empresa: recuperação de empresas, falência e procedimentos concursais administrativos. 14 ed. São Paulo: Saraiva Educação, 2020.

LIMA, Isabela Borges. Administração de Empresas em Recuperação Judicial: Instrumentos para Fiscalização e Viabilidade. *In:* CERIZZE, Rosiris; CALAZA, Tales (Coord.). *Controvérsias e soluções jurídicas empresariais.* Uberlândia: Marco Teórico, 2024. pp. 269-283.

TRIBUTAÇÃO DA ECONOMIA DIGITAL: ADESÃO DO BRASIL ÀS RECOMENDAÇÕES DA OCDE CONTRA A EROSÃO DA BASE DE TRIBUTAÇÃO

14

Lavínia Alves Almeida Souza
Luiza Beatriz Lopes Dantas e Sousa

1. INTRODUÇÃO

O presente artigo tem por objetivo pontuar as questões que permeiam a Tributação da Economia Digital, no âmbito da Ação 1, do programa de combate à Erosão da Base Tributável e o Desvio de Lucros (BEPS) proposto pela Organização para a Cooperação e o Desenvolvimento Econômico (OCDE).

A ausência de uniformidade entre as normas jurídicas, atrelada à intensificação das transações comerciais para além das fronteiras físicas dos países, justifica os Estados-Membros da Organização pensarem em medidas para combater o desvio de receita tributária e a possível oneração fiscal do contribuinte em função da dupla tributação.

A partir disso, serão abordados os temas relativos aos desdobramentos e efeitos da tributação da economia digital, na perspectiva nacional e internacional. Busca-se, com isso, entender quais são as propostas de alteração no sistema normativo internacional e de que maneira o Brasil tem respondido a essas propostas de harmonização na tributação envolvendo bens tecnológicos.

2. DESENVOLVIMENTO TECNOLÓGICO E DIGITALIZAÇÃO DA ECONOMIA

A globalização é um fenômeno que traz influências profundas nas mais diversas situações. Em um mundo cada vez mais conectado, não há mais fronteiras que delimitem as relações de troca entre os indivíduos. A velocidade com que esse fenômeno caminha impõe dificuldades ao regramento institucional, desafiando tanto governos nacionais quanto organizações internacionais a acompanharem o crescimento acelerado, regularem os limites adequados e controlarem suas consequências.

Os avanços tecnológicos permitiram o aumento da integração das relações comerciais. Tem-se um período de transição do ambiente físico para o ambiente digital em que os processos passaram a ser automatizados e as operações comerciais se tornaram mais práticas e rápidas. Com isso, o ambiente comercial vem se mostrando altamente integrado como consequência da digitalização da economia.

A "digitalização da economia" é termo elaborado por Don Tapscott (Tapscott, 1997), e é utilizado para se referir à parcela da economia baseada em tecnologias digitais. Ela se caracteriza pela mobilidade, no que diz respeito aos intangíveis, pela necessidade de se definir quem são os usuários e pela menor necessidade de presença física para desempenhar determinadas funções. Além disso, apresenta flexibilidade na prestação de serviço e outros recursos necessários à realização da operação.

Se antes a característica da economia industrial era ser estacionária e tangível, com a economia digital fica claro que isso mudou, pois ela é marcada, fundamentalmente, por ser móvel e intangível (Rocha, 2018). A esses avanços tecnológicos, atribui-se o que Klaus Schwab deu o nome de "Quarta Revolução Industrial", que teve início na virada do século XX e, inspirada na Revolução Digital, foi marcada pela universalização da *internet* móvel, pela inteligência artificial e pela aprendizagem automática. Nas palavras do autor Klaus Schwab:

> "o que torna a quarta revolução industrial fundamentalmente diferente das anteriores é a fusão dessas tecnologias e a interação entre os domínios físicos, digitais e biológicos. Nessa revolução, as tecnologias emergentes e as inovações generalizadas são difundidas muito mais rápida e amplamente do que nas anteriores, as quais continuam a desdobrar-se em algumas partes do mundo." (SCHWAB, 2016, p. 20).

Neste sentido, a Organização para Cooperação e Desenvolvimento Econômico (OCDE) elaborou o Relatório Final em 2015[1], a respeito do avanço tecnológico no mundo e os desafios que nele se apresentam. O Relatório expõe que as empresas têm adotado cada vez mais a Tecnologia da Informação e Comunicação (TIC) para aumentar a produtividade, ampliando o alcance do mercado e reduzindo os custos operacionais (OCDE, 2015, p. 52-53). Isso se dá devido à disseminação da conectividade de banda larga, que se um dia atingiu apenas grandes empresas, hoje já atinge 90% das pequenas empresas dos países integrantes da OCDE.

Deste modo, tem-se que o uso quase universal das TIC, atrelado à queda dos preços e ao aumento no desempenho dessas tecnologias, expandiram o alcance de mercado e a redução de custos com a produção, o que permitiu o desenvolvimento de novos produtos e serviços. Além disso, as tecnologias mudaram a forma como os produtos e serviços são produzidos e entregues, bem como a maneira em que são estruturados os modelos de negócios utilizados nas empresas, desde multinacionais até *startups*.

Observa-se, com isso, que empresas de diversos setores estão capacitadas para projetar e construir seus modelos operacionais em torno destas tecnologias, a fim de melhorar a flexibilidade, a eficiência e ampliar seu alcance no mercado global. Atrelado a isso, tem-se que a liberalização da política comercial e a redução dos custos com transporte são fatores que possibilitaram o aproveitamento, por parte das empresas, das dinâmicas das cadeias globais de valor, nas quais os

---

1   Título do texto contido no supramencionado Relatório: Addressing the Tax Challenges of the Digital Economy.

processos produtivos podem estar geograficamente dispersos pelo mundo para aproveitar as vantagens dos mercados locais.

3. ROMPIMENTO DE FRONTEIRA E NECESSIDADE DE REGULAMENTAÇÃO INTERNACIONAL

No ano de 1948, a Organização Europeia de Cooperação Econômica ("OEDE"), foi criada por 18 Estados-Membro com o objetivo de promover a cooperação entre os países do continente europeu no contexto marcado pelo pós Segunda Guerra Mundial. Nesse período, como forma de estimular a economia dos países, foram reduzidos o controle do capital e as barreiras aduaneiras, levando ao gradativo aumento das exportações e a atuação de empresas em diversas jurisdições (Matsunaga, 2018).

Na segunda metade do século XIX, após a OECE ter cumprido seu propósito, os seus integrantes entenderam pela necessidade de regulamentar as questões fiscais do grupo e assinaram a convenção que criou a OCDE. Alguns anos mais tarde, os países integrantes da OCDE, com o objetivo de expandir o desenvolvimento econômico, adotaram como tema central de suas discussões a dupla tributação internacional.

A partir disso, a Organização elaborou um projeto, no qual nomearam com a sigla BEPS, em inglês *Base Erosion and Profit Shifting*, composto por quinze ações, as quais foram desenhadas para promover o combate à erosão da base tributária e à transferência de lucros para países com baixa tributação.

4. AÇÃO 1

Ação 1, nomeada "*Addressing the Tax Challenges of the Digital Economy*" se propôs a entender como a tecnologia influência nas operações entre as empresas e a criação de valor na cadeia produtiva, a fim de identificar a incidência ou não de tributos, bem como o sujeito passivo da obrigação tributária. Isso se dá em função da necessidade de harmonização jurídica da tributação em âmbito internacional, para que não haja desvio da receita tributária, nem que o contribuinte sofra com os encargos financeiros da dupla tributação e operacionais das fiscalizações.

A OCDE explica que as características principais da economia digital estão relacionadas a atribuição de um lugar de destaque aos ativos intangíveis, como o uso de dados informacionais em enorme quantidade (particularmente dados pessoais), a adoção universal de modelos de negócio multifacetados, bem como a dificuldade de determinar a jurisdição na qual a criação de valor efetivamente ocorre (OCDE, 2015)

Tal contexto levanta questões fundamentais sobre como as empresas adicionam valor a um produto a partir de seus ativos intangíveis, como auferem lucro e como a economia digital trata os conceitos de fonte e residência na caracterização dos rendimentos para fins tributários. A acentuação dos problemas fiscais se apresenta a partir dessas características que são de difícil enquadramento nos conceitos já estabelecidos no Direito Tributário.

Atribui-se a isso a ausência de um estabelecimento físico, a utilização de bens e serviços digitais (como serviços de nuvem e streaming), a constante atualização dos modelos de negócios, a modernização do mercado digital e a proteção de dados (OCDE, 20125, p. 3).

O Comitê de Assuntos Fiscais, da OCDE, criou a Força-Tarefa sobre Economia Digital (*Task Force on Digital Economy*), que tem como função primordial o levantamento e a análise dos desafios específicos dos negócios digitais. Na análise das transformações provocadas pela economia digital, o "Relatório Final da Ação 1" identificou os principais desafios relacionados à tributação, analisando suas causas e efeitos na tributação direta e na tributação indireta.

A primeira questão que se apresenta é quanto à possibilidade de operações entre sujeitos em jurisdições distintas e, até mesmo, do estabelecimento de uma mesma empresa em duas jurisdições distintas, sem presença física. A tecnologia rompe com essa barreira física, de modo que em função da mobilidade que as relações comerciais apresentam "um indivíduo pode, por exemplo, residir em um país, adquirir um produto enquanto está num segundo país, e consumi-lo em um terceiro país." (OCDE, 2015, p. 65).

A transferência de intangíveis entre empresas do mesmo grupo é fruto disso. Os intangíveis são, em sua essência, serviços ou produtos imateriais, por isso propícios a um ambiente de negócios virtual, e, consequentemente, relacionados a processos eletrônicos de produção. Essa mobilidade indica alguns questionamentos, como quanto à jurisdição em que essa operação se firma e quem é responsável por sua tributação. Assim, pelo fato do contribuinte operar em jurisdições distintas, alternativas de evasão fiscal podem ser criadas a partir da geração de ambientes artificiais.

No ambiente das empresas multinacionais, a transferência de intangíveis se torna mais complexa ainda, uma vez que há a segregação das etapas de produção de um produto para reduzir seus custos. Assim, cada empresa agrega um determinado valor no produto e transfere entre elas os bens intangíveis em condições comerciais que fora do grupo econômico não ocorreriam. Isso implica em obstáculos na identificação real das operações, na determinação do local da efetiva prestação de serviço ou adesão do bem para fins de apuração fiscal, uma vez que o local de venda do bem ou prestação de serviço não é necessariamente onde ocorre a produção de valor e influencia diretamente na tributação. (Trento e Bittencourt, 2019).

Funcionamento da Cadeia de Valor Agregado

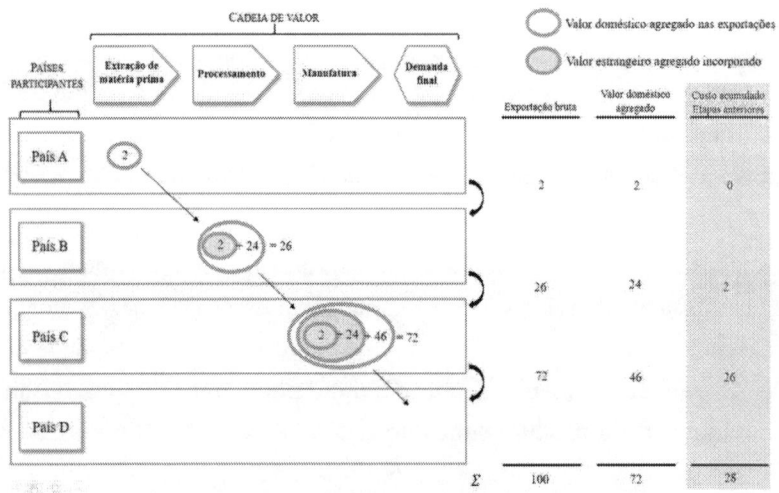

Fonte: UNCTAD - Tradução livre

Além disso, há a questão da ausência de alcance e aplicabilidade dos textos normativos e interpretação dos tratados, e a falta de nexo entre seus conceitos e os avanços tecnológicos. No âmbito internacional, os países firmam tratados bilaterais ou multilaterais em busca de definir questões de responsabilidade pela fiscalização e pelo recolhimento da receita auferida, a fim de evitar que haja tributação da mesma operação por entes distintos. Na era tecnológica, as informações são voláteis e há constante inovação, e com isso, algumas cláusulas passam a ser inaplicáveis e questões que de fato interferem na arrecadação não são contempladas.

Há também a questão quanto à dificuldade de acesso aos dados de transações no ambiente virtual. As informações sobre as transações não estão disponíveis para as autoridades fiscais nos momentos de fiscalização e isso dificulta a determinação das responsabilidades tributárias. No âmbito internacional, a questão da transparência no comércio digital tomou uma atenção especial da OCDE, que decidiu criar uma Ação específica para a questão, a *"Action 13: Country-by-country report"*, que busca elaborar um relatório de informações operacionais no contexto de grupos multinacionais.

Nesse sentido, a economia digital possibilitou, também, o comércio internacional de serviços e intangíveis em operações com consumidores finais, em específico a monetização de dados informacionais. As operações tecnológicas têm efeitos interligados, assim, quanto mais usuários existem em uma plataforma ou fazendo uso dela, maior é a geração de valor (OCDE, 2015). A Força-Tarefa ensina que há, portanto, atribuição de valor criado a partir de dados e denominou os dados protegidos entre as estruturas digitais de "*reliance on data and user participation*".

Após o levantamento dos desafios advindos das transformações digitais, a OCDE propôs, no Relatório Final, algumas soluções que representam os passos a serem tomados no bojo da Ação 1. A todo momento, a OCDE ressalta que o objetivo não é impor ações aos países-membros, mas apenas harmonizar o entendimento para a resolução de conflitos entre a fiscalização das respectivas jurisdições e os contribuintes. Nesse sentido, a base lógica das ações são os princípios consolidados na organização e aplicáveis especificamente nas questões tributárias, sendo: (i) *neutralidade; (ii) eficiência, (iii) certeza e simplicidade, (iv) efetividade e justiça e (v) flexibilidade* (OCDE, 2015).

Na busca pela aplicação dos princípios, tem-se que a primeira alternativa da OCDE apresentada foi a criação do *"digital tax"*, isto é, a criação de um imposto de incidência sobre as operações em plataformas digitais. A ideia é alcançar as mais variadas operações comerciais, desde que digitais, sejam elas domésticas ou internacionais.

A segunda solução é a revisão dos tratados internacionais. Em função da mencionada volatilidade das operações, os fatos e consequentes jurídicos descritos nos tratados não são capazes de acompanhar as transformações sociais causadas pela tecnologia. Isso reforça a necessidade de revisão e adaptação ao novo contexto comercial. Nesse sentido, a própria OCDE indica a chamada "Convenção Modelo" (*Model Convention*) que os Estados podem se basear e que está em constante análise e atualização.

Outra alternativa apresentada pela "Ação 1", e em paridade com a atualização dos tratados sobre tributação, é a revisão do conceito de estabelecimento permanente, que faz parte do "Núcleo de Acordos Bilaterais" para evitar a Dupla Tributação, e condiciona a repartição de competências na apuração de lucros das empresas (Przepiorka, 2020). A OCDE propõe revisar o conceito, que está muito relacionado à criação artificial de vendas para tributação favorecida, para as modificações apresentadas pela tecnologia, que facilitam tal conduta.

No âmbito internacional, além de revisão de tratados, a OCDE propõe também maior detalhamento de regras de preços de transferência quanto ao uso dos intangíveis. Os preços de transferência são os preços praticados entre empresas pertencentes a um grupo multinacional pela troca de bens entre si. Nessas transações é comum que os preços sejam estipulados em condições mais favoráveis do que as que se apresentariam em um contexto entre partes independentes. Esse movimento dificulta a identificação da criação de valor e, consequentemente, a tributação adequada. A OCDE propõe que as regras sejam mais claras e de mais fácil aplicação e garantir que o valor dos intangíveis transferidos entre as partes relacionadas reflita integralmente nas operações.

A Organização destaca, também, o aumento do volume de bens importados pelas pessoas físicas em função da economia digital e, por isso, recomenda que as isenções concedidas para essas operações menores sejam reavaliadas. Na prática, a OCDE propõe a revisão dos benefícios e maior eficiência na fiscalização de tais operações. Ela recomenda também que as operações envolvendo consumidores finais sejam tributadas no país de destino, a fim de facilitar a determinação da responsabilidade pela arrecadação.

4.1. PILAR 1 E PILAR 2

O Relatório da "Ação 1" reforça que as conclusões obtidas pela Força-Tarefa e as soluções propostas não são definitivas:

> Estas conclusões podem evoluir à medida que a economia digital continua a se desenvolver, em particular no que diz respeito à robótica, à internet das coisas, à impressão em 3D e à economia de compartilhamento e irá depender do impacto real de outras medidas em relação ao BEPS. Portanto, é importante continuar trabalhando nessas questões e monitorar a evolução da economia digital ao longo do tempo. (OCDE, 2015, p. 148).

Após a publicação do Relatório, a OCDE indicou a intenção de publicação de outro relatório e assim o fez. Analisou os resultados apresentados e concluiu pela baixa adesão dos países às instruções recomendadas e resultados insuficientes em função da complexidade dos temas tratados. Desta forma, em 2020, publicou os "Pilares 1 e 2" como continuação ao trabalho e monitoramento realizado pelo "Projeto BEPS sobre a Ação n. 1". (Moreira; Fonseca; Rausch, 2020).

O "Pilar 1" busca assegurar uma distribuição mais equitativa dos Direitos Tributários e a efetiva atividade econômica, de modo que a alocação do respectivo lucro seja na jurisdição em que a riqueza realmente é gerada. Assim, o propósito é realocar o direito do Estado tributar para onde os mercados exercem suas atividades comerciais e aufiram lucro, independente de as empresas estarem ou não fisicamente presentes nestes mercados, expandindo o nexo tributário para além da presença física.

A OCDE agrupa os elementos-chave do "Pilar 1" em três: (i) atribuição de um novo direito de tributação para jurisdições em que o mercado é ativo, sobre uma parcela do lucro residual calculado em um nível de segmento de empresas multinacionais (Amount A); (ii) um retorno fixo para certas atividades de marketing e distribuição de linha de base, ocorrendo fisicamente em uma jurisdição de mercado, de acordo com o *Arm's length principle* (Amount B); e (iii) processos para melhorar a segurança tributária por meio de mecanismos eficazes de prevenção e resolução de disputas (OCDE, 2020).[2]

O "Pilar 2" é dirigido aos desafios remanescentes do BEPS e é projetado com o objetivo de garantir que grandes empresas que operam internacionalmente paguem um nível mínimo de imposto, independentemente de onde estejam sediadas ou das jurisdições em que operam. Assim, busca uma solução sistêmica de tributação das empresas transnacionais. O projeto persegue isso por meio de uma série de regras interligadas que buscam (i) garantir a tributação mínima e, ao mesmo tempo, evitar a dupla tributação ou tributação onde não houver lucro econômico, (ii) lidar com diferentes sistemas tributários por jurisdições, bem como diferentes modelos operacionais por empresas, (iii) garantir transparência e igualdade de condições de mercado, e (iv) minimizar os custos administrativos e de conformidade. (tradução livre).[3] (OCDE, 2020).

Pode-se afirmar, na perspectiva da OCDE, que os "Pilares 1 e 2" representam

---

2   Versão original: the key elements of Pillar One can be grouped into three components: a new taxing right for market jurisdictions over a share of residual profit calculated at an MNE group (or segment) level (Amount A); a fixed return for certain baseline marketing and distribution activities taking place physically in a market jurisdiction, in line with the ALP (Amount B); and processes to improve tax certainty through effective dispute prevention and resolution mechanisms.

3   Versão original: Pillar Two addresses remaining BEPS challenges and is designed to ensure that large internationally operating businesses pay a minimum level of tax regardless of where they are headquartered or the jurisdictions they operate in. It does so via a number of interlocking rules that seek to (i) ensure minimum taxation while avoiding double taxation or taxation where there is no economic profit, (ii) cope with different tax system designs by jurisdictions as well as different operating models by businesses, (iii) ensure transparency and a level playing field, and (iv) minimise administrative and compliance

um novo passo da tributação internacional, uma vez que buscam garantir para as jurisdições a tributação da riqueza que é gerada em cada país e, ao mesmo tempo, oferecer segurança jurídico-tributária para as empresas, aspecto fundamental para o desenvolvimento econômico. Assim, é possível perceber maior aplicabilidade dos princípios tributários internacionais e potencial de efetiva harmonização internacional nesta seara.

5. ADESÃO DO BRASIL ÀS NORMAS INTERNACIONAIS DA OCDE SOBRE TRIBUTAÇÃO DA ECONOMIA DIGITAL

O Brasil mantém uma relação de cooperação e adesão de outras instruções normativas promulgadas pela organização. Em 2010, aderiu ao *Global Forum on Transparency and Exchange of Information for Tax Purposes* (Fórum Global de Transparência e Intercâmbio de Informações para Finalidades tributárias), que, atualmente, tem mais de 165 membros. O Brasil se aproximou ainda mais da OCDE quando se tornou parte do G20 *BEPS Project*, em 2013, projeto tratado neste trabalho.

Em maio de 2019, o Brasil enviou um pedido formal para iniciar o processo de adesão à OCDE e, desde então, tem buscado com mais afinco a harmonização de suas normas para com o padrão indicado pela Organização. Contudo, o sistema tributário brasileiro possui algumas características que dificultam a adesão completa e rápida dessas ações. Em um *ranking* feito pela *Ludwig Maximilian University of Munich*, em que foi analisada a complexidade tributária de 69 países, o Brasil ocupa a nona posição entre os países com o sistema tributário mais complexo.

O passo mais relevante que o Brasil deu, recentemente, em direção à harmonização com os parâmetros internacionais foi a promulgação da Medida Provisória (MP) 1152/2022, que alterou as disposições sobre os preços de transferência no bojo da legislação do Imposto de Renda Pessoa Jurídica (IRPJ). No

---

costs.

Relatório de Convergência feito pela Receita Federal do Brasil (RFB) em parceria com a OCDE para analisar tal questão, foram levantados problemas relacionados à matéria que podem ser aplicados à economia digital, como a falta de capacitação das autoridades envolvidas na fiscalização e do próprio sistema de fiscalização para esse tipo de operação.

Um ponto trazido pela MP 1.152/22 é, justamente, quanto à tributação de intangíveis, que não é bem estabelecida na legislação em vigor. As empresas precisam lidar com muitas regras de limitação de dedução na base de cálculo do IRPJ e, por vezes, acabam por não escriturar as operações envolvendo intangíveis ou pagamento de royalties, em função de marca, patente, direitos autorais e licença de software, por exemplo.

Além da tributação da renda, observa-se que o Brasil enfrenta outras questões relacionadas à aplicação das regras de tributação brasileira, que podem ser consideradas complexas em função do caráter misto do ambiente digital. As classificações consolidadas de tributação sobre serviço ou de produto são exemplos da dificuldade de aplicação às operações digitais, neste sentido a professora Tathiane Piscitelli afirma:

> Especificamente do ponto de vista da economia digital, o debate tem se centrado no ICMS e no ISS, impostos de competência estadual e municipal, respectivamente. Isso se dá em razão das próprias bases de incidência – como descrito acima, o ICMS onera a circulação de bens, enquanto o ISS onera a prestação de serviços. (...) Ainda assim, nas operações internacionais com o Brasil, a disputa sobre a incidência tributária se dará em torno desses dois tributos. (Piscitelli, 2019)

A peculiaridade federativa também interfere na determinação da tributação, uma vez que o direito de tributar é dividido entre os entes federativos e isso gera uma "guerra fiscal" pelo recolhimento. Nota-se também que "o sistema tributário brasileiro é baseado na localização física dos contribuintes, na corporeidade dos bens e na intermediação das transações" (Coppi, 2019, p. 12) e esses conceitos não são suficientes para identificar as materialidades nos ambientes digitais.

Portanto, verifica-se a necessidade urgente de revisão estrutural dos critérios de alocação dos direitos de tributação sobre as receitas de negócios tanto dentro das fronteiras nacionais quanto nos negócios transfronteiriços na era da economia digital.

A falta de harmonização com os padrões internacionais pode influenciar nas relações comerciais com os outros países. A título de exemplo, os Estados Unidos alteraram, em 2021, as regras de compensação do Imposto de Renda pago no exterior, proibindo o uso de créditos tributários pelas empresas americanas, caso o tributo tenha sido recolhido por país que não siga o princípio *arm's length*. Atualmente, o Brasil não segue tal princípio e caso a MP 1.152/22 não seja promulgada, é possível que muitas empresas estadunidenses deixem de atuar no país ele perca importantes operações comerciais, de modo se demonstra relevante harmonização normativa, conforme defendido por este trabalho.

6. CONCLUSÃO

Tendo em vista a dinamicidade das transformações digitais, pode-se concluir, a partir do exposto no presente trabalho, que existe um novo direcionamento da atenção internacional para as questões que se desdobram a partir das inovações tecnológicas.

As ações que a OCDE tem tomado indicam a necessidade de analisar em conjunto as operações e os sistemas tributários, para que não haja disputa entre as jurisdições pela arrecadação. Além disso, destaca-se que o objetivo da harmonização não parece ser o aumento da arrecadação e de atos de confisco perante o contribuinte. Apesar de muitas das propostas não terem sido adotadas quando da divulgação, as ações representam um importante direcionamento e intenção de estudo e trabalho sobre o tema.

É necessário que o sistema jurídico internacional respeite os princípios consolidados na esfera tributária, a fim de alcançar justiça e tratamento equitativo entre as partes. Disposições que criam artificialidades prejudicam os países responsáveis pela criação de valor da cadeia produtiva e o próprio cidadão, que é quem usufrui da aplicação dos tributos no financiamento das atividades estatais.

Em uma análise nacional, é possível constatar a falta de harmonização das disposições sobre tributação da economia digital. É um tema que, como foi mencionado, apresenta discussões desde 1997, porém no contexto brasileiro apenas em 2021 e 2022, ano da decisão do Supremo Tribunal Federal (STF) e da edição da MP, apresentou pontos norteadores mínimos relevantes para a discussão.

Com isso, ressalta-se a importância do fomento às discussões sobre este tema, a fim de proporcionar segurança jurídica para os negócios firmados, bem como para as próprias fiscalizações. Um ordenamento jurídico coerente não deve desestimular as operações comerciais com a dupla tributação, nem ser incentivo para a criação de artificialidades e transferência de lucros indiscriminada.

REFERÊNCIAS

COPPI, Nicholas Guedes; SILVA, Thiago Santos da. Breves Considerações sobre a Digitalização da Economia e seus Impactos na Tributação Revista Direito Tributário Atual, n.42. ano 37. p. 367-380. São Paulo: IBDT, 2o semestre 2019.

MATSUNAGA, Marcos Hideo Moura. *Cooperação mútua internacional na era pós-BEPS.* Revista Direito Tributário Atual, São Paulo, n. 39, 2018, p. 319 - 318.

OECD, *Addressing the Tax Challenges of the Digital Economy, Action 1 - 2015 Final Report, OECD/G20 Base Erosion and Profit Shifting Project.* OECD Publishing, Paris, 2015.

OECD. *Two-Pillar Solution to Address the Tax Challenges Arising from the Digitalisation of the Economy.* OECD Publishing, Paris, 2015. Disponível em: <https://www.oecd.org/tax/beps/brochure-two-pillar-solution-to-address-the-tax-challenges-arising-from-the-digitalisation-of-the-economy-october-2021.pdf>

OECD.. *The OECD and Brazil: A mutually beneficial relationship.* OCDE, Paris, 2023. Disponível em: https://www.oecd.org/latin-america/countries/brazil/

OECD. *Global Forum on Transparency and Exchange of Information for Tax Purposes.* OECD, Paris, 2023. Disponível em: http://www.oecd.org/tax/trans

parency/who-we-are/members/.

OCDE. *Addressing Base Erosion and Profti Shifting*. OECD, Paris, 2013. Disponível em https://www.oecd.org/ctp/addressing-base-erosion-and-profit-shifting-9789264192744-en.htm Acesso em: Jun de 2020.

OECD. *Action Plan BEPS*. OECD, Paris, 2013. Disponível em: https://www.oecd.org/ctp/BEPSActionPlan.pdf Acesso em: jun de 2020.

PISCITELLI, Tathiane. *Tributação Indireta da Economia Digital: o Brasil está pronto para aderir às Orientações da OCDE?*. Revista Direito Tributário Atual, n.43. ano 37. p. 527-547. São Paulo: IBDT, 2º semestre de 2019.

PRZEPIORKA, Michell. *Estabelecimento permanente à brasileira*. Revista Direito Tributário Internacional Atual. São Paulo: IBDT. Disponível em: <https://www.ibdt.org.br/RDTIA/en/2/estabelecimento-permanente-a-brasileira/>

ROCHA, Sergio André. *Direito Internacional Tributário: Das origens ao contexto atual*. 2018, p. 23. R. Fórum de Dir. Tributário – RFDT | Belo Horizonte, ano 17, n. 102, p. 51-77, nov./dez. 2019

SCHWAB, Klaus. *A quarta revolução industrial*/ Klaus Schwab; tradução Daniel Moreira Miranda - São Paulo : Edipro, 2016.

TAPSCOTT, Dan. *The digital economy: promise and peril in the age of networked intelligence.* New York: McGraw-Hill, 1997.

UNCTAD. *World Investmente Report 2013 – Global Value Chains: Investement and trade for development*. Genebra: Conferência das Nações Unidas sobre Comércio e Desenvolvimento, 2013. P. 123. Disponível em: <https://unctad.org/system/files/official-document/wir2013_en.pdf.>

Hoppe, Schanz, Sturm, Sureth-Sloane (2021): *The Tax Complexity Index – A Survey-Based Country Measure on Tax Code and Framework Complexity, European Accounting Review*, DOI: 10.1080/09638180.2021.1951316. Disponível em: https://www.taxcomplexity.org/

SOUZA, Lavínia Alves Almeida; SOUSA, Luiza Beatriz Lopes Dantas e. Tributação da Economia Digital: Adesão do Brasil às recomendações da OCDE contra a erosão da base de tributação. *In:* CERIZZE, Rosiris; CALAZA, Tales (Coord.). *Controvérsias e soluções jurídicas empresariais.* Uberlândia: Marco Teórico, 2024. pp. 285-300.

IMUNIDADE DA CONTRIBUIÇÃO AO PIS E DA COFINS SOBRE O SERVIÇO DE TRANSPORTE INTERNO DE MERCADORIAS DESTINADAS À EXPORTAÇÃO

15

Paulo César da Silva Filho
Gabriel Xavier Pimenta

1. INTRODUÇÃO

Seguindo a prática econômica de boa parte dos demais países, a Constituição da República Federativa do Brasil de 1988 (CR/1988) estabeleceu generoso tratamento fiscal sobre as exportações brasileiras, com o intuito de, desonerando-as, estimular a remessa de mercadorias e serviços nacionais ao exterior e, por conseguinte, a entrada de capital estrangeiro no Brasil.

Para a desoneração das exportações nacionais e atingimento dos referidos objetivos, a CR/1988 estabeleceu que elas seriam imunes à incidência do IPI (artigo 153, § 3º, inciso III), do ICMS (artigo 155, § 2º, inciso X, alínea 'a') e, ainda, das contribuições sociais e de intervenção no domínio econômico (artigo 149, § 2º, inciso I) (Carrazza, 2013, p. 930).

Para além das imunidades, ainda com o desiderato de garantir que os produtos exportados não fossem onerados pelos tributos que incidiram nos insumos neles empregados, garantiu-se aos exportadores a manutenção dos créditos gerados pela incidência tributária sobre a aquisição dos mencionados insumos. Esse é o caso, por exemplo, da contribuição ao PIS e da COFINS, que contam com previsão de manutenção do crédito oriundo da tributação dos insumos utilizados nas mercadorias exportadas, respectivamente, no artigo 5º, § 1º, da Lei 10.637/2002, e no artigo 6º, § 1º, da Lei nº. 10.833/2003.

Entretanto, como se trata de uma heterolimitação ao poder de tributar, estabelecida pelo constituinte em face dos entes federados, que vêm diminuídas as hipóteses que poderão alcançar com os seus tributos (Coêlho, 2020, p. 191), as imunidades, em especial o alcance delas, sempre foram objeto de muitas discussões entre os Fiscos e os contribuintes, cabendo, então, ao Poder Judiciário assentar os seus contornos e limites.

Dentre todos os embates sobre as imunidades, destaca-se, para fins deste trabalho, aquele acerca da aplicação da imunidade do artigo 149, § 2º, inciso I, da CR/1988 às chamadas etapas internas do processo de exportação, como é o caso do transporte doméstico das mercadorias destinadas à exportação.

Apesar do artigo 40, §§ 6º-A e 8º, da Lei nº. 10.865/2004 prever a suspensão da incidência da contribuição ao PIS e da COFINS sobre as receitas de frete doméstico de mercadorias destinadas à exportação, tal dispositivo traz uma série de limitações e requisitos que mitigam o alcance da imunidade do artigo 149, § 2º, inciso I, da CR/1988.

Isso porque, de acordo com artigo 40, §§ 6º-A e 8º, da Lei nº. 10.865/2004, a suspensão da incidência da contribuição ao PIS e da COFINS somente pode ser aplicada na hipótese em que o frete interno seja contratado por pessoa jurídica preponderantemente exportadora ou empresa comercial exportadora (ECE), e desde que o frete se refira ao transporte dos produtos até o ponto de saída do território nacional.

Além disso, interpretando as disposições do artigo 40, §6º-A, da Lei nº. 10.865/2004, a Receita Federal do Brasil (RFB) manifestou, através da Solução de Consulta COSIT nº. 341, de 26 de junho de 2017, que a suspensão do PIS e da COFINS não alcança as receitas de frete obtidas por transportador subcontratado para a execução dos serviços de transporte.

Diante disso, passa-se doravante a analisar a possibilidade de aplicação, ou não, da imunidade da contribuição ao PIS e da COFINS prevista no artigo 149, § 2º, inciso I, da CR/1988 às receitas de prestação de serviço de transporte interno de mercadorias destinadas à exportação, independente: (i) da qualificação do tomador do serviço; (ii) da prestação do serviço de transporte se dar mediante subcontratação, ou (iii) do transporte se limitar a carregar as mercadorias que serão remetidas ao exterior para pontos intermediários do território nacional.

2. ESPÉCIES E CARACTERÍSTICAS DAS CONTRIBUIÇÕES SOCIAIS EXISTENTES NO SISTEMA TRIBUTÁRIO NACIONAL

Sempre houve intensa discussão doutrinária sobre as espécies tributárias existentes no ordenamento jurídico brasileiro. Esse debate decorre, em especial, do fato de as classificações de determinados objetos serem infinitas, pois dependem apenas da operação lógica do agente de eleger previamente critério pertinente à natureza do conjunto (Carvalho, 2018, p. 462).

Diante desta infinitude de classificações possíveis das espécies tributárias, destacaram-se, no Brasil, as chamadas correntes bipartida, que segrega os tributos em taxas e impostos; tripartida, que acrescenta as contribuições de melhoria; e pentapartida, que considera ainda as contribuições e o empréstimo compulsório.

Quando tem se deparado com o assunto, o STF tem, reiteradamente, adotado a corrente pentapartida, como exemplifica o voto proferido pelo Ministro Moreira Alves no julgamento do RE 146.733-9/SP (Paulsen, 2020, p. 88). A par disso, tem-se entendido que os impostos, as taxas e as contribuições de melhoria são tributos cuja competência para a instituição compete aos três entes federados, ao passo que o empréstimo compulsório e as contribuições são, em regra, de competência exclusiva de um único ente (Schoueri, 2019, págs. 254/257).

Para a adoção da corrente pentapartida, tem-se que o agente elegeu como critério classificatório o regime jurídico que é próprio a cada uma das cinco espécies tributárias (Segundo, 2018, p. 56). Esse critério leva em conta que, muito embora os tributos se submetam a regras comuns, existem regras específicas para cada espécie de exação (Paulsen, 2020, p. 82).

Especificamente sobre as contribuições, elas se encontram estatuídas nos artigos 149 e 149-A da CR/1988, que preveem a existência de quatro espécies delas, classificadas de acordo com a destinação do produto arrecadado com cada uma (Carvalho, 2021, p. 48), a saber: as contribuições sociais; as contribuições de intervenção no domínio econômico; as contribuições corporativas, e a contribuição para o custeio do serviço de iluminação pública.

Por seu turno, as contribuições sociais são subdivididas em contribuições genéricas, com fundamento no artigo 149 da CR/1988, que visam custear atuações no conjunto da ordem social, como educação, habitação, entre outros; e aquelas destinadas a custear a seguridade social, com fundamento no artigo 149 combinado com o artigo 195, ambos da CR/1988, que compreende a saúde, a previdência social e a assistência social (Carvalho, 2021, p. 46).

Apresenta-se pertinente mencionar que as contribuições sociais destinadas a custear a seguridade social, na qualidade de instrumento de atuação da União, tem o produto da arrecadação delas vinculado à promoção dos seus fins, conforme previsto no artigo 165, § 5º, inciso III, da CR/1988 (Ávila, 2022, p. 334).

Diante de tais considerações, e, em vista das disposições das Leis Complementares (LCs) nºs. 07/1970 e 70/1991, notadamente a finalidade e a destinação do produto da arrecadação, é certo que tanto a contribuição ao PIS quanto a COFINS são espécies de contribuições sociais, precisamente da sua subespécie destinada ao custeio da seguridade social (Carvalho, 2018, p. 461).

Por conta disso, os referidos tributos se encontram sujeitos ao regime jurídico próprio das contribuições sociais, em especial às bases de cálculo estabelecidas pelo artigo 195 da CR/1988, bem assim a imunidade prevista no artigo 149, § 1º, da CR/1988, que veda a incidência deles sobre as receitas decorrentes de exportação.

3. OUTORGA E LIMITAÇÃO DE COMPETÊNCIA PARA INSTITUIÇÃO DE TRIBUTOS: PRINCIPAIS ASPECTOS DAS REGRAS IMUNIZANTES

Entende-se por competência tributária a aptidão que a CR/1988 outorga aos entes federados para, através de leis, criarem tributos. Essas leis devem trazer todos os elementos essenciais da exação, como a sua hipótese de incidência; os sujeitos passivo e ativo; a base de cálculo; e a alíquota (Carrazza, 2013, p. 575).

É a competência tributária, ao fim e ao cabo, a esfera de atuação própria que a CR/1988 delimita a cada pessoa política para a instituição de tributos. Ela pode ser exclusiva ou privativa, onde apenas um ente tributante institui o gravame sobre determinado fenômeno; concorrente, quando é exercida por mais de uma das pessoas jurídicas de direito público; ou, ainda, residual, que se refere ao campo que, apesar de não ter sido expressamente contemplado pela CR/1988, ela permite que venha a ser gravado (Schoueri, 2019, p. 233).

Distingue-se a competência tributária, que é indelegável, da capacidade ativa. Essa última se cinge apenas à função de arrecadar os valores atinentes aos tributos e, assim, é passível de delegação, desde que a exação tenha sido instituída pelo ente tributante que detenha a competência tributária (Schoueri, 2019, p. 250).

Por sua vez, a imunidade trata-se de uma heterolimitação à própria competência tributária outorgada. São situações em que a CR/1988 prevê que, não obstante, a princípio, estarem no âmbito da competência tributária dos entes tributantes, não sofrerão a incidência de determinado tributo. Essa proibição estará prevista estritamente na CR/1988, bem assim decorre, pois, da vontade do constituinte de estabelecer situações intributáveis (Coêlho, 2020, p. 191).

Sobre as imunidades, o professor Luís Eduardo Schoueri (Schoueri, 2019, págs. 236/237) ensina que elas surgem por questões valorativas, as quais o legislador constituinte quer resguardar da incidência de tributos; ou técnicas, que prestigiam o funcionamento harmônico do próprio sistema tributário nacional.

Percebe-se, pois, que as imunidades cuidam, ao fim e ao cabo, de ajudar a delimitar a competência tributária, visto que elas estabelecem campos nos quais os entes tributantes não poderão atuar. Essa providência demarca, então, o quadro em que as pessoas políticas poderão exercitar os poderes que lhe foram constitucionalmente outorgados.

Com efeito, como leciona o professor Paulo de Barros Carvalho (Carvalho, 2021, p. 192), a imunidade serve para demarcar a competência tributária outorgada aos entes tributantes:

> Congrega-se às demais para produzir o campo dentro do qual as pessoas políticas haverão de operar, legislando sobre matéria tributária. Ora, o que limita a competência vem em sentido contrário a ela, buscando amputá-la ou suprimi-la, enquanto a norma que firma a hipótese de imunidade colabora no desenho constitucional da faixa de competência adjudicada às entidades tributantes (Carvalho, 2021, p. 292).

As normas de imunidade não têm um padrão, podendo existir hipóteses de imunidade sobre os mais diversos tributos. Elas são classificadas de condicionadas ou incondicionadas, por meio da existência, ou não, de requisitos e condições na legislação infraconstitucional para serem fruídas; e subjetivas ou objetivas, quando, respectivamente, são outorgadas para determinados contribuintes ou alcançam determinados bens, riquezas ou operações, sem se atentar ao titular deles (Paulsen, 2020, p. 186).

Sobre a extensão ou restrição das imunidades, com fulcro nas lições do professor Leandro Paulsen (Paulsen, 2020, p. 187), entende-se que deve o aplicador se limitar a perquirir o efetivo alcance delas, considerando suas finalidades e utilizando-se das diversas técnicas interpretativas, inclusive a evolutiva, para não esvaziar as normas imunizantes com o transcorrer do tempo.

Por fim, distingue-se a imunidade, a isenção e a não incidência, tratando-se elas de três categorias diferentes. Em suma, difere-se a imunidade da isenção em função de onde a regra que obsta a produção do fenômeno tributário se encontra. Estando estabelecida na CR/1988, chamar-se-á de imunidade. Contando com previsão em lei, será denominada de isenção. Já a não incidência, também citada como pura e simples, é distinta daquelas porque são fatos que não contam com previsão de instituição de tributos sobre eles (Carvalho, 2021, págs. 190/191).

4. ATUAL POSIÇÃO DO STF SOBRE A EXTENSÃO DA IMUNIDADE DA CONTRIBUIÇÃO AO PIS E DA COFINS DAS RECEITAS DECORRENTES DE EXPORTAÇÃO

Para delimitar a competência tributária outorgada às pessoas políticas, o legislador constituinte elegeu, para além de fatos capazes de figurar como hipótese de incidência das exações, situações em que os entes tributantes estariam obstados de gravar. Dentre as várias hipóteses estatuídas, que são chamadas de imunidades, o legislador constituinte previu, no artigo 149, § 2º, inciso I, da CR/1988, que as receitas decorrentes da exportação não estarão sujeitas à incidência de contribuições sociais, gênero do qual são espécies, entre outras, a contribuição ao PIS e a COFINS, e de intervenção no domínio econômico.

Essa imunidade, contudo, como muito bem destaca o professor Luiz Roberto (Domingo, 2017, p. 797), é genérica e abrangente, não cuidando, pois, de especificar como as receitas ingressam no patrimônio do contribuinte ou a materialidade das relações jurídicas responsáveis pelo vínculo entre a receita e a exportação, exigindo-se apenas que aquela decorra desta última.

Justamente por conta da generalidade da referida expressão, iniciou-se intensa discussão entre os contribuintes e o Fisco sobre a sua extensão, precipuamente, se ela se restringe aos valores auferidos diretamente com a remessa de mercadorias ao exterior ou se ela também abarca o montante recebido nas chamadas de "operações indiretas de exportação".

Esse embate é ilustrado pelo artigo 245 da IN SRP nº. 03/2005. Com a sua edição, a RFB limitou a imunidade em questão, estabelecendo que ela somente incidiria sobre a produção comercializada diretamente com adquirente domiciliado no exterior (§ 1º), bem assim que a receita decorrente de comercialização com empresa brasileira era considerada proveniente do comércio interno, e não de exportação, independente da destinação das mercadorias (§ 2º).

Por discordarem da restrição instituída pela RFB, os contribuintes acionaram o Poder Judiciário, questionando a constitucionalidade dela. Apreciando a contenda, o egrégio STF, nos autos do RE nº. 759.244/SP, que contava com repercussão geral reconhecida (Tema 674), definiu que a referida imunidade deve ser estendida às receitas decorrentes de operações indiretas de exportação.

307

Para estabelecer esse entendimento, o egrégio STF consubstanciou-se na posição dominante e assente da sua jurisprudência, que em diversos outros casos adotou a interpretação teleológica das imunidades, emprestando-lhes sempre maior abrangência, como evidencia os seguintes excertos do voto condutor do julgado, proferido pelo il. Ministro Edson Fachin:

> Nesse âmbito, fixo como premissa ao meu voto a compreensão segundo a qual a desoneração dos tributos que influa no preço de bens e serviços deve estruturar-se, a princípio, em formato direcionado à garantia do objeto, e não do sujeito passivo tributário, de modo que restrições à fruição do regime de imunidade tributária em decorrência da interposição de terceiros cujo objetivo único na cadeia é o agenciamento de mercadorias a adquirentes internacional fora do âmbito territorial do
> Brasil deve ser contemporizado em relação à finalidade das exonerações constitucionais e ao esforço exportador (export-drive) do potencial contribuinte.
>
> [...]
>
> Por isso, esse elemento finalístico em conjunto com a natureza objetiva da norma imunizante foram decisivos para o reconhecimento da desoneração constitucional em relação às contribuições do PIS e da COFINS sobre a receita decorrente da variação cambial positiva obtida nas operações de exportação de produtos no RE 627.815, de relatoria da Ministra Rosa Weber, Tribunal Pleno, DJe 1º.10.2013, e os valores auferidos por empresa exportadora em razão da transferência a terceiros de créditos de ICMS no RE 606.107, também de mesma relatoria, DJe 25.11.2013 (Fachin, 2013).

Com a leitura do trecho acima, percebe-se que os fundamentos centrais da decisão do colendo STF perpassaram pela caracterização da imunidade em comento como objetiva, bem assim a interpretação teleológica da norma do artigo 149, § 2º, inciso I, da CR/1988.

Sobre o seu caráter objetivo, entendeu o egrégio STF que ele se revelava porque a imunidade em questão visa impedir a remessa ao exterior dos ônus tributários, afigurando-se um mecanismo de protecionismo da balança comercial do país. Então, por não ter o escopo de favorecer o sujeito passivo, ela não poderia se caracterizar como subjetiva.

Por sua vez, em relação à interpretação dada à norma imunizante, atentou-se o colendo STF ao seu elemento finalístico, a saber: desonerar a cadeia produtiva envolvida no comércio ao exterior, reduzindo os preços praticados pelos contribuintes brasileiros que atuam neste nicho e, como consectário, tornando os seus produtos e serviços mais competitivos perante o mercado internacional.

Cabe mencionar ainda que no julgamento do Tema 674 o egrégio STF ainda asseverou que o fomento das atividades brasileiras no comércio exterior por meio da desoneração de tributos está contido, inclusive, entre os objetivos fundamentais da República Federativa do Brasil, previstos no artigo 3º, inciso II, da CR/1988, na medida em que propiciam o recrudescimento da economia nacional.

Com base nesta posição, a Corte Constitucional estabeleceu, no referido julgamento, que as diversas etapas da circulação **realizadas no território nacional** para viabilizar a efetiva exportação de produtos/serviços pátrios não poderiam ser compreendidas como um fim em si mesmo, mas como operações essenciais e necessárias para impulsionar a efetiva atuação do Brasil no mercado estrangeiro.

Todavia, não obstante a clareza da posição do egrégio STF sobre a matéria, o entendimento assentado no Tema 674 não se revelou suficiente para encerrar toda a discussão sobre a extensão da imunidade do artigo 149, § 2º, inciso I, da CR/1988. Persistiu a contenda em relação aos serviços de transporte interno, realizado por terceiros, das mercadorias que serão exportadas.

Novamente chamado a se manifestar sobre a questão, o colendo STF, inicialmente, apresentou a sua posição nos autos do RE nº. 1.367.071/PR. Em decisão monocrática, o Ministro Alexandre de Moraes, consubstanciando-se no entendimento firmado no Tema 674, reconheceu que a imunidade da contribuição ao PIS e da COFINS, prevista no artigo 149, § 2º, inciso I, da CR/1988, alcança as receitas de serviços de frete doméstico prestadas para *trading companies*, que transportem mercadorias destinadas à exportação.

Apresenta-se pertinente e relevante transcrever os pertinentes trechos da decisão do il. Ministre Alexandre de Moraes:

[...] Não obstante o entendimento do acórdão recorrido no sentido da inaplicabilidade do Tema 674 da repercussão geral, o tema se ajusta ao caso concreto.

Nas manifestações do Tema 674, ficou consignado que a hipótese versava sobre "recurso extraordinário interposto contra acórdão proferido pelo Tribunal Regional Federal da 3ª Região, que entendeu incabível a aplicação da imunidade prevista no art. 149, § 2º, I, da Constituição quando se tratar de exportação indireta, isto é, de remessa ao exterior mediada por 'trading companies'". [...]

O acórdão recorrido dissentiu desse entendimento, razão pela qual merece reforma.

Diante do exposto, com base no art. 21, §§ 1º, do Regimento Interno do Supremo Tribunal Federal, DOU PROVIMENTO AO RECURSO EXTRAORDINÁRIO para julgar procedentes os pedidos, declarando o direito da parte autora de não recolher as contribuições ao PIS e à COFINS sobre as receitas auferidas da venda do frete para seus clientes que sejam trading companies (comerciais exportadores com fins específicos de exportação, devidamente registrados), bem como condenando a União a restituir os pagamentos realizados desde abril de 2009, corrigidos pela Taxa SELIC (Moraes, 2022).

Irresignada com a referida decisão, a União interpôs agravo regimental e, após a negativa de provimento deste, opôs embargos de divergência. Para tanto, asseverou-se que a decisão monocrática destoava dos acórdãos do AgRRE nº. 1.213.762/RS e do EDAgRRE 1.039.830/PR, em que o colendo STF decidiu por não estender a imunidade da contribuição ao PIS e da COFINS às receitas advindas do serviço de transporte em território nacional de mercadorias destinadas à exportação.

Aduziu ainda a União que a tese do Tema 674 não poderia ser estendida ao serviço de transporte interno de mercadoria pois, mesmo que a carga transportada seja destinada à exportação através de comercial exportadora, essa prestação não se confunde com a operação de intermediação realizada pela *trading company*.

Apreciando a discussão em comento, o egrégio STF decidiu, por maioria, negar provimento aos embargos de divergência da União, ratificando, como conseguinte, a decisão monocrática outrora proferida. Para firmar essa posição, a maioria do colendo STF acompanhou o voto do Ministro Alexandre de Moraes que, divergindo do Ministro Ricardo Lewandowski, então relator do caso, expôs que, não obstante serem situações distintas, os fundamentos da tese do Tema 674 são suficientes para estender a imunidade do artigo 149, § 2º, inciso I, da CR/1988, à receita de frete doméstico de mercadorias destinadas à exportação. Por se afigurar oportuno e pertinente, transcreve-se pertinente excerto do voto condutor:

> Em conclusão, penso que, apesar de as situações fáticas analisadas na hipótese vertente e aquela do Tema 674 da repercussão geral serem distintas, os fundamentos adotados neste último são suficientes para assegurar que a norma imunizante abranja também as receitas oriundas do serviço de frete destinado à mercadoria a ser exportada, seja a empresa contratante a própria exportadora ou a comercial exportadora, haja vista que, como aqui assinalado, no Tema 674 não se fez distinção entre a venda ao exterior ser realizada de forma direta ou indireta, desde que com o fim específico de destinar um produto à exportação (Moraes, 2022).

Para além disso, ainda no julgamento dos Embargos de Divergência do Agravo Regimental no Recurso Extraordinário (EDivAgRRE) nº. 1.367.071/PR, o colendo STF reconheceu e assentou que os precedentes citados pela União se encontravam superados com a fixação da tese do Tema 674:

> Por fim, deve-se registrar que os precedentes da Segunda Turma do STF - RE 1.213.762-AgR, Rel. Min. GILMAR MENDES, DJe de 22/10/2019; e RE 1.039.830-ED-AgR, Rel. Min. DIAS TOFFOLI, DJe de 26/10/2017, invocados pela Embargante, são todos anteriores ao julgamento do Tema 674 da repercussão geral, em 12/2/2020, e publicado no DJe de 25/3/2020, razão pela qual os respectivos relatores não teriam como inspirarem-se nos fundamentos aduzidos no paradigma (Moraes, 2023).

Portanto, o atual posicionamento do egrégio STF reconhece que a imunidade do artigo 149, § 2º, inciso I, da CR/1988, alcança as receitas decorrentes de exportações diretas e indiretas, bem assim aquelas auferidas com operações e prestações intermediárias e internas com a mercadoria a ser exportada,

311

independente da contratação ser feita pela própria exportadora ou por comercial exportadora.

5. IMUNIDADE DAS OPERAÇÕES DE EXPORTAÇÃO: NÃO INCIDÊNCIA DA CONTRIBUIÇÃO AO PIS E DA COFINS SOBRE AS RECEITAS DE PRESTAÇÃO DE SERVIÇO DE FRETE DOMÉSTICO DE MERCADORIAS DESTINADAS À EXPORTAÇÃO

Preliminarmente, cumpre mencionar que, com base nas premissas assentadas tanto no julgamento do Tema 674 quanto EDivAgRRE nº. 1.367.071/PR, conforme exposto no tópico anterior, dessume-se que a posição atual do colendo STF sobre a imunidade do artigo 149, § 2º, inciso I, da CR/1988, é a seguinte:

- ela é objetiva, buscando assegurar e preservar uma determinada situação, qual seja a não oneração da remessa de mercadorias ao exterior, e não favorecer determinado sujeito passivo, cujas características, portanto, são irrelevantes para a sua incidência;

- na sua interpretação, deve-se buscar a sua máxima efetividade e se atentar ao seu elemento finalístico, a saber, desonerar toda a cadeia produtiva do comércio exterior e tornar os produtos e serviços exportados mais competitivos perante o mercado internacional; e

- ela resguarda da incidência tributária as receitas decorrentes de exportações diretas e indiretas, bem assim atinge as receitas auferidas com operações e prestações intermediárias com a mercadoria a ser exportada, como o transporte, dentro do território nacional, de produtos destinados à exportação, até os portos marítimos, portos secos e/ou até REDEX, independente da contratação ser feita pela própria exportadora ou por comercial exportadora.

Não obstante ambos os casos recentemente tratados pelo egrégio STF se referirem a operações e prestações realizadas com empresas exportadoras ou *trading companies*, os fundamentos das referidas decisões permitem concluir que as receitas oriundas de fretes domésticos de mercadorias destinadas à exportação, ainda que não sejam contratados e prestados à empresas exportadoras ou comerciais exportadoras, são alcançadas pela imunidade do artigo 149, § 2º, inciso I, da CR/1988.

Isso porque, tratando-se de imunidade objetiva, que se limita a assegurar que o comércio exterior não seja onerado por tributos, não se revela pertinente qualquer análise dos indivíduos envolvidos na cadeia de exportação, como por exemplo, a caracterização, ou não, do contratante do frete interno como empresa exportadora ou *trading company*. Basta, pois, que o transporte doméstico das mercadorias tenha como desiderato viabilizar a posterior remessa delas ao exterior.

Essa assertiva é reforçada pela interpretação finalística que deve ser dada às imunidades (Paulsen, 2020, p. 185), buscando-se sempre a sua máxima efetividade, pois a restrição da imunidade em comento aos fretes internos contratados por empresas exportadoras ou *trading companies* ensejará numa indevida limitação dos seus efeitos, bem assim o esvaziamento, ao menos parcial, do seu principal objetivo, que é tornar os produtos e serviços exportados mais competitivos perante o mercado internacional.

Por essas mesmas razões se conclui que a imunidade do artigo 149, § 2º, inciso I, da CR/1988, também atinge o serviço de transporte de mercadoria ao exterior realizado mediante subcontratação, pois o mero arranjo da operação de transporte interno não tem o condão de desqualificar a finalidade da mercadoria transportada.

Outrossim, também não obsta a incidência da imunidade inserta no artigo 149, § 2º, inciso I, da CR/1988, o fato do transporte ser realizado até pontos intermediários no território nacional, como, por exemplo, vagões em terminais ferroviários.

Com efeito, sob a ótica objetiva adotada pelo STF para determinar o alcance da imunidade, pouco importa se o serviço de transporte abarca, ou não, todo o trajeto até o local considerado último ponto do território nacional. Basta, pois, que tais prestações tenham por finalidade destinar mercadorias brasileiras ao exterior.

Não bastasse isso, deve-se lembrar que, ainda que prestado por meio de subcontratação ou apenas até pontos intermediários do território nacional, todo o frete das mercadorias que serão remetidas ao exterior torna-se indissociável da operação de exportação. Tem-se, assim, justificado, para não se onerar tais mercadorias, que as receitas auferidas pelo transportador sejam imunes à contribuição ao PIS e à COFINS.

Apresenta-se oportuno esclarecer que, caso as mercadorias transportadas não venham a ser efetivamente exportadas, não haverá qualquer prejuízo ao Fisco, uma vez que caberá à empresa destinatária promover o recolhimento de toda a contribuição ao PIS e da COFINS que foram atingidas pela imunidade, conforme dispõem, respectivamente, o artigo 7º da Lei nº. 10.637/2002 e o artigo 9º da Lei nº. 10.833/2003.

Esclareça-se que não se trata de uma cobrança retroativa da contribuição ao PIS e da COFINS, visto que, como se trata de transporte de mercadorias destinadas à exportação, prestação cuja imunidade é incondicionada, a norma imunizante já cuidou de incidir no momento do embarque dos produtos. Trata-se, em verdade, do descumprimento do compromisso assumido pela empresa responsável pela exportação de remeter as mercadorias ao exterior, que, por isso, ficará obrigada a fazer o recolhimento das exações (Domingo, 2017, p. 816).

Isto posto, à luz dos fundamentos dos recentes posicionamentos do egrégio STF, pode-se concluir que as prestações de serviço de transporte interno de mercadorias destinadas à exportação sujeitam-se à imunidade do artigo 149, § 2º, inciso I, da CR/1988, independentemente da qualificação da tomadora do serviço, e mesmo que ela seja objeto de subcontratação ou se limite a carregar as mercadorias que serão remetidas ao exterior para pontos intermediários do território nacional.

6. CONCLUSÃO

Dada a finalidade e a destinação do produto da arrecadação estabelecidas pelas LCs nºs. 07/1970 e 70/1991, tanto a contribuição ao PIS quanto a COFINS são espécies de contribuições sociais, precisamente da sua subespécie destinada ao custeio da seguridade social (Carvalho, 2018, p. 861). Essa constatação importa em concluir que os referidos tributos se encontram sujeitos à imunidade prevista no artigo 149, § 2º, inciso II, da CR/1988, que afasta as receitas auferidas com exportações da incidência das contribuições sociais, como é caso da contribuição ao PIS e da COFINS, e de intervenção no domínio econômico.

Como essa norma imunizante era abrangente e genérica (Domingo, 2017, p. 797), iniciou-se intensa discussão entre o Fisco e os contribuintes sobre a sua extensão. Para supostamente delimitá-la, a RFB editou a IN SRP nº. 03/2005, restringindo o seu alcance à comercialização direta com adquirente efetivamente domiciliado no exterior. Questionada a constitucionalidade da aludida norma infralegal nos autos do RE nº. 759.244/SP (Tema 674), o egrégio STF reconheceu a imunidade prevista no artigo 149, § 2º, inciso II, da CR/1988, atinge também as receitas decorrentes de operações indiretas de exportação.

Não obstante a sua clareza, o entendimento assentado no Tema 674 não se revelou suficiente para encerrar toda a discussão sobre a extensão da referida imunidade. Novamente chamado a se manifestar, o egrégio STF reconheceu, por maioria, nos autos do EDivAgRRE nº. 1.367.071/PR, que a imunidade da contribuição ao PIS e da COFINS, prevista no artigo 149, § 2º, inciso I, da CR/1988, alcança as receitas de serviços de frete doméstico prestadas para *trading companies* ou empresa comercial exportadora, em razão de transporte de mercadorias destinadas à exportação.

Essas decisões do colendo STF, não obstante tratarem sobre prestações de serviço de transporte contratadas por empresas comerciais exportadoras ou *trading companies*, em vista dos fundamentos por elas utilizadas, permitem concluir que as receitas oriundas de fretes domésticos de mercadorias destinadas à exportação são alcançadas pela imunidade do artigo 149, § 2º, inciso I, da CR/1988, independentemente do contratante do serviço de transporte se qualificar, ou não, como empresa comercial exportadora ou *trading companies*.

Outrossim, a *ratio decidendi* das decisões proferidas pelo egrégio STF também permite concluir que não afasta a incidência da imunidade prevista no artigo 149, § 2º, inciso I, da CR/1988 o fato do serviço de transporte ser operacionalizado mediante subcontratação, nem tampouco, o fato do serviço de transporte ser realizado até pontos intermediários do território nacional.

Com efeito, tratando-se de imunidade objetiva e em vista da necessidade de adoção de uma interpretação finalística, buscando a sua máxima efetividade, para a incidência da imunidade do artigo 149, § 2º, inciso I, da CR/1988, basta que o transporte doméstico tenha por finalidade destinar mercadorias brasileiras ao exterior. Descabe, pois, qualquer análise quanto a qualificação dos sujeitos que estão contratando ou realizando o transporte das mercadorias que serão exportadas, se o frete está sendo subcontratado ou se o transporte cobre apenas uma parcela do trajeto em território nacional.

Diante do exposto, à luz dos fundamentos dos recentes posicionamentos do egrégio STF, depreende-se que, nos termos do artigo 149, § 2º, inciso I, da CR/1988, toda a cadeia de exportação é imune à contribuição ao PIS e à COFINS, inclusive as prestações de serviço de transporte interno de mercadorias destinadas ao exterior.

REFERÊNCIAS

ÁVILA, Humberto. Sistema constitucional tributário. 5ª edição. São Paulo: Saraiva Educação, 2022.

BRASIL. Receita Federal do Brasil. Instrução Normativa SRP nº 3, de 14 de julho de 2005. Dispõe sobre normas gerais de tributação previdenciária e de arrecadação das contribuições sociais administradas pela Secretaria da Receita Previdenciária - SRP e dá outras providências. Publicada no Diário Oficial da União de 15 de julho de 2005, seção 1, página 34. Disponível em: http://normas.receita.fazenda.gov.br/sijut2consulta/link.action?idAto=12795. Acesso em: 09 de maio de 2023.

BRASIL. Supremo Tribunal Federal (Tribunal Pleno). Recurso Extraordinário 759.244/SP. Recurso Extraordinário. Repercussão Geral. Direito Tributário. Imunidade Tributária das Exportações. Contribuições Previdenciárias. Receitas Decorrentes de Exportação. Exportação Indireta. Trading Companies. Art.22-A, Lei N.8.212/1991. Recorrente: Bioenergia do Brasil S/A. Recorrida: União. Relator: Min. Edson Fachin, 12 de fevereiro de 2020. Disponível em:

https://redir.stf.jus.br/paginadorpub/paginador.jsp?docTP=TP&do-cID=7637632. Acesso em: 10 de maio de 2023.

BRASIL. Supremo Tribunal Federal. Recurso Extraordinário 1.367.071/PR. Recorrente: Brado Logistica S/A. Recorrida: União. Relator: Min. Alexandre de Moraes, 23 de fevereiro de 2022. Disponível em: https://portal.stf.jus.br/processos/downloadPeca.asp?id=15349841504&ext=.pdf. Acesso em: 10 de maio de 2023.

BRASIL. Supremo Tribunal Federal (Tribunal Pleno). Embargos de Divergência do Agravo Regimental no Recurso Extraordinário 1.367.071/PR. Embargante: União. Embargada: Bioenergia do Brasil S/A. Relator: Min. Ricardo Lewandowski. Redator do acórdão: Min. Alexandre de Moraes, 22 de fevereiro de 2023. Disponível em: https://redir.stf.jus.br/paginadorpub/paginador.jsp?docTP=TP&docID=767310969. Acesso em: 10 de maio de 2023.

CARRAZZA, Roque Antonio. Curso de direito constitucional tributário. 29ª edição. São Paulo: Malheiros, 2013.

CARVALHO, Paulo de Barros. Curso de direito tributário. 31ª edição. São Paulo: Noeses, 2021.

CARVALHO, Paulo de Barros. Direito tributário: linguagem e método. 7ª edição. São Paulo: Noeses, 2018.

DOMINGO, Luiz Roberto. "PIS/COFINS. Receitas decorrentes de Exportação. Imunidade ou isenção?" In CARVALHO, Paulo de Barros; SOUZA, Priscila de. (Org). XIV Congresso Nacional de Estudos Tributários: Racionalização do sistema tributário. São Paulo: Noeses, 2017. Págs. 781/820.

COÊLHO, Sacha Calmon Navarro. Curso de direito tributário brasileiro. 17ª edição. Rio de Janeiro: Forense, 2020.

PAULSEN, Leandro. Curso de direito tributário completo. 11ª edição. São Paulo: Saraiva Educação, 2020.

PAULSEN, Leandro; VELLOSO, Andrei Pitten. Contribuições no sistema tributário brasileiro. 4ª edição. São Paulo: Saraiva Educação, 2019.

SCHOUERI, Luís Eduardo. Direito tributário. 9ª edição. São Paulo: Saraiva

Educação, 2019.

SEGUNDO, Hugo de Brito Machado. Manual de direito tributário. 10ª edição. São Paulo: Atlas, 2018.

FILHO, Paulo César da Silva; PIMENTA, Gabriel Xavier. Imunidade da contribuição ao pis e da cofins sobre o serviço de transporte interno de mercadorias destinadas à exportação. *In:* CERIZZE, Rosiris; CALAZA, Tales (Coord.). *Controvérsias e soluções jurídicas empresariais.* Uberlândia: Marco Teórico, 2024. pp. 301-318.

PERSECUÇÃO PENAL NA HIPÓTESE DE CRÉDITO TRIBUTÁRIO GARANTIDO OU COM EXIGIBILIDADE SUSPENSA

16

Paulo César da Silva Filho
Paulo Vitor Vieira Silva

1. INTRODUÇÃO

Hodiernamente, principalmente após a decisão do Supremo Tribunal Federal (STF) no julgamento do Recurso Ordinário em *Habeas Corpus* (RHC) n°. 163334[1], tem sido cada vez mais comum o Fisco, além de promover a constituição e cobrança do crédito tributário, lavrar representação para fins penais, para apurar suposta prática de crime contra a ordem tributária.

Embora impere no sistema constitucional brasileiro o princípio da presunção da inocência (artigo 5°, inciso LVII[2], da Constituição da República de 1988 -

---

1   No julgamento do RHC n°. 163334 restou assentada pelo Plenário do STF a tese de que: "o contribuinte que, de forma contumaz e com dolo de apropriação, deixa de recolher o ICMS cobrado do adquirente da mercadoria ou serviço incide no tipo penal do art. 2°, II, da Lei n° 8.137/1990".

2   Art. 5° Todos são iguais perante a lei, sem distinção de qualquer natureza, garantindo-se aos brasileiros e aos estrangeiros residentes no País a inviolabilidade do direito à vida, à liberdade, à igualdade, à segurança e à propriedade, nos termos seguintes: [...] LVII - ninguém será considerado culpado até o trânsito em julgado de sentença penal

CR/1988), fato é que a promoção de inquérito policial ou de ação penal gera tormenta e dissabores de toda sorte para o acusado, mormente em se tratando de matéria tributária, onde o acusado (empresários, administradores, procuradores etc.) geralmente é uma pessoa não afeta aos meios criminais.

O ponto é que, não raras as vezes, é comum se verificar a promoção de persecução penal, mesmo tendo o contribuinte prestado garantia idônea e aceita pela Fazenda Pública para assegurar o crédito tributário ou tendo logrado conseguir tutela de urgência para suspender a sua exigibilidade.

Desse modo, considerando os nefastos efeitos da persecução penal para o acusado, bem como a característica ínsita do direito penal de ser a *última ratio*, o objetivo deste trabalho é analisar a possibilidade e necessidade de promoção da ação penal na hipótese em que o crédito tributário esteja garantido ou com a sua exigibilidade suspensa, por força de deferimento de tutela de urgência pelo juízo cível, para que a persecução penal nos delitos tributários não seja banalizada.

2. PREMISSAS NORTEADORAS DA ANÁLISE

Para garantir a coerência do raciocínio jurídico que será desenvolvido ao longo deste estudo, faz mister, inicialmente, estabelecer as premissas que irão nortear a análise e a conclusão dos pontos que serão abordados.

A primeira premissa que insta ser fixada é quanto ao bem jurídico tutelado nos crimes tributários, isto é, estabelecer qual bem da vida o legislador visa proteger com a tipificação dos delitos contra a ordem tributária.

A segunda premissa necessária de ser estabelecida para desenvolvimento do trabalho diz respeito aos requisitos mínimos necessários para que se possa expedir decreto condenatório em âmbito criminal.

Com essas premissas estabelecidas, ter-se-á condições de realizar uma análise, juridicamente, segura, acerca da possibilidade da promoção da persecução penal na hipótese de crédito tributário garantido ou com a exigibilidade

condenatória;

Persecução penal na hipótese de crédito tributário garantido ou com exigibilidade...

suspensa.

2.1. BEM JURÍDICO TUTELADO NOS CRIMES CONTRA A ORDEM TRIBUTÁRIA

A Constituição da República de 1988, conhecida como a constituição cidadã, tem como uma das suas características marcantes o fato de assegurar uma plêiade de direitos e garantias fundamentais.

Dentre as garantias e direitos fundamentais assegurados pela Constituição, merecem destaque aqueles previstos no artigo 6º[3] que aduz serem direitos sociais de todo brasileiro, a educação, a saúde, a alimentação, o trabalho, a moradia, o transporte, o lazer, a segurança, a previdência social, a proteção à maternidade e à infância, a assistência aos desamparados, e uma renda básica familiar para os indivíduos em situação de vulnerabilidade social.

Para fazer frente a essa gama de direitos sociais constitucionalmente assegurados aos cidadãos, o Estado brasileiro precisa de recursos e a fonte primária desses recursos são os tributos.

Nesse sentido, todo indivíduo que pratique fatos reveladores de riqueza eleitos pelo legislador como hipótese de incidência tributária, tem o dever de contribuir para o erário público, para que sejam financiados os direitos fundamentais de toda a coletividade.

Esse raciocínio é corroborado pelas precisas lições do professor Leandro Paulsen, para o qual o pagamento de tributos é um dever fundamental daqueles que vivem em sociedade:

> Os direitos fundamentais ostentam, ainda, uma dimensão vertical, exigindo

---

3   Art. 6º São direitos sociais a educação, a saúde, a alimentação, o trabalho, a moradia, o transporte, o lazer, a segurança, a previdência social, a proteção à maternidade e à infância, a assistência aos desamparados, na forma desta Constituição. Parágrafo único. Todo brasileiro em situação de vulnerabilidade social terá direito a uma renda básica familiar, garantida pelo poder público em programa permanente de transferência de renda, cujas normas e requisitos de acesso serão determinados em lei, observada a legislação fiscal e orçamentária (Brasil, 1988).

do Estado que assegure os direitos fundamentais de primeira geração e que promova os direitos fundamentais de segunda, terceira, quarta e quinta gerações. Também essa dimensão vertical obriga os indivíduos, embora indiretamente, porquanto lhes cabe financiar a atuação estatal. A primariedade e a magnitude desse ônus de contribuir para as despesas públicas, que acompanha todos os que ostentam capacidade contributiva, fazem do pagamento de tributos um dever fundamental inerente à vida em sociedade (Paulsen, 2022, p. 26).

De fato, a ausência de perfeito equilíbrio entre os direitos assegurados aos cidadãos e a arrecadação do erário público, gera desequilíbrio fiscal que, por sua vez, conduz aos caos econômico e social.

É desse contexto que deflui os crimes tributários, pois visa o legislador, mediante a tipificação dos delitos tributários, assegurar a higidez do erário público, a fim de propiciar a manutenção de um estado de bem-estar social para toda a coletividade, consoante pontua Luiz Régis Prado:

> a legitimidade constitucional para a tutela da ordem tributária radica no fato de que todos os recursos arrecadados se destinam a assegurar finalidade inerente ao Estado democrático e social de Direito, de modo a propiciar melhores condições de vida a todos (v.g. , tratamento de água e esgoto, criação de áreas de lazer, saúde, educação). É exatamente característica do Estado social promover e garantir a assistência e a solidariedade social (Prado, 2021, p. 285).

O objetivo de tutelar o erário nos crimes tributários fica nítido quando se verifica que, por opção de política penal, o legislador prevê como causa de suspensão da pretensão punitiva o parcelamento (art. 68 da Lei n°. 11.941/2009[4]; artigo

---

4 Art. 68. É suspensa a pretensão punitiva do Estado, referente aos crimes previstos nos arts. 1° e 2° da Lei n° 8.137, de 27 de dezembro de 1990, e nos arts. 168-A e 337-A do Decreto-Lei n° 2.848, de 7 de dezembro de 1940 – Código Penal, limitada a suspensão aos débitos que tiverem sido objeto de concessão de parcelamento, enquanto não forem rescindidos os parcelamentos de que tratam os arts. 1° a 3° desta Lei, observado o disposto no art. 69 desta Lei (Brasil, 2009).

83, §2º da Lei nº. 9.430/1996[5]), e como causa de extinção da punibilidade o pagamento do crédito tributário (artigo 69 da Lei nº. 11.941/2009[6]; artigo 83, §4º[7] da Lei nº. 9.430/1996).

Deveras, a previsão de suspensão da pretensão punitiva no caso de parcelamento, e a extinção da punibilidade na hipótese de pagamento, demonstram uma clara intenção do Estado de privilegiar a arrecadação do tributo em detrimento da aplicação da sanção penal.

Isso demonstra que uma das vertentes de proteção do erário público pelas normas penais se manifesta precipuamente por meio da coerção que essas normas exercem sobre os indivíduos, como bem obtempera Renan Vale e Romulo

---

5   Art. 83. A representação fiscal para fins penais relativa aos crimes contra a ordem tributária previstos nos arts. 1º e 2º da Lei no 8.137, de 27 de dezembro de 1990, e aos crimes contra a Previdência Social, previstos nos arts. 168-A e 337-A do Decreto-Lei no 2.848, de 7 de dezembro de 1940 (Código Penal), será encaminhada ao Ministério Público depois de proferida a decisão final, na esfera administrativa, sobre a exigência fiscal do crédito tributário correspondente. [...] § 2o É suspensa a pretensão punitiva do Estado referente aos crimes previstos no caput, durante o período em que a pessoa física ou a pessoa jurídica relacionada com o agente dos aludidos crimes estiver incluída no parcelamento, desde que o pedido de parcelamento tenha sido formalizado antes do recebimento da denúncia criminal (Brasil, 1996).

6   Art. 69. Extingue-se a punibilidade dos crimes referidos no art. 68 quando a pessoa jurídica relacionada com o agente efetuar o pagamento integral dos débitos oriundos de tributos e contribuições sociais, inclusive acessórios, que tiverem sido objeto de concessão de parcelamento (Brasil, 2009).

7   Art. 83. A representação fiscal para fins penais relativa aos crimes contra a ordem tributária previstos nos arts. 1o e 2o da Lei no 8.137, de 27 de dezembro de 1990, e aos crimes contra a Previdência Social, previstos nos arts. 168-A e 337-A do Decreto-Lei no 2.848, de 7 de dezembro de 1940 (Código Penal), será encaminhada ao Ministério Público depois de proferida a decisão final, na esfera administrativa, sobre a exigência fiscal do crédito tributário correspondente. [...] § 4o Extingue-se a punibilidade dos crimes referidos no caput quando a pessoa física ou a pessoa jurídica relacionada com o agente efetuar o pagamento integral dos débitos oriundos de tributos, inclusive acessórios, que tiverem sido objeto de concessão de parcelamento (Brasil, 1996).

Palitot:

> o uso do Direito Penal, no âmbito das relações jurídico-tributárias, tem o
> único objetivo de pressionar os contribuintes a honrarem com a alta carga
> tributária imposta pelo Estado brasileiro (Vale; Palitot, 2011, p. 185)

Deveras, pode-se afirmar que a tipificação dos delitos tributários exerce dupla função, quais sejam, coercitiva e repressiva: (i) coercitiva, pois imprime nos sujeitos passivos o temor de responderem com a sua liberdade na hipótese de sonegarem tributos, e (ii) repressiva, com a persecução penal e aplicação de pena privativa de liberdade àqueles que deixarem de carrear aos cofres públicos os tributos devidos.

Portanto, pode-se concluir que, nos crimes contra a ordem tributária, o bem jurídico tutelado é a arrecadação e a higidez do erário público, que é um patrimônio de toda a coletividade, e, para cumprir esse desiderato, as normas penais tributárias exercem um papel coercitivo e repressivo.

2.2. NECESSIDADE DE CERTEZA PARA EXPEDIÇÃO DE DECRETO CONDENATÓRIO

No processo penal brasileiro é cediço que, para que haja a promoção da persecução penal é necessário que haja a chamada justa causa, que reclama a prova de existência de crime (PEC) e indícios suficientes de autoria (ISA).

A prova de existência de crime consiste na comprovação direta ou indireta de que existem os elementos que caracterizam o tipo penal imputado ao acusado, por exemplo, no crime de homicídio em regra é preciso que haja um corpo para atestar a materialidade do delito.

Os indícios suficientes de autoria, por sua vez, consistem na presença de elementos mínimos que conectem a pessoa acusada ao crime imputado, como por exemplo, imagens, testemunhas, gravações, entre outros elementos.

Embora para deflagração da ação penal seja suficiente apenas a existência de indícios de autoria, o mesmo raciocínio não prevalece para expedição do decreto condenatório. Isso porque, na fase decisória do processo penal é pressuposto essencial para condenação que se tenha certeza da autoria e da materialidade do delito, conforme obtempera Heleno Cláudio Fragoso:

> Não é possível fundar sentença condenatória em prova que não conduza à certeza.
>
> É este um dos princípios basilares do processo penal em todos os países democráticos. Como ensina o grande mestre Eberhardt Schmidt ('Deutsches Strafprozessrecht', 1967, 48), "constitui princípio fundamental do Processo Penal o de que o acusado somente deve ser condenado, quando o juízo, na forma legal, tenha estabelecido os fatos que fundamentam a sua autoria e culpabilidade, com completa certeza (mit voller Gewissheit). Se subsistir ainda apenas a menor dúvida, deve o acusado ser absolvido (Bleiben auch nur die geringsten Zweifel, so muss der Beschuldigte freigesprochen werden)". [8]

Por essa razão é que impera, no Direito Penal, na fase condenatória, o princípio do *in dubio pro reo*, que impõe a absolvição do acusado na hipótese de inexistência de provas que conduzam à certeza da materialidade e da autoria do crime.

Destarte, pode-se afirmar que dentro do arquétipo penal constitucional brasileiro, para expedição de decreto condenatório, deve-se necessariamente ter prova que conduza à certeza da materialidade e da autoria do crime.

3. IMPOSSIBILIDADE DE PERSECUÇÃO PENAL NA HIPÓTESE DE CRÉDITO TRIBUTÁRIO GARANTIDO

No ordenamento jurídico pátrio, a Fazenda Pública possui diversos mecanismos à sua disposição, para, de forma mais eficiente, realizar sua atividade arrecadatória, como, por exemplo, o protesto extrajudicial, a inscrição do devedor em cadastros de inadimplentes, a inscrição em dívida ativa, entre outras iniciativas que podem estimular o pagamento voluntário do débito.

A despeito disso, o mecanismo mais utilizado pela Administração Tributária

---

8   <https://ibccrim.org.br/noticias/exibir/3845/#:~:text=Necessidade%20da%20certeza%20do%20   crime,apoiar%20em%20dados%20objetivos%20indiscut%C3%ADveis.> acessado em 01/05/2023.

na cobrança de seus créditos é a Execução Fiscal, que é o veículo próprio para, por meio da intervenção do Poder Judiciário, expropriar o patrimônio do devedor, conforme leciona Paulo César Conrado:

> Natural: se é o patrimônio do devedor que responde pelas obrigações de pagar por ele ostentadas, não há de ser outro o foco objetivo de uma execução que busque a satisfação daquele tipo obrigacional.
>
> Tomada essa premissa, é de se admitir que os atos inerentes ao rito executivo fiscal se projetem para a verificação do sobredito resultado – a expropriação do patrimônio do sujeito passivo a bem da satisfação do crédito do sujeito ativo. E é exatamente nessa linha que o procedimento das execuções fiscais se põe normativamente construído. Daí decorre, ao final, o reconhecimento de duas fases rituais fundamentais – a primeira, dita preparatória da expropriação; a segunda, propriamente expropriatória. (Conrado, 2017, p. 158)

Ajuizada a Execução Fiscal, o executado pode se insurgir em face da pretensão do Estado, lançando mão, por exemplo, da ação antiexacional de Embargos à Execução Fiscal, conforme autoriza o artigo 16 da Lei 6.830/1980, popularmente conhecida como Lei de Execução Fiscal[9] (LEF).

Para oposição dos Embargos à Execução Fiscal, o devedor deve necessariamente oferecer garantia ao titular do crédito exequendo, observando-se o rol taxativo inserido no artigo 9º da LEF[10].

O oferecimento de garantia idônea ao juízo da Execução, traduz uma das medidas inseridas pelo legislador no sistema jurídico pátrio para assegurar o recebimento do crédito tributário, ou seja, é um instrumento que busca dar maior

---

9 Art. 16 - O executado oferecerá embargos, no prazo de 30 (trinta) dias, contados (Brasil, 1980):

10 Art. 9º - Em garantia da execução, pelo valor da dívida, juros e multa de mora e encargos indicados na Certidão de Dívida Ativa, o executado poderá: I - efetuar depósito em dinheiro, à ordem do Juízo em estabelecimento oficial de crédito, que assegure atualização monetária; II - oferecer fiança bancária ou seguro garantia; III - nomear bens à penhora, observada a ordem do artigo 11; ou IV - indicar à penhora bens oferecidos por terceiros e aceitos pela Fazenda Pública (Brasil, 1980).

efetividade e segurança à atividade arrecadatória da Fazenda Pública, pois, se eventual ação que discuta o crédito tributário controvertido for julgada improcedente, o interesse fazendário estará resguardado, como obtempera Paulo César Conrado:

> A par disso, entrementes, o aspecto de onerosidade mais visível que se põe nos embargos encontra-se domiciliado na noção de "garantia do juízo". É que, por funcionar como meio de defesa relativamente a uma pretensão vestida de presunção de legitimidade, os embargos não poderiam receber, de ordinário, o mesmo tratamento que se outorga à generalidade das defesas: para postular em nível de embargos deve o contribuinte demonstrar que ostenta meios de, afastada sua resistência, cumprir a obrigação que se lhe põe (Conrado, 2012, p. 264).

Nesse sentido, considerando que o bem jurídico tutelado nos crimes contra a ordem tributária é a arrecadação e a higidez do erário público, tem-se que não há justa causa para promoção da persecução penal na hipótese em que o crédito tributário esteja assegurado por garantia idônea aceita pela Fazenda Pública.

Isso porque, estando o crédito tributário garantido, independente do desfecho que se alcançar na esfera cível, o erário público restará satisfeito, seja mediante o pagamento espontâneo pelo sujeito passivo ou através da liquidação da garantia apresentada, conjuntura que afasta o interesse de agir da ação penal.

Consoante leciona Nestor Távora e Rosmar Alencar (Távora; Alencar, 2021, p. 225), o interesse de agir no âmbito da ação penal consubstancia-se no trinômio necessidade, adequação e utilidade, que podem assim ser definidos:

(i) interesse-necessidade: trata-se da análise que busca objetificar se a demanda não pode ser resolvida extrajudicialmente, ou seja, se realmente é necessário perquirir a *via crucis* da ação penal;

(ii) interesse-adequação: traduz na entrega da controvérsia de natureza criminal ao julgador, por meio hábil a solucioná-la; e

(iii) interesse-utilidade: somente existe se houver esperança, ainda que remota, da realização do *jus puniendi* estatal, com a consequente aplicação da sanção penal cabível.

Com efeito, na hipótese de o crédito tributário estar garantido, tem-se que a persecução penal não deve subsistir, por falta de interesse de agir sob a óptica da utilidade, pois, como destacado acima, seja qual for o resultado da demanda na esfera cível, o erário público será satisfeito.

Logo, não haverá possibilidade de o Estado aplicar a sanção penal, pois o pagamento figura no ordenamento pátrio como causa expressa de extinção da punibilidade nos crimes tributários, consoante previsto no artigo 69[11] da Lei nº. 11.941/2009 e no artigo 83, §4º[12] da Lei nº. 9.430/1996.

Corrobora o entendimento ora defendido a decisão proferida pela Sexta Turma do Superior Tribunal de Justiça (STJ) no julgamento do HC nº. 155117, cujos excertos pertinentes transcreve-se abaixo:

> HABEAS CORPUS. CRIME CONTRA A ORDEM TRIBUTÁRIA. INÉPCIA E FALTA DE JUSTA CAUSA. [...] AUTOS DE INFRAÇÃO CONTESTA-DOS EM JUÍZO. GARANTIA INTEGRAL DOS VALORES DEVIDOS. TRANCAMENTO DA AÇÃO PENAL. ORDEM CONCEDIDA.
> [...]
> 2. A denúncia aponta com clareza as infrações cometidas e o liame entre elas e as condutas dos pacientes que, na qualidade de diretores de sujeitos passivos de obrigação tributária da empresa, "fraudaram a fiscalização tributária

---

11 Art. 69. Extingue-se a punibilidade dos crimes referidos no art. 68 quando a pessoa jurídica relacionada com o agente efetuar o pagamento integral dos débitos oriundos de tributos e contribuições sociais, inclusive acessórios, que tiverem sido objeto de concessão de parcelamento (Brasil, 2009).

12 Art. 83. A representação fiscal para fins penais relativa aos crimes contra a ordem tributária previstos nos arts. 1o e 2o da Lei no 8.137, de 27 de dezembro de 1990, e aos crimes contra a Previdência Social, previstos nos arts. 168-A e 337-A do Decreto-Lei no 2.848, de 7 de dezembro de 1940 (Código Penal), será encaminhada ao Ministério Público depois de proferida a decisão final, na esfera administrativa, sobre a exigência fiscal do crédito tributário correspondente. [...] § 4º Extingue-se a punibilidade dos crimes referidos no caput quando a pessoa física ou a pessoa jurídica relacionada com o agente efetuar o pagamento integral dos débitos oriundos de tributos, inclusive acessórios, que tiverem sido objeto de concessão de parcelamento (Brasil, 1996).

inserindo elementos inexatos em livro fiscal" e "deixaram de recolher valores a título de tributo (ICMS - Imposto sobre a circulação de mercadorias e serviços e acessórios) totalizando R$ 72.866.995,14 (setenta e dois milhões, oitocentos e sessenta e seis mil, novecentos e noventa e cinco reais e quatorze centavos)", de modo a permitir o pleno exercício da defesa.

[...]

6. Diante das peculiaridades do caso concreto em que foram oferecidas garantias integrais sobre os valores devidos, garantias estas aceitas pelo Juízo e pela Fazenda Pública, não se justifica a manutenção do processo criminal, pois em qualquer das soluções a que se chegue no juízo cível ocorrerá a extinção da ação penal.

7. Habeas corpus concedido. (Brasil, 2010)

E o raciocínio não pode ser outro, pois à luz do bem jurídico que se visa tutelar com a tipificação dos crimes contra a ordem tributária, não há justificativa plausível para se movimentar toda a custosa máquina do Ministério Público e do Poder Judiciário, para ao fim e ao cabo se ter um decreto condenatório inexequível.

Portanto, na hipótese de o crédito tributário estar assegurado por garantia idônea aceita pela Fazenda Pública, impõe-se o trancamento da ação penal ou, no mínimo, a sua suspensão até o desfecho da discussão na esfera cível, por absoluta ausência de interesse de agir para promoção da persecução penal.

4. IMPOSSIBILIDADE DE PERSECUÇÃO PENAL NA HIPÓTESE DE CRÉDITO TRIBUTÁRIO COM EXIGIBILIDADE SUSPENSA

O Código Tributário Nacional elenca de forma taxativa no seu artigo 151[13] as hipótese de suspensão da exigibilidade do crédito tributário, dentre as quais se

---

13 Art. 151. Suspendem a exigibilidade do crédito tributário: I - moratória; II - o depósito do seu montante integral; III - as reclamações e os recursos, nos termos das leis reguladoras do processo tributário administrativo; IV - a concessão de medida liminar em mandado de segurança. V – a concessão de medida liminar ou de tutela antecipada, em outras espécies de ação judicial; VI – o parcelamento (Brasil, 1966).

insere (1) a concessão de medida liminar em mandado de segurança (inciso IV), e (2) a concessão de medida liminar ou de tutela antecipada, em outras espécies de ação judicial (inciso V).

A medida liminar em mandado de segurança, prevista no artigo 151, inciso IV, do CTN, encontra supedâneo no artigo 7º, inciso III[14], da Lei 12.016/2009, que aduz que o juiz ao despachar a inicial, ordenará que se suspenda o ato que deu motivo ao pedido, quando houver fundamento relevante e do ato impugnado puder resultar a ineficácia da medida.

Com relação a medida liminar ou tutela antecipada em outras ações judiciais prevista no artigo 151, inciso V, do CTN, tem-se que o seu fundamento decorre do artigo 300[15] do Código de Processo Civil, que assegura o deferimento de tutela de urgência na hipótese de haver elementos que evidenciem a probabilidade do direito e o perigo de dano ou o risco ao resultado útil do processo.

Como se pode notar, tanto na medida liminar em mandado de segurança (artigo 151, inciso IV, do CTN) quanto na medida liminar ou tutela antecipada em outras ações (artigo 151, inciso V, do CTN), para suspender o ato impugnado, devem necessariamente estar presentes dois requisitos, quais sejam, o *fumus boni iuris* e o *periculum in mora*.

Para atender o requisito do *fumus boni iuris*, o sujeito passivo deve apresentar em juízo elementos de convicção que evidenciem a probabilidade do seu direito,

---

14 Art. 7º Ao despachar a inicial, o juiz ordenará: I - que se notifique o coator do conteúdo da petição inicial, enviando-lhe a segunda via apresentada com as cópias dos documentos, a fim de que, no prazo de 10 (dez) dias, preste as informações; II - que se dê ciência do feito ao órgão de representação judicial da pessoa jurídica interessada, enviando-lhe cópia da inicial sem documentos, para que, querendo, ingresse no feito; III - que se suspenda o ato que deu motivo ao pedido, quando houver fundamento relevante e do ato impugnado puder resultar a ineficácia da medida, caso seja finalmente deferida, sendo facultado exigir do impetrante caução, fiança ou depósito, com o objetivo de assegurar o ressarcimento à pessoa jurídica.

15 Art. 300. A tutela de urgência será concedida quando houver elementos que evidenciem a probabilidade do direito e o perigo de dano ou o risco ao resultado útil do processo (Brasil, 2009).

o que em âmbito tributário, em regra perpassa pela demonstração *prima facie* de ausência de certeza quanto algum dos atributos ou elementos do crédito tributário, como por exemplo, a existência, liquidez, executoriedade, legitimidade, entre outros.

O perigo de dano ou o risco ao resultado útil do processo traduz-se na condição imposta a quem postula a tutela de urgência, de demonstrar que haverá perigo concreto caso não lhe seja deferida em tempo hábil, isto é, que o ato contra o qual se requer a tutela, poderá produzir efeitos negativos concretos que não poderão ser revertidos ou serão de difícil reversão, caso ao final da demanda o jurisdicionado se sagre vencedor.

Nesse sentido, como se pode notar, o juízo cível suspenderá a exigibilidade do crédito tributário nos termos do artigo 151, incisos IV ou V do CTN, se houver elementos capazes de, em cognição sumária, infirmar a certeza do crédito tributário e de demonstrar o risco concreto de não se suspender a sua exigibilidade.

Diante disso, se há comprovação *prima facie* do *fumus boni iuris* e da probabilidade do direito na esfera cível em relação a provável improcedência do crédito tributário, tem-se que tal fato deve necessariamente gerar repercussão na esfera penal.

Por óbvio, se houve a suspensão da exigibilidade do crédito tributário por falta de elementos sólidos a sustentar o direito postulado pela Fazenda Pública, ausente estará a certeza quanto à materialidade e/ou autoria delitiva e, por consectário, a ação penal carecerá de justa causa.

Como bem obtemperam Nestor Távora e Rosmar Alencar (Távora; Alencar, 2021, p. 228), "a ação só pode ser validamente exercida se a parte autora lastrear a inicial com um mínimo probatório que indique os indícios de autoria, da materialidade delitiva e da constatação da ocorrência da infração penal em tese."

Ademais, nessa hipótese há clara relação de prejudicialidade entre o objeto da ação penal e a discussão travada no juízo cível, o que, por conseguinte, atrai a incidência do artigo 93 do Código de Processo Penal[16], sendo, portanto, óbice à

---

16 Art. 93. Se o reconhecimento da existência da infração penal depender de decisão sobre

promoção da persecução penal.

Nesse sentido é a jurisprudência do Superior Tribunal de Justiça, conforme se extrai da ementa do acórdão proferido no RHC: 113294 MG 2019/0148673-8, relatado pelo ministro Reynaldo Soares da Fonseca:

> PENAL E PROCESSO PENAL. RECURSO EM HABEAS CORPUS. 1. PEDIDO DE APENSAMENTO. PROCEDIMENTO INVESTIGATÓRIO E CAUTELAR DE BUSCA E APREENSÃO. INVIABILIDADE E AUSÊNCIA DE UTILIDADE. INVESTIGAÇÃO EM ANDAMENTO. 2. CRIME TRIBUTÁRIO. CONSTITUIÇÃO DEFINITIVA DO CRÉDITO. SÚMULA VINCULANTE 24/STF. AJUIZAMENTO DE AÇÃO ANULATÓRIA. IRRELEVÂNCIA. INDEPENDÊNCIA DAS ESFERAS. 3. EVENTUAL PROCEDÊNCIA DA AÇÃO ANULATÓRIA. PENDÊNCIA DE RECURSO. REPERCUSSÃO NA MATERIALIDADE DELITIVA. POSSIBILIDADE DE SUSPENSÃO NA SEARA PENAL. 4. DEFERIMENTO DO PEDIDO LIMINAR. SUSPENSÃO DA EXIGIBILIDADE DO CRÉDITO TRIBUTÁRIO. ART. 151 DO CTN. PLAUSIBILIDADE JURÍDICA DA TESE. REPERCUSSÃO NA MATERIALIDADE DELITIVA. POSSIBILIDADE DE SUSPENSÃO NA SEARA PENAL. 5. DÚVIDA RAZOÁVEL SOBRE A MATERIALIDADE. QUESTÃO PREJUDICIAL APLICAÇÃO DO ART. 93 DO CPP. 6. CAUSA IMPEDITIVA DA PRESCRIÇÃO. ART. 116, I, DO CP. 7. RECURSO EM HABEAS CORPUS A QUE SE DÁ PARCIAL PROVIMENTO.
> 1. O apensamento de um procedimento investigatório, em trâmite no Ministério Público, aos autos do procedimento cautelar de busca e apreensão, em trâmite no judiciário, não revela utilidade nem se mostra consentâneo com o processo penal. Assim, eventual apensamento apenas se revela possível após o encerramento das investigações.
> 2. Somente há justa causa para a persecução penal pela prática do crime previsto no art. 1º da Lei n. 8.137/1990 com o lançamento definitivo do crédito

---

questão diversa da prevista no artigo anterior, da competência do juízo cível, e se neste houver sido proposta ação para resolvê-la, o juiz criminal poderá, desde que essa questão seja de difícil solução e não verse sobre direito cuja prova a lei civil limite, suspender o curso do processo, após a inquirição das testemunhas e realização das outras provas de natureza urgente.

tributário, nos termos da Súmula Vinculante n. 24/STF. Nesse contexto, "havendo lançamento definitivo, a propositura de ação cível discutindo a exigibilidade do crédito tributário não obsta o prosseguimento da ação penal que apura a ocorrência de crime contra a ordem tributária, tendo em vista a independência das esferas cível e penal". (AgRg no REsp 1390734/PR, Rel. Ministro Felix Fischer, Quinta Turma, julgado em 13/03/2018, Dje 21/03/2018).

3. A procedência da ação anulatória, mesmo que ainda pendente de recurso, repercute diretamente sobre a constituição definitiva do crédito tributário, enfraquecendo a materialidade delitiva.

Dessarte, é recomendável que o Juízo Criminal aguarde o trânsito em julgado da referida decisão, para dar continuidade ou não à Ação Penal. Com efeito, a "conclusão alcançada pelo juízo cível afetou diretamente o lançamento do tributo, maculando a própria constituição do crédito tributário, razão pela qual mostra-se prudente aguardar o julgamento definitivo na esfera cível" (HC 161.462/SP, Rel. Ministro Marco Aurélio Bellizze, Quinta Turma, Dje 25/6/2013).

4. Na hipótese dos autos, ainda não houve julgamento de mérito das ações anulatórias. Contudo, os Magistrados de origem deferiram o pedido de tutela provisória de urgência, para determinar a suspensão da exigibilidade dos créditos tributários. Observa-se, dessa forma, que a plausibilidade jurídica da tese apresentada pelos recorrentes foi reconhecida na seara cível, com a consequente suspensão da exigibilidade do crédito tributário, nos termos do art. 151, V, do CTN. Nesse contexto, deve ser reconhecida a existência de dúvida razoável sobre a própria materialidade do delito, o que recomenda a suspensão das investigações no juízo criminal, nos termos do art. 93 do CPP.

5. Nessa linha de intelecção, tem-se que, apesar de a constituição definitiva do crédito tributário revelar a adequada tipicidade do crime tributário, a procedência da ação anulatória, ainda que pendente de recurso, bem como a suspensão da exigibilidade do crédito tributário, nos termos do art. 151 do CTN, demonstram a plausibilidade de questão prejudicial de competência do juízo cível.

Verificada dúvida razoável sobre a própria materialidade do delito, é prudente suspender o trâmite no juízo penal para aguardar a solução no juízo cível, nos termos do art. 93 do CPP.

6. Não se pode descurar, por fim, que a suspensão das investigações ou mesmo do processo, em virtude de questão prejudicial, é causa impeditiva da prescrição, nos termos do art. 116, I, do CP, motivo pelo qual fica igualmente suspenso o curso do prazo prescricional.

7. Recurso em habeas corpus a que se dá parcial provimento, apenas para suspender o trâmite do PIC n. 0071.18.000.073-0, nos termos do art. 93 do CPP, com observância do disposto no art. 116, I, do CP (Brasil, 2019).

Ademais, conforme destacado, inicialmente, na esfera penal o decreto condenatório pressupõe certeza da autoria e da materialidade, o que seria impossível alcançar na pendência de decisão que tenha suspendido a exigibilidade do crédito tributário na esfera cível, pois como destacado acima, o deferimento da tutela de urgência pressupõe necessariamente a ausência de certeza de algum dos elementos ou atributos do crédito tributário.

Diante disso, conclui-se que não há substrato jurídico para a deflagração ou promoção da ação penal por crime contra a ordem tributária, na hipótese de o crédito tributário se encontrar com a exigibilidade suspensa por força de deferimento de tutela de urgência, ante a existência de relação de prejudicialidade entre a controvérsia penal e aquela tributária deduzida no juízo cível, bem como pela ausência de justa causa, dada a falta de certeza da autoria e/ou da materialidade, o que inclusive impossibilita o juízo de certeza para expedição do decreto condenatório.

5. CONCLUSÃO

Apesar de determinados ilícitos tributários caracterizarem ilícitos penais, verifica-se que a aplicação da sanção penal não é o fim principal que se visa alcançar com os referidos tipos penais, sendo a arrecadação e a higidez do erário público os principais objetivos das normas penais tributárias.

Esse objetivo fica claro em diversas situações previstas no ordenamento jurídico em que o legislador, por questão de política penal, privilegia a arrecadação em detrimento da aplicação da sanção penal.

Noutro vértice, restou claro que, em âmbito criminal, impera na fase condenatória o princípio do *in dubio pro reo*, e somente é possível expedir decreto condenatório que esteja fundando em juízo de certeza.

Desse modo, a conclusão a que se chega é que não é possível a promoção de persecução penal na hipótese em que o crédito tributário esteja garantido, pois, independente do desfecho alcançado na esfera cível, ele restará satisfeito, seja mediante pagamento espontâneo pelo sujeito passivo ou pela liquidação da garantia prestada, restando assim conservado o interesse do erário público.

Outrossim, também se conclui que não é possível a promoção de ação penal na hipótese em que o crédito tributário esteja com exigibilidade suspensa por força de medida liminar ou tutela provisória deferida na esfera cível, pois nesse caso há relação de prejudicialidade entre a ação penal e ação tributária em trâmite no juízo cível, bem como há ausência de justa causa para promoção da ação penal, por falta de certeza da autoria e/ou da materialidade.

Desta forma, conclui-se que, tanto na hipótese de o crédito tributário se encontrar assegurado por garantia idônea quanto na hipótese dele se encontrar suspenso por força de tutela de urgência deferida pelo juízo cível, restará obstada a promoção da persecução penal.

REFERÊNCIAS

ALEXANDRE, Ricardo. *Direito Tributário*. 16ª ed. São Paulo: JUSpodvim, 2022.

BALEEIRO, Aliomar. *Direito Tributário Brasileiro*. Rio de Janeiro: Forense, 13ª edição, 2015.

CONRADO, Paulo César. *Processo Tributário*. 3ª ed. atual. São Paulo: Quartier Latin, 2012.

CONRADO, Paulo César. *Execução Fiscal*. 3ª ed. São Paulo: Noeses, 2017.

MARQUES, Renan do Vale Melo; BRAGA, Romulo Rhemo Palitot. *Crimes tributários no Brasil: uma análise à luz do conceito de desenvolvimento e dos princípios constitucionais penais*. João Pessoa: Prima Facie. v. 10,19. 2011.

PAULSEN, Leandro. *Tratado de Direito Penal Brasileiro*. São Paulo: SaraivaJur,

2022.

<https://ibccrim.org.br/noticias/exibir/3845/#:~:text=Necessi-dade%20da%20certeza%20do%20crime,apoiar%20em%20dados%20objeti-vos%20indiscut%C3%ADveis.> acessado em 01/05/2023.

PRADO, Luiz Régis. *Direito Penal Econômico*. São Paulo: Forense, 2021.

BRASIL. Constituição da República Federativa do Brasil de 1988. Brasília, DF: Senado Federal, 1988. Disponível em: http://www.planalto.gov.br/ccivil_03/constituicao/constituicao.htm. Acesso em: 20 de maio de 2018.

BRASIL. Lei Federal nº 5.172, de 25 de outubro de 1966. Dispõe sobre o Sistema Tributário Nacional e institui normas gerais de direito tributário aplicáveis à União, Estados e Municípios. Brasília: Presidência da República, 25 out. 1966. Disponível em: https://www.planalto.gov.br/ccivil_03/leis/l5172compilado.htm. Acesso em: 9 set. 2023.

BRASIL. Lei Federal nº 6.830, de 22 de setembro de 1980. Dispõe sobre a cobrança judicial da Dívida Ativa da Fazenda Pública, e dá outras providências. Brasília: Presidência da República, 22 set. 1980. Disponível em: https://www.planalto.gov.br/ccivil_03/leis/l6830.htm. Acesso em: 9 set. 2023.

BRASIL. Lei Federal nº 9.430, de 27 de dezembro de 1996. Dispõe sobre a legislação tributária federal, as contribuições para a seguridade social, o processo administrativo de consulta e dá outras providências. Brasília: Presidência da República, 27 dez. 1996. Disponível em: https://www.planalto.gov.br/ ccivil_03/leis/l9430.htm. Acesso em: 9 set. 2023.

BRASIL. Lei Federal nº 11.941, de 27 de maio de 2009. Altera a legislação tributária federal relativa ao parcelamento ordinário de débitos tributários; Brasília: Presidência da República, 27 maio 2009. Disponível em: https://www.planalto.gov.br/ccivil_03/_ato2007-2010/2009/lei/l11941.htm. Acesso em: 9 set. 2023.

BRASIL. Lei Federal nº 12.016, de 7 de agosto de 2009. Disciplina o mandado de segurança individual e coletivo e dá outras providências. Brasília: Presidência da República, 7 ago. 2009. Disponível em:

https://www.planalto.gov.br/ccivil_03/_ato2007-2010/2009/lei/l12016.htm. Acesso em: 9 set. 2023.

BRASIL. Lei Federal nº 13.105, de 16 de março de 2015. Código de Processo Civil. Brasília: Presidência da República, 16 mar. 2015. Disponível em: https://www.planalto.gov.br/ccivil_03/_ato2015-2018/2015/lei/l13105.htm. Acesso em: 9 set. 2023.

BRASIL. Superior Tribunal de Justiça. AgRg no AREsp n. 1.230.863/SP. Relator: Ministro Jorge Mussi. Quinta Turma. Julgado em 23/4/2019. Diário de Justiça Eletrônico, Brasília, DF, 7/5/2019.

BRASIL. Superior Tribunal de Justiça. RHC nº 113294, Ministro Relator: Reynaldo Soares da Fonseca. Quinta Turma. Julgado em 13/09/2019. Diário de Justiça Eletrônico, DF, 30/09/2019.

BRASIL. Superior Tribunal de Justiça. HC n. 155.117/ES, Ministro Relator: Haroldo Rodrigues (Desembargador Convocado do TJ/CE). Sexta Turma. Julgado em 09/02/2010. Diário de Justiça Eletrônico, DF, 03/05/2010.

TÁVORA, Nestor; ALENCAR, Rosmar Rodrigues. *Curso de Processo Penal e Execução Penal*. 16ª ed. Salvador: JusPodivm, 2021.

FILHO, Paulo César da Silva; SILVA, Paulo Vitor Vieira. Persecução penal na hipótese de crédito tributário garantido ou com exigibilidade suspensa. *In:* CERIZZE, Rosiris; CALAZA, Tales (Coord.). *Controvérsias e soluções jurídicas empresariais.* Uberlândia: Marco Teórico, 2024. pp. 319-338.

ASSÉDIO MORAL E SUAS REPERCUSSÕES NAS RELAÇÕES DE TRABALHO

17

Layssa Souza Pereira
Elson Vieira Rodrigues Júnior

1. INTRODUÇÃO

Segundo o Tribunal Superior do Trabalho, em notícia publicada em seu site oficial no mês de julho de 2023, a Justiça do Trabalho recebe por mês, cerca de 6,4 mil ações relacionadas a assédio moral.

Em agosto do mesmo ano, o site do UOL publicou que o Ministério Público do Trabalho recebeu 6.309 denúncias formais de assédio moral entre Janeiro e Junho de 2023, 90% a mais que no primeiro semestre de 2022.

O aumento do número de ações trabalhistas ou denúncias perante o MPT envolvendo assédio moral é um alerta aos empregadores, que devem implementar políticas de prevenção e combate ao assédio para, além de evitar condenações em valores cada vez maiores, criar um ambiente de trabalho seguro e saudável.

E para que as políticas de prevenção e combate ao assédio provoquem os efeitos esperados, é imprescindível que antes se compreenda o que de fato é o assédio moral e quais são as consequências de sua prática.

O que é o assédio moral:

Maurício Godinho Delgado define assédio moral da seguinte maneira:

> Define-se o assédio moral como a conduta reiterada seguida pelo sujeito ativo no sentido de desgastar o equilíbrio emocional do sujeito passivo, por meio de atos, palavras, gestos e silêncios significativos que visem ao enfraquecimento e diminuição da autoestima da vítima ou a outra forma de tensão ou desequilíbrio emocionais graves (Delgado, 2020, p. 787).

No mesmo sentido, entendimento firmado pelos Autores Fabrício Lima Silva e Iuri Pinheiro, juízes do Trabalho, na Obra Manual de Compliance trabalhista – Teoria e prática:

> O assédio moral estará caracterizado quando ficar evidente conduta abusiva, prática reiterada, postura ofensiva, agressão psicológica com a finalidade de causar abalo ou exclusão psicológica da vítima. Entretanto, o tema em questão está relacionado a uma problemática, qual seja, a prova em juízo do assédio moral, tendo em vista que em inúmeros casos não é muito fácil sua visualização (Silva; Pinheiro, 2020, p. 440).

Podemos extrair do conceito em análise que, para a configuração do assédio moral, é necessário que a conduta, além de causar desgaste emocional por meio de ações ou omissões que provoquem danos à dignidade e à integridade da vítima, seja praticada de forma reiterada. Ressalta-se que, apesar da conduta isolada não configurar assédio moral, ela ainda pode ser penalizada, a depender dos danos causados.

O assédio moral pode ocorrer de forma horizontal (entre empregados de mesma hierarquia), de forma vertical descendente (assédio praticado pelo superior hierárquico contra seu subordinado) ou até mesmo de forma vertical ascendente (assédio moral praticado pelo subordinado contra seu superior hierárquico).

No âmbito do direito do trabalho, o empregador pode responder pelo assédio moral praticado contra qualquer empregado, ainda que o assédio seja praticado nas formas horizontal e vertical ascendente. Isto porque, o empregador detém a obrigação de zelar pela saúde e segurança do local de trabalho, nos termos do artigo 157 da CLT.

Importância da prevenção e combate ao assédio moral:

O aumento do número de ações trabalhistas versando sobre assédio moral não é a única causa de preocupação para as empresas. Os Tribunais têm adotado posicionamentos cada vez mais rigorosos contra o assédio, arbitrando condenações em valores cada vez mais expressivos, o que é facilmente constatado através da leitura de algumas decisões judiciais recentes:

AGRAVO INTERNO EM AGRAVO DE INSTRUMENTO EM RECURSO DE REVISTA. INTERPOSIÇÃO NA VIGÊNCIA DA LEI N.º 13.467 /2017. INDENIZAÇÃO POR DANOS MORAIS. ASSÉDIO MORAL. VALOR ARBITRADO. AUSÊNCIA DE TRANSCENDÊNCIA DA CAUSA. O Regional, no exame do conjunto fático-probatório produzido nos autos, **majorou a indenização por danos morais - de R$5.000,00 para R$ 50.000,00** -, por reputá-lo irrisório, diante das peculiaridades que circundam o caso concreto. Com o fito de motivar a modificação do julgado, o Juízo a quo consignou que **o autor foi alvo de assédio moral horizontal**, consubstanciado na "prática de brincadeiras ofensivas e abusivas dentre os colegas de trabalho que atingiam e desestabilizavam o reclamante". Ficou registrado, ainda, que os superiores hierárquicos, conquanto sabedores dos atos praticados, e, ainda, de sua reincidência, não adotaram postura rígida, "no que acabou permitindo o assédio horizontal em ambiente laboral, atraindo a ilicitude do comportamento patronal por aplicação do art. 932 , III do Código Civil , causando desequilíbrio ao meio ambiente laboral com a omissão" . Cotejando o teor da decisão regional, com o pedido de reforma, **o que se constata é que o quantum fixado pela instância a quo - diante dos elementos fáticos delineados no acórdão -, não é excessivo nem irrisório, a ponto de legitimar a intervenção desta Corte Superior**, razão pela qual não há falar-se em afronta aos dispositivos legais e constitucionais indicados e, por conseguinte, em modificação do decisum. Mantém-se, assim, a decisão agravada, que denegou seguimento ao Agravo de Instrumento, por ausência de transcendência da causa. Agravo conhecido e não provido (Brasil, 2023a).

A função primordial da Justiça do Trabalho é tutelar os direitos sociais decorrentes do trabalho humano, que é a fonte generatriz da riqueza da sociedade, por isso mesmo **não há temer o risco da banalização das ações de dano moral nesta Justiça Especial, porquanto mais grave é banalizar o próprio dano moral, já perversamente naturalizado na organização produtiva, que acaba reduzindo o ser humano que produz a mero fator coisificado da produção.**

Pelo exposto, dou provimento ao recurso para condenar a reclamada ao pagamento de indenização por danos morais no importe de R$10.000,00 (Brasil, 2023b).

O impacto dessa prática para as empresas não se limita à condenação ao pagamento de indenização por danos morais.

Muito se estuda a respeito das consequências do assédio moral na saúde das vítimas, o que certamente desencadeia outras consequências, com impactos mais expressivos.

A psiquiatra e autora francesa Marie-France Hirigoyen, em sua obra "Assédio Moral: A violência perversa no cotidiano", relata algumas das consequências do assédio moral na saúde da vítima:

> Como essas pressões continuam por longos períodos (meses ou até anos), a resistência do organismo esgota-se, e a vítima não consegue mais evitar a emergência de uma ansiedade crônica. Desordens funcionais e orgânicas podem sobrevir, em consequência das perturbações neuro-hormonais.
>
> Depois de uma longa série de insucessos, as vítimas se desencorajam e já antecipam cada novo fracasso. O que agrava nelas o estresse é a inutilidade das tentativas de defesa.
>
> Este estado de estrese crônico pode traduzir-se no surgimento de uma perturbação ansiosa generalizada, com um estado de apreensão e antecipação constantes, ruminações ansiosas de difícil controle e de um estado de tensão e de hipervigilância permanentes (Hirigoyen, 2019, p. 173 e 174).
>
> É em geral no estágio da descompensação que nós, psiquiatras, encontramos essas vítimas. Elas apresentam um estado ansioso generalizado, perturbações psicossomáticas, ou um estado depressivo. Nos sujeitos mais impulsivos, a descompensação pode se dar com a passagem a atos violentos, que levam ao

hospital psiquiátrico. (...) (Hirigoyen, 2019, p. 178).

Nesse cenário, se o assédio moral também contribuir para o surgimento ou agravamento de qualquer doença psíquica, passa a empresa ser responsável pelos danos morais e materiais suportados pela vítima, em razão dos deveres impostos pelas normas de saúde e segurança no trabalho.

A prática do assédio moral no ambiente de trabalho também autoriza a rescisão indireta do contrato de trabalho pelo empregado vitimado, já que a manutenção do liame empregatício se torna insustentável, sendo hipótese enquadrada no artigo 483, alínea "e", da CLT. Na mesma linha de raciocínio, se o assediador for empregado, a CLT autoriza a aplicação da pena máxima (demissão por justa causa), com base no artigo 482, alíneas "b" e "j" da CLT.

Os prejuízos causados à empresa pela prática do assédio moral extrapolam a esfera judicial, já que podem reduzir a produtividade dos empregados durante o exercício de suas atribuições, ainda que não envolvidos na relação entre o assediador e assediado, conforme também apontado pela autora Marie-France Hirigoyen:

"No entanto, as consequências econômicas desse estado de coisas para uma empresa não deveriam ser negligenciadas. A deterioração do ambiente de trabalho tem como corolário uma diminuição importante da eficácia ou do rendimento do grupo ou da equipe de trabalho. A gestão do conflito torna-se a principal preocupação dos agressores e dos agredidos, e **por vezes até das testemunhas**, que deixam de se concentrar em suas tarefas. As perdas para a empresa podem, então, assumir proporções significativas, por um lado, pela diminuição da qualidade do trabalho, e por outro, pelo aumento dos custos devido às faltas.

Pode, assim, acontecer que o fenômeno se inverta: a empresa torna-se vítima dos indivíduos que a dirigem. Ela é vampirizada por predadores cuja única preocupação é manter-se em um sistema que os valoriza." (Hirigoyen, 2019, p. 102).

Logo, o assédio moral coloca em risco não apenas a saúde da vítima, mas também de toda a organização, de modo que o combate a essa prática é de interesse de ambas as partes na relação de trabalho.

Medidas de prevenção e combate ao assédio moral

Com o avanço dos estudos sobre os impactos provocados pelo assédio moral, bem como, a constante preocupação com a segurança e saúde no trabalho, é natural que novas medidas sejam impostas pelo nosso ordenamento jurídico, as quais devem ser de conhecimento dos empregadores.

Foi sancionada em setembro de 2022, a Lei 14.457 que instituiu o Programa + Mulheres, que tem como finalidade, principalmente, resguardar a inserção e manutenção das mulheres no mercado de trabalho, bem como, proporcionar um ambiente laboral sadio e seguro, inclusive, com adoção de medidas que visam o combate do assédio moral e sexual.

Dentre as principais alterações, duas se destacam:

A referida lei ampliou o escopo da CIPA, de modo que agora, além das responsabilidades a ela atribuídas anteriormente relativas à saúde e segurança do trabalho (NR 5), passa também a ter como atribuição a adoção de medidas que visam o combate ao assédio moral, sexual e demais formas de violência no ambiente no ambiente laboral. Logo, a CIPA passou a ter a denominação de Comissão Interna de Prevenção de Acidentes e Assédio.

A lei em comento também passou a impor que as empresas adotem políticas de combate ao assédio sexual, moral ou outras formas de violência. Nesse sentido, a literalidade do referido dispositivo:

> **Art. 23.** Para a promoção de um ambiente laboral sadio, seguro e que favoreça a inserção e a manutenção de mulheres no mercado de trabalho, as empresas com **Comissão Interna de Prevenção de Acidentes e de Assédio (Cipa)** deverão adotar as seguintes medidas, além de outras que entenderem necessárias, com vistas à prevenção e ao combate ao assédio sexual e às demais formas de violência no âmbito do trabalho:
>
> I – inclusão de regras de conduta a respeito do assédio sexual e de outras formas de violência nas normas internas da empresa, com ampla divulgação do seu conteúdo aos empregados e às empregadas;
>
> II – fixação de procedimentos para recebimento e acompanhamento de denúncias, para apuração dos fatos e, quando for o caso, para aplicação de sanções administrativas aos responsáveis diretos e indiretos pelos atos de assédio

sexual e de violência, **garantido o anonimato da pessoa denunciante, sem prejuízo dos procedimentos jurídicos cabíveis;**
III – inclusão de temas referentes à prevenção e ao combate ao assédio sexual e a outras formas de violência nas atividades e nas práticas da Cipa; e
IV – realização, no mínimo a cada 12 (doze) meses, de ações de capacitação, de orientação e de sensibilização dos empregados e das empregadas de todos os níveis hierárquicos da empresa sobre temas relacionados à violência, ao assédio, à igualdade e à diversidade no âmbito do trabalho, em formatos acessíveis, apropriados e que apresentem máxima efetividade de tais ações. Grifo nosso (Brasil, 2022, art. 23).

Verifica-se, portanto, que dentre as principais medidas adotadas para prevenir e coibir o assédio no ambiente laboral, em quaisquer de suas modalidades, é a inclusão de códigos de conduta relacionados ao tema em comento, implementação de canais de denúncia com a garantia de anonimato da pessoa denunciante, ações de capacitação periódicas e orientação dos Empregados, de todos os graus hierárquicos e que, estes, tal como narrado acima, estejam inseridos no escopo da CIPA.

Importante destacar que, muito embora o art. 23 da Lei 14.457/22 determine a inclusão de **temas referentes à prevenção e ao combate ao assédio nas práticas da** Comissão Interna de Prevenção de Acidentes e Assédio, sua formação e estruturação está condicionada aos requisitos estabelecidos na própria NR 5, inclusive, no que se refere à ausência de obrigatoriedade de formação de tal de Comissão nas Empresas que possuem quantidade de funcionários inferiores à 20, a teor do que dispõe a cláusula 5.4.1 da referida NR: "*5.4.1 A CIPA será constituída por estabelecimento e composta de representantes da organização e dos empregados, de acordo com o dimensionamento previsto no Quadro I desta NR, ressalvadas as disposições para setores econômicos específicos.*

Todavia, cumpre ressaltar que a ausência de obrigatoriedade da implementação da CIPA pelas empresas que possuem quadro de funcionários inferiores à 20, não exime a responsabilidade dos empresários de adotarem todas as medidas necessárias e cabíveis para a prevenção e combate ao assédio no ambiente no laboral e de responderem, administrativamente e/ou judicialmente, por eventual conduta omissiva ou comissiva, se restar comprovada a prática do assédio, em quaisquer de suas modalidades.

Até mesmo porque, o que se verifica atualmente, é justamente a intensificação da fiscalização das práticas de prevenção e combate ao assédio adotadas pela empresas, em razão do aumento de denúncias relacionadas ao tema perante o Ministério Público do Trabalho (MPT) e das ações trabalhistas.

E tanto é verdade, que o próprio Tribunal Superior do Trabalho (TST) juntamente com o Conselho Superior da Justiça do Trabalho (CSJT), instituíram uma política de prevenção e combate ao assédio moral com ações de conscientização sobre o tema, chegando até mesmo, a elaborar e disponibilizar uma Cartilha de prevenção ao assédio moral para ampliar a compreensão sobre o tema, com pautas sobre o conceito, classificação, tipologia, rol de situações que configuram ou não o ato ilícito, causas, consequências, medidas a serem adotadas pelas vítimas, colegas de trabalho, dentre outros.

A necessidade da implementação de tal política, seja pelas empresas privadas, seja pelas instituições públicas, é justamente garantir e conscientizar tanto os trabalhadores, quanto as empresas, das condutas que, de fato, são enquadradas como assédio moral, em busca de uma prevenção e combate mais assertivos, até mesmo porque, o assédio, na maioria das vezes, ocorre de forma velada, mas sempre, de forma reiterada. Segundo Vólia Bomfim:

> O assédio moral é espécie de dano extrapatrimonial e se distingue do dano moral, pois, enquanto neste a lesão é identificada, sentida, percebida pela vítima, no assédio é camuflado, não perceptível. O dano moral pode ser pontual ou repetitivo, mas sempre expresso, claro e real. O terror psicológico é velado, oculto, despercebido pela vítima quando praticado. Caracteriza-se pela prática de sucessivos atos que baixam a autoestima do trabalhador de tal forma que ele próprio acredita na sua baixa competência ou no seu fracasso. (Bomfim, 2021, p. 933).

Outro ponto importante é que, em que pese a publicação da Lei 14.457/22 tenha como "alvo" o público feminino, as políticas de combate e prevenção ao assédio não estão limitadas à referida categoria, se estendendo também, ao público masculino, até mesmo porque, a Constituição Federal, em seus arts. 1º, III e IV, CF 5º, I, X e 6º traz como preceitos fundamentais, à dignidade humana e igualdade, e garante a inviolabilidade da honra e a imagem, assegurando o direito à indenização decorrente de sua violação, inclusive, nas relações de trabalho, por ser um direito social, também expressamente garantido pela norma constitucional.

E mais, não se pode esquecer que o próprio art. 196, CF elenca expressamente que:

> A saúde é direito de todos e dever do Estado, garantido mediante políticas sociais e econômicas que visem à redução do risco de doença e de outros agravos e ao acesso universal e igualitário às ações e serviços para sua promoção, proteção e recuperação (Brasil, 1988, art. 196).

Isto é, considerando que a prática do assédio, pode causar indiscutivelmente danos à saúde do trabalhador, especialmente, psicológicos, dado o desgaste emocional decorrente de tal conduta; é dever do Estado, representado pelas suas instituições públicas, bem como, das empresas privadas, dada sua condição de empregadora e seu dever social, garantir a inviolabilidade de tal direito constitucional, de todos os trabalhadores, sem qualquer distinção.

Ainda, tal como já exposto anteriormente, os prejuízos pela prática do assédio moral repercutem na própria esfera patrimonial, seja pela aplicação de sanções pecuniárias administrativas e judiciais, seja por impactar diretamente no clima do ambiente laboral, na produtividade, na qualidade da prestação de serviços, e ainda, na imagem da empresa perante o mercado, causando assim, inconteste prejuízo financeiro aos empresários.

Portanto, é imprescindível a adoção de medidas de prevenção e combate ao assédio, conforme preceitua o regramento vigente, para garantir um ambiente laboral sadio, bem como, a inviolabilidade dos direitos fundamentos dos trabalhadores, evitando, assim, sanções administrativas e judiciais.

2. CONCLUSÃO

O assédio moral é prática que impacta severamente não apenas na saúde dos empregados vitimados, mas também de toda a empresa e seus envolvidos, sendo

347

a prevenção e o combate ao assédio de igual interesse aos empregadores.

Sendo dos empregadores o dever zelar por um meio ambiente de trabalho seguro e saudável, devem conhecer e observar as medidas de combate e prevenção impostas pelo legislador, sob pena de terem que lidar com um poder judiciário cada vez mais rigoroso.

As medidas impostas pela lei 14.457/22 incluem a criação normas internas, canais de denúncias e treinamentos sobre o tema, e a observância à tais medidas certamente será objeto de inúmeras fiscalizações e discussões judiciais, especialmente em razão do crescente aumento do número de denúncias e ações trabalhistas sobre o tema.

Ainda que a empresa não esteja obrigada a constituir e manter a CIPA, é imprescindível a adoção das medidas de prevenção e combate ao assédio, visto que, além de estar cuidando do próprio patrimônio, a desobrigação da CIPA não isenta a empresa da responsabilidade legal pela manutenção de um ambiente de trabalho seguro e sadio.

REFERÊNCIAS

AVILA, Rosemari Pedrotti. As Consequências do Assédio Moral no Ambiente de Trabalho. Dissertação apresentada ao Programa de Pós-Graduação em Direito da Universidade de Caxias do Sul para obtenção do título de Mestre. 2008.

BOMFIM, Vólia. Direito do Trabalho. 18ª ed. São Paulo: Método, 2021.

BRASIL. Constituição Federal de 1988. Promulgada em 5 de outubro de 1988. Disponível em: www.planalto.gov.br. Acesso em 10 de janeiro de 2024.

BRASIL. Consolidação das Leis do Trabalho. Decreto Lei nº 5.452, de 1º de maio de 1943 e Lei 13.467/2017. Disponível em: www.planalto.gov.br. Acesso em 10 de janeiro de 2024.

BRASIL. Tribunal Regional do Trabalho da 3ª Região. ROT 0011308-18.2021.5.03.0057. Relatora: Desembargadora Adriana Goulart de Sena Orsin. Primeira Turma. Julgado em 20/3/2023. Diário Eletrônico da Justiça do

Trabalho, Brasília, DF, 27/3/2023.

BRASIL. Tribunal Superior do Trabalho. Ag-ED-AIRR 3673520185080005. Relator: Ministro Luiz Jose Dezena Da Silva. Primeira Turma. Julgado em 26/4/2023. Diário de Justiça Eletrônico, Brasília, DF, 2/5/2023.

Cartilha de Prevenção ao Assédio Moral. Tribunal Superior do Trabalho, 2022. Disponível em:<Cartilha sobre Assédio Moral do TST>. Acesso em 10 de janeiro de 2024.

DELGADO, Maurício Godinho. *Curso de Direito do Trabalho*. 19ª ed. São Paulo: LTr, 2020.

HIRIGOYEN, Marie-France. *Assédio moral: A violência perversa no cotidiano*. 17ª ed. Rio de Janeiro: Bertrand Brasil, 2019.

SILVA, Fabrício Lima; PINHEIRO, Iury. Manual do Compliance Trabalhista: Teoria e Prática. Salvador: JusPodivm, 2020.

RODRIGUES JÚNIOR, Elson Vieira; PEREIRA, Layssa Souza. Assédio moral e suas repercussões nas relações de trabalho. *In:* CERIZZE, Rosiris; CALAZA, Tales (Coord.). *Controvérsias e soluções jurídicas empresariais.* Uberlândia: Marco Teórico, 2024. pp. 339-349.

f49e1592-fe05-4858-beb8-6ed486b67a40R01